Silke Kettelhake

Sonja: „negativ-dekadent"

Eine rebellische Jugend in der DDR

Biografie

Osburg Verlag

Erste Auflage 2014
© Osburg Verlag Hamburg 2014
www.osburgverlag.de

Lektorat: Clemens Brunn, Hirschberg
Satz: G&U Language & Publishing Services GmbH, Flensburg
Druck und Bindung: freiburger graphische betriebe GmbH, Freiburg

Printed in Germany

ISBN: 978-3-95510-042-1

Für Antje und Stefan

Herzlichen Dank an
Dr. Christian Halbrock, BStU,
Martin Klähn,
Axel Peters,
Thomas Steinbacher
und Bernd-Dieter Westphal

Inhalt

„Die Schlagstöcke werden nur während des Dienstes
getragen und sind anschließend wieder abzugeben. Bei Anwendung
eines Schlagstockes ist dieser nur aus dem Handgelenk zu schlagen und
nicht mit gestrecktem Arm. Dabei ist der Schlag nur
in die Weichteile des Gegners zu schlagen. Alle anderen Stellen
des Körpers sind zu vermeiden, da sonst größere körperliche Schäden
entstehen können. Eine Belehrung in diesem Sinne ist monatlich
zu wiederholen und aktenkundig zu machen.“

Von 1964 bis 1989 wurden dem geschlossenen
Jugendwerkhof Torgau vom Ministerium für Volksbildung
pro Jahr 25 neue Schlagstöcke und zwei
neue Führungsketten bewilligt.

Kein Entkommen

Unvermittelt schiebt sich die Erinnerung vor. Ein Geruch, ein Lachen, ein Blick. Das Jetzt, die Kinder, meine Freunde, nichts zählt mehr. Ich bin wieder da. Die Zeit steht still. 21. Mai 1968. Die Wände kippen. Alle Geräusche schwinden, bis auf mein Keuchen. Einschluss. Die Tür kracht ins Schloss, der eiserne Riegel schiebt sich ruckend durch in meinen Kopf.

Niemand hatte mit mir gesprochen. Die Luft wurde zäher, zähflüssig wie eine wabernde Masse, je schneller ich atmete, nach Luft lechzend in dieser schmalen Zelle. Ein Geruch nach Chlor und Kacke. Meine Kehle schrie nach Luft. An der Wand hing hochgeklappt eine Holzpritsche. Vor der Tür, in deren Mitte eingelassen ein Sichtfenster aus starkem Glas für die Erzieher, stand ein dreibeiniger Schemel. Ein hohes Fenster, vergittert, es ließ kaum das schwindende Abendlicht herein. Draußen bellten die Hunde. Bald umschloss mich mit ihren schwarzen Händen die Dunkelheit im Würgegriff.

Um Luft ringend krümmte ich mich wie nach einem Marathonlauf. Ich werde ersticken. Ganz einfach und mies in dieser Zelle ersticken und verrecken. Geschlossener Jugendwerkhof, Fischerdörfchen 15, Torgau, als wenn hier wie in einem bunten Heimatfilm die Fischer ihre Netze aufhängen und flicken würden. Ruhig atmen, ruhig, ruhig, ich sprach zu mir wie zu einem durchgehenden Pferd, das jeden Moment flankenzitternd und schweißgebadet in die Flucht ins Nirgendwo galoppiert. Die wollen, dass du durchdrehst. Die wollen, dass du gleich am ersten Tag durchdrehst. Die Freude werde ich ihnen nicht machen. Ich zitterte am ganzen Körper, mein Herz schlug immer schneller, heftiger, lauter. Gleich würde alles nicht mehr zu ertragen sein. Gleich explodiert mein Herz mit einem dicken Wumms und dieser Spuk hier hat ein Ende. Alles nur geträumt.

Auf dem Rand des Kübels wuchsen weiße Pilze. Niemals würde ich mich darauf setzen. Niemals würden sie meinen Willen brechen. Niemals. Niemals werde ich klein beigeben. Draußen flötete eine Amsel ihr Lied. Der Sommer begann.

Ich weinte blind im Dunkeln. Das Schluchzen schüttelte mich, es überkam mich wie ein Sturm, in dem es keinen Schutz, keinen Unterstand gab. Wie eine Marionette, deren Fäden nur noch lose hängend die Figur nicht mehr zusammenhalten können, es schlagen meine Arme um mich im Veitstanz der Verrückten. Der Kopf knallt gegen die Wand, wieder und wieder. Blut wie warmes Wasser. Die Wand war harter, rissiger Beton, mit Lackfarbe überstrichen. Ich tastete, noch blind vor Tränen, über die Einkerbungen. Wie viele Finger sich wohl schon hier ihren Weg gebohrt hatten, als läge dahinter die Freiheit? Hört mich denn keiner? Mit beiden Fäusten hämmerte ich gegen die Tür. Es musste mich doch jemand hören. Es musste doch jemand kommen.

„Ich werd dir helfen! So eine Schweinerei hier zu veranstalten!" Grelles Neonlicht blendete mich nach der Dunkelheit. „Da! Hast 'n Grund zu heulen!" Wie ein Kind, das seine Puppe wütend fortschleudert, so flog ich gegen die Pritsche. „Jugendliche Plog! Haltung annehmen!" Hand an die Naht der blauen, steifen Hose, geradeaus blicken. Das Blut auf der Wange trocknete und zog die Haut zusammen. Die Pritsche heruntergeklappt. Betten bauen! Missbilligend ein letzter Blick, bevor die Frau die Zellentür schloss. Hast du auch Kinder? Ich bin noch ein Kind, 1,53 Meter, 46 Kilo, seit zwei Monaten 16 Jahre alt, zerbrechlich wie dünnes Glas. Schlägst du deine Kinder? Mutter ist immer die Hand ausgerutscht. Wenn sie dich nicht mehr schlägt, schlägt dich das Leben. Wer nicht hören kann, muss fühlen. Meine Brust und mein Rücken schmerzten, als hätte jemand versucht, einen Pfahl durch mich zu treiben. Ich würde lernen, das Schweigen zu ertragen. Ich würde nicht untergehen. Mein Wille lebt. Denk nicht an die Zeit, die vergeht, hör auf zu denken. Hör nicht auf zu atmen. Atme weiter. Ruhig und regelmäßig. Es wollte mir nicht gelingen. Das Schwarz der Ohnmacht war mir eine Gnade. Ich hoffte darauf. Vor dem Schmerz im Schwarz zu versinken.

Im Laufrad

Mit der Präzision eines Uhrwerks verschloss Mutter die Wohnungstür. Einmal, zweimal knarzte der Schlüssel, mit einem leichten Klirren zog sie ihn ab. Das war getan. Alles lag abgeschlossen. Die Speisekammer, ihr Schlafzimmer mit dem dreifach verspiegelten Frisiertischchen, der Bücherschrank im Wohnzimmer. Das Bad war ihre letzte Station, bevor sie ging. Konturenkontrolle, Lidstrich, Lippenstift, passend, perfekt. Ich war fünf Jahre alt. Manchmal tätschelte sie mir beiläufig, als hätte sie mich ganz vergessen und erinnere sich nun wieder an meine Existenz, über den Kopf. Oder legte mir die Hand auf die Wange, um zu sehen, ob sie passt. Ob die Ohrfeige auf die Wange passt. In Gedanken nannte ich sie immer Mutter, denn eine Koseform wie Mami oder Mutti wäre ihr nicht gerecht geworden. Um die peinliche Anrede drückte ich mich. Hart war sie in ihren Ansprüchen, hart gegen sich selbst. Und hart gegen mich. Eine Perfektionistin mit kampflustig ausgerupften Augenbrauen, die sie viel zu hoch, kurz vor dem Haaransatz, zurück auf die Stirn malte. Allmorgendlich torpedierte sie sich mit dem Klappern der Brennschere in den vergangenen Chic der vierziger Jahre. Mitte der Fünfziger trug sie ihr Haar immer noch im Stil von Zarah Leander.

Das Ritsch-Ratsch des Reißverschlusses ihrer Handtasche blieb mir als ihr durch die Stille tönender Startschuss haften. Ich lauschte dem sich entfernenden Stakkato ihrer Schritte im Treppenhaus, sah ihren weit schwingenden Rock mit den gelben Monden auf dem Schwarz sie wie eine aufblühende Blume umfangen, sah, wie sie auf die Sekunde genau in den noch wartenden Bus sprang, der sie verschluckte und von mir wegtrug. Häuserdächer und Lindenbäume, unbunt, farblos, lichtleer in der Erinnerung. Der Stoff für ihre Kleider kam aus dem Westen. Ihre Schwester ging. Ihr Mann ging. Seine Brüder, seine Eltern gingen. Jedes Jahr zu meinem Geburtstag am 4. März fing Lore die Westpakete meines Vaters ab und sandte sie zurück. Ich bekam seine Geschenke nie zu Gesicht. Nur ihre Eltern blieben hier. Hatten doch alles verloren im Krieg, das Haus mit dem Personal, die Offiziersstellung, alles war hin. Den Alten fehlte die Kraft, die Kraft zum neuen Leben.

Mutter war fort. Und ich, ihr verhasster, magerer Kobold mit den großen, braunen Augen, die sie täglich an meinen Vater erinnerten, wusch ihre Strümpfe. Tagtäglich hatte sie das Bild der Schande vor Augen. Die Erinnerung an den Mann, der sie hat sitzen lassen. Sein Lachen, sein Rufen, sein Eigenwillen, alles in mir. Wir hatten diese schicke Wohnung mit Balkon im vierten Stock, und es wurde gemunkelt, Protektion von ganz oben. Woanders saßen sie im Winter alle zusammen in der Küche, um Koks zu sparen. Flüchtlinge, alles verloren, die zitternden Hände an den Schläfen, gebeugt auf Leiterwagen, und die Tiefflieger kamen. Man hockte zusammen und teilte. Gas gab es immer nur wenige Stunden, kaum war Druck – und die Suppe wurde wieder nicht fertig. Das war bei uns anders. Eine junge Frau, alleinstehend, in einer Drei-Zimmer-Wohnung mit Gasheizung, das ging doch nicht mit rechten Dingen zu. Kohlenschleppen war bei uns passé. Arbeit hatte sie ja, Chemikerin an der Universität Rostock, „Chemie gibt Brot – Wohlstand – Schönheit."[1] Gelernt hatte Leonore Katerina Thümmel, alleinerziehend, Jahrgang 1926 und eigentlich ist sie eine „von", an der Deutschen Versuchsanstalt und Fachschule für Lederindustrie in Freiberg, mit dem Abschluss Chemotechnikerin. Sofort fand sie Anstellung im Metallhütteninstitut der Bergakademie Freiberg, wurde vom Arbeitsdienst freigestellt, kriegswichtiger Forschungsauftrag. Die Bergwerksakademie war einbezogen in die Planungen etwa des Reichsluftfahrtministeriums.[2] Radium und Uran galten plötzlich als die kostbarsten Güter der Welt. Geforscht wurde für das alles verzehrende, mäandernde Monstrum des Krieges. Als eine der wenigen weiblichen Studenten fuhr Leonore ein in die „Reiche Zeche" und in die „Alte Elisabeth". Das Leben unter Tage ohne Licht, nur mit den Geräuschen, die im Bauch des Berges geboren wurden, gehörte zu ihr wie der Glaube an den Endsieg. Sie wusste, dass der Endsieg eine Lüge war, doch für Lore gab diese Lüge einen Sinn.

Ihre Eltern besaßen Geld. Geld, das es ihnen erlaubte, in einem doppelstöckigen Haus in Leipzig-Leutzsch zu residieren. Es ging ihnen gut, so, wie es ihnen zustand. Das Auto und der Chauffeur waren eine Selbstverständlichkeit. Ausgebombt waren die anderen. Sechs Jahre lang kam der Vater auf Heimaturlaub, sonst gehörte er dem Krieg. Mutter und ihre Schwester Ursel erhielten Klavier- und Geigenunterricht und ihr Hausmädchen sprach ein wenig Französisch, weil es einmal in Berlin gearbeitet hatte. Für einen Schauspieler. Das waren die Geschichten, ungeheuer elegant, noblesse oblige, lächelte Oma. Die Erinnerung wie ein Vorhang aus einer anderen Welt. Wir saßen in ihrem hell tapezierten Salon mit den Regalen voller Glastiere, in deren filigranen Beinchen sich das Licht brach, da waren die auf Glanz polierten Blätter der Gummibäume, das Chinesenporzellan und der rahmenverbrämte Spiegel. Hier hatten Mutter und ihre Schwester in die blaue Stunde eines jeden frühen Abends hinein musiziert, und Oma erzählte von den Ausritten und den Sonntagsausfahrten durch die sanft hügelige Landschaft. Von Rinderbrust mit Meerrettichsoße, schweigend vorgelegt. Bei Tisch nur ein leises Klingen des täglich polierten Silberbestecks am Meißner Porzellan. Die Kinder durften nicht sprechen und vom Teller wurde aufgegessen, egal was es gab.

Auch wenn Mutter und ich nur zu zweit waren, immer aßen wir mit Silberbesteck und Damasttischdecke. Den Kopf hatte ich über den Teller gesenkt, um Mutters missbilligendem Blick nicht zu begegnen. Halte! Dich! Gerade! Bei Tisch klemmte mir Mutter den Stiel des Schrubbers hinter den Rücken, damit ich endlich aufrecht saß. Die Arme eng an den Körper geklemmt, starrte ich für volle drei Tage auf die mit Hackfleisch gefüllten Paprikaschoten, die ich partout nicht mochte. Gegen den Hunger trank ich literweise Wasser aus dem Hahn, bis sich mein Bauch wölbte wie der einer Hochschwangeren. Die Paprika, deren oberer Rand sich rötlich-braun wellte, die starb und trocknete wie ein totes Organ, rührte ich nicht an. Keinen Bissen würde ich hinunterbringen. Nimm die Gabel in die Hand. Die Gabel. Mit der flachen Hand schlug Mutter auf den Tisch. Die Teller bebten. Du isst. Jetzt. Ich beugte den Kopf, weil mein böses Lächeln kam. Es kitzelte die Mundwinkel, kitzelte, bis sie sich nach oben zogen, obwohl ich mir fest auf die eingesaugten Wangen biss. Lachen stieg in mir auf, unaufhaltsam, es hielt mich fest im Griff und schüttelte mich. Atemnot, unterdrücktes Prusten ließ mich rot anlaufen. Du lachst noch. Warte nur, dir wird das Lachen schon vergehen. Sollst sehen, was Hunger ist. Dir geht es doch viel zu gut. Ich in deinem Alter, das hätte ich mir mal erlauben sollen. Du weißt doch gar nicht, wie gut du es hast. Respekt fehlt dir. Frolleinchen, dir werd ich helfen. Wer geht denn hier Tag für Tag arbeiten? Wer? Sie wollte keine Antworten. Morgens bekam ich kein Brettchen, wie das, auf dem sich Mutter ihre zwei Brotscheiben mit Butter bestrich, sie mit Marmelade versüßte und viertelte, morgens bekam ich Paprika, mittags den weißen Goldrandteller mit der Paprika, abends. Bis Mutter nach drei Tagen klein beigab. Dieses eine Mal. Das Sprechen bei Tisch war mir strengstens verboten, ganz wie in den alten Romanen.

Seit ich vier Jahre alt war, hängte Mutter mir ein Pappschild um den Hals mit meinem Namen, mit ihrer Adresse und der ihrer Eltern, dann ging sie in kurzen, eiligen Schritten mit mir zum Bahnhof, gab dem Bahnpersonal ihre Weisungen – Mutter war schlecht im Bitten – und der Interzonenzug brachte mich von Rostock nach Leipzig. In diesem deutsch-deutschen Reisezug, Rostock–München über Leipzigs Sackgassenbahnhof, fuhren viele aus dem Westen und nur manche mit einer Ausreisegenehmigung aus dem Osten. Kontrolliert wurden Reisende und Gepäck von den Genossen der Transportpolizei, unterstellt dem Ministerium für Staatssicherheit. Immer rutschten ihnen die Gewehre vom Rücken, wenn sie sich bücken mussten, und in der Steifheit ihrer Uniformen bewegten sie sich einförmig wie mein Aufziehaffe mit der Trommel, der immer nur eine Bewegung kannte. Für mich gab es geschälte Apfelsinen und Eckchen Schokolade und Buntstifte und Plastikautos und manchmal ein kleines quadratisches Buch. Das hieß Pixi-Buch und es ging darin um Petzi, Pelle, Pingo, Seebär, Schildkröte und Papagei. Petzi war der Anführer mit den guten Ideen, die anderen die Gefolgsleute, die willfährig jeden Blödsinn mitmachten.

Leonore Siberg mit ihrer Tochter Sonja

Manchmal hupfte ich Schdobbllhobbsei, hallwc Dorrdrachon, an der Hand meiner Thümmel-Oma durch die Straßen Leipzigs – ich höre noch ihr silbernes Armband mit den Maiglöckchen klingen, ein Freundschaftsarmband, das sie immer noch mit ihrer besten Kinderfreundin teilte – und wir wurden von ihrem ehemaligen Personal gegrüßt, das mittlerweile ganz anderen Herren gehorchen musste. Meine Großeltern wollten ihren Besitz, ihr Haus nicht verlassen. Also saßen sie und wir im Osten fest. Doch das große Haus mit dem weitläufigen Garten, die dazugehörenden Ställe, alles gehörte nun dem Staat. Den Großeltern blieben nur wenige Zimmer, darunter der Salon mit dem Erkerchen und der Kissenbank. Alles drum herum verfiel, niemand fühlte sich zuständig. Schon ließ sich ablesen, woran die DDR krankte, und das machte meine Oma ganz kümmerlich. Die dort nun sonst in ihrem Haus Einquartierten waren Flüchtlinge, offiziell Umsiedler. Glück nur, dass Opa nicht ins Gefängnis oder ins Lager gesteckt wurde. Oder nach Sibirien musste. Aus Frankreich hatte er während des Krieges Seide, Unterwäsche und Parfüm, alles, was die Französinnen so reizvoll machte, an Oma nach Hause geschickt, als wäre er in einem großen Warenhaus einkaufen gewesen. Ah und Oh machten Lore und ihre jüngere Schwester Ursel, wenn wieder Pakete von der Front ankamen. Oma schwärmte und ihre Sätze flogen auf wie bunte Schmetterlinge, die im Wind vergehen. Mutter sprach ihr abschätzig eine Dienstbotenseele zu. Meine Großeltern waren mir die liebsten Leutchen, und wenn ich zurückkehrte nach Rostock, durchzog mich ihr sächselnder Singsang im Sprechen und im Denken, auf und ab modulierend wie eine zwitschernde Amsel. Mutter kämpfte selbst mit ihrem Dialekt und hasste es, wenn ich ä Schälchn heeßn Gagau wollte. Nur um sie zu ärgern, sagte ich, Räschnwermerkrieschn, nü, so, ich frier sö änne Füße. Wie heißt das? Ich friere an den Füßen. Regen werden wir kriegen. Du weißt es doch. Also. Tag und Nacht gab sie mir das Gefühl, dass ich nicht dazugehöre, dass ich nicht zu ihr gehöre. Von klein auf allein, habe ich immer das Ohr an die Tür gelegt. Wollte wissen, was die Erwachsenen reden. Aber was mit Mutter war, habe ich nie erfahren.

Sie, in ihrer schönsten, ihrer flirrenden Mädchenblüte, wie gelang ihr der Weg 1945 zu den Eltern, von Freiberg nach Leipzig? Warum war Ursel fort in den Westen, Ursel, die Kleine, die jeden Abend im Halbschlaf das Horst-Wessel-Lied summte, warum blieb Lore allein in Freiberg zurück? Was hielt Mutter denn ab von der Flucht in den Westen? Da waren das Weiß ihrer mit Spitze umrandeten Kniestrümpfe und die hochgebundenen Zöpfe, die sie immer noch trug aus der

Kleinmädchenzeit, da waren die Augen, blank, die alles sahen. Das letzte Aufgebot, die Jungs, die angesichts des Kriegsendes Fahnenflucht begangen hatten und deren Leichen nun von der Freiberger Altväterbrücke im Winde baumelten. Ein Frauentorso, der die Spuren einer Vergewaltigung trug, an den Blutgerinnseln mästeten sich die Fliegen und die Ameisen. Der sich Stückchen um Stückchen vorwärtsschleppende Todesmarsch der etwa tausend Jüdinnen vom Außenlager des KZs Flossenbürg. Was hatte Lore erlebt auf ihrem Weg von Freiberg nach Leipzig, was hat sie so hart werden lassen, fragte ich mich immer, welche Bilder hatten sich ihr eingebrannt, als sie durch den aufblühenden Frühling die über hundert Kilometer bis Leipzig zurücklegte? Fort, nur fort aus diesem Albdruck der zerstörten Dörfer, durch ganze Felder von zerschossenen Lastwagen und Geschützen, vergessene Friedhöfe aus Stahl. Oder sie saß im DKW, das wenige Gepäck auf der Rückbank, rauchte Zigaretten, schloss die Augen und schob ihre Hand tief und warm in den Schoß des Fahrers.

In Leipzig, in den Jahren nach dem Krieg, neben Kaderbildung und Bezirksdelegiertenkonferenz der SED, lernte Lore meinen Vater kennen. Heinz Siberg, drei Jahre jünger. Aus Heinz machte sie Harry und er ließ es sich gefallen. Zur See war er gefahren auf der Gorch Fock, die nun Towarischtsch hieß, in schöner Offiziersuniform, bis in die Wolkenkratzer, die allerhöchsten Masten, konnte er klettern und es machte ihm nichts aus. In ihrer Anwerbephase für das MfS, für das Ministerium für Staatssicherheit, verfasste Lore am 12. März 1956 ihren Lebenslauf: „1936 wurde ich Mitglied des BDM, dem ich begeistert angehörte."[3] Vom „Bund Deutscher Mädel" führte ihr Weg sie weiter zur „Freien Deutschen Jugend": Vier Jahre nach Kriegsende reifte sie zum aktiven FDJ-Mitglied, hatte bald 250 Lehrlinge unter sich und leitete die Betriebsgruppe der FDJ des VEB Galvanotechnik Leipzig an. „Trotzdem mir zu Hause große Schwierigkeiten wegen meiner politischen Arbeit gemacht wurden, bat ich um Aufnahme in die Partei und wurde am 13. 9. 1949 als Kandidat aufgenommen." Weiter berichtet Lore in ihrem Lebenslauf: „Auf Grund meiner Erziehung von zu Hause, wollte ich auch nach 1945 nichts mehr mit ‚Politik' zu tun haben. Erst durch einige Betriebsjugendversammlungen 1949 wurde ich an politische Probleme herangeführt." Nach ihrem Eintritt in die FDJ sind ihr die Zonensternfahrt nach Berlin und die Landessternfahrt nach Meißen große, prägende Erlebnisse. Nach Besuch der Kreisparteischule bekommt sie den „Parteiauftrag in der Leipziger Baumwollspinnerei (Schwerpunktbetrieb mit 1200 Jugendlichen) als FDJ-Sekretär zu arbeiten. Diese Funktion übte ich bis zur Geburt meiner Tochter Sonja am 4. 3. 1952 aus. Dann hörte ich vorübergehend auf zu arbeiten." Eine gemeinsame Wohnung hatten die Eltern von Sonja in Leipzig nicht. Und dann kam dieses 4. Parlament der FDJ, die Delegiertenversammlung 1952 in Leipzig, mit Volkstänzen, den Paaren, die umeinander wirbelten, die Mädchen in schwingenden Röcken. Aufmärsche von schönen, aufrechten jungen Männern und Frauen in Turnertracht. Es lag ein Flair in der Luft, das an das Adrenalin, das Mitmachenwollen im Hier und Jetzt, aber eben auch an das von vor zehn Jahren erinnerte.

Aus Leipzig gingen Harry und Lore fort, an die Ostsee: „Während des 4. Parlaments der FDJ in Leipzig lernte ich den Genossen XX[4] (VP-See) kennen und dieser fragte mich, ob ich nicht Lust hätte, zur VP zu gehen." Zur Volkspolizei. Wiederaufrüstung, Nachrichtendienste, Funkverkehr, die Marine steckt noch in den Kinderschuhen. In der Offiziersschule in Kühlungsborn wird Lore Kabinettsleiterin, „Gehilfe für Jugendfragen, jedoch nur als Zivilangestellte", zudem unterrichtet sie Chemie und Mathematik. Das Ehepaar lebte sich auseinander. Harry, mein Vater, hatte Kernmacher gelernt für die Autoproduktion. Sein Vater arbeitete als Paketpostschaffner auf dem Leipziger Bahnhof, seine Mutter war Postangestellte in der Paketkontrolle, auch seine Schwester war bei der Post. Das waren kleine Leute, in Mutters Augen. Nun war Harry Siberg SED-Leitungsmitglied, war in der FDJ, im Freien Deutschen Gewerkschaftsbund FDGB sowie in der Gesell schaft für Deutsch-Sowjetische Freundschaft. 1952 konnte er an der neu gegründeten Deutschen Hochschule für Justiz in Potsdam-Babelsberg das lang erträumte Studium der Rechtswissenschaften beginnen. Dann ging er nach drüben.

1955. Drei Jahre war ich, Sonja, alt, als Harry Ehe Ehe sein ließ, er verließ Mutter und mich und wurde in Frankfurt am Main ein gefragter Wirtschaftsanwalt, der der wasserstoffblonden Rosemarie Nitribitt, jener Frankfurter Hure, die durch ihre spektakuläre Ermordung bald Berühmtheit erlangen sollte, eine Wohnung verschaffen konnte. Auch Mutter hatte Protektion: „Durch die Vermittlung des Gen. XX (2. Vorsitzender des FDGB im Bezirk Rostock) kam ich zur Gewerkschaft Wissenschaft und wurde am 15. 8. 1955 als Instrukteur der BGL [Betriebsgewerkschaftsleitung] an der Universität eingestellt. Zunächst war ich verantwortlich für die kulturelle Massenarbeit. Später wurde mir die Funktion als Sekretärin des Sekretariats des Komitees für Gesamtdeutsche Arbeit und die Leitung des Kulturensembles übertragen."[5]

Mutter bekam die Wohnung in der Hans-Sachs-Allee 28 zugewiesen. Eine ganze Wohnung mit drei Zimmern, Schlafzimmer, Wohnzimmer, Esszimmer, ein Badezimmer mit Wanne und Dusche, für eine alleinstehende Frau mit nur einem Kind. An der Wilhelm-Pieck-Universität in Rostock war sie nun für die bunten Abende mit Propaganda zuständig. Ab und zu hat sie mich mitgenommen. Einmal durfte ich mit der Tanzgruppe im Zug mit den Studentinnen und Studenten nach Westdeutschland fahren, nach Delmenhorst. Alle sangen und waren vergnügt. Mutter wusste, dass die Studentinnen mich niedlich fanden: große Augen, magerer Körper, gewitzter Geist. Damals glaubte man noch an die Wiedervereinigung. Auf beiden Seiten. Und Mutter bespitzelte im Uniapparat auf Weisung des Ministeriums für Staatssicherheit gezielt die ihr zugewiesenen Personen unter dem volltönenden Decknamen „Carmen". In der „Einschätzung des GI ,Carmen' vom 12. August 1957" hieß es über diesen „Geheimen Informator": „Der GI ist maximal ausgenutzt. Er berichtet über die Math.-Nat.-Fak., gesamtdeutsche Arbeit, Kulturensemble, und über die Wi.-Wi.-Fak. […] Um den GI weiter fachlich zu qualifizieren, ist er im IV. Quartal in eine noch zu werbende KW einzuführen. Da der GI in manchen Fragen zu subjektiv ist und sich manchmal von humanen Erwägungen leiten lässt, ist der GI politisch zu festigen, damit er härter und objektiver wird.

Dies ist besonders notwendig für die Arbeit an Personen wie Dr. XX und XX, an denen der GI konkret arbeitet. Weiterhin ist dies erforderlich, da der GI eine schwache Seite für das männliche Geschlecht hat."[6] Carmen kam mit allen Fakultäten in Kontakt, sie nutzte Vertrauen und Freundschaft, um ihrem Führungsoffizier Grebe Informationen über Professoren, Assistenten, Aspiranten und Studenten zu liefern. Über alles, was ihr klassenfeindlich, opportunistisch, konterrevolutionär erschien. Da eine KW, eine konspirative Wohnung, in der man sich hätte treffen können, fehlte, zahlte ihr der Führungsoffizier für Zigaretten, Kaffee, Torte, Frühstück in den HO-Gaststätten sechs bis acht Mark pro Treff. Manchmal waren es auch glatte 20 Mark, die für Carmen quittiert wurden.

Am 17. Februar 1957 unterschrieb Mutter eine Schweigeverpflichtung, der noch viele weitere folgen sollten: „Ich, Leonore Siberg, geb. 25. 5. 1926, wohnhaft in Rostock, Hans-Sachs-Allee 28, verpflichte mich, über alle Gespräche, die ich mit einem Mitarbeiter des MfS führe, gegenüber jeder 2. Person strengstes Stillschweigen zu wahren. Mir ist bekannt, dass ich bei Bruch dieser Verpflichtung nach dem Paragr. 353 c des StGB zur Verantwortung gezogen und bestraft werde."[7]

Der damalige Abwehr- und Spionagechef, Staatssekretär für Staatssicherheit, Minister Ernst Wollweber, bezeichnete die Angeworbenen als überlebenswichtig für den Fortbestand der SED-Herrschaft: „Ohne diese Atmungsorgane können wir nicht leben und nicht arbeiten."[8]

Es war also alles geregelt. Nur dieses Kind kam ihr dazwischen, das sie für eine Fotoaufnahme hoch auf der Mauer ihres Balkons zurechtsetzte. Eine kleine Bewegung, und das Anderthalbjährige, ich konnte noch nicht richtig sitzen, hätte die Balance verloren. Womit in diesem Alter immer zu rechnen ist. Mutter aber hatte ihre Aufnahme im Kasten. Nur eine kleine Bewegung, und ich wäre in diesen Abgrund des Neuanfangs gefallen. Hier in unserem Viertel, in das die Rufe und Pfiffe der Fans des Rostocker Fußballclubs SC Empor aus dem nahe gelegenen Ostseestadion drangen, waren die nationalsozialistischen Häuserzeilen nahe der großen Kaserne mit Hubschrauberlandeplatz und den mittäglichen Warnsirenenstößen zur sozialistischen Wirklichkeit geworden. Früher hieß unsere Hans-Sachs-Allee Hermann-Göring-Allee. Die Häuser standen in langen Reihen gestaffelt, feldgrau wie die Wehrmachtssoldaten. Die Straßen im Hansaviertel bildeten gerade Raster, mit Gehweg und Rinnstein, während wenige Hundert Meter weiter in Richtung Altstadt und Hafen die Trümmer und die Krater lagen, schwarz gähnend wie offene Gräber. Die Männer blieben im Krieg oder kamen spät zurück. Zum Straßenbild gehörten die Versehrten, auf Krücken, in Rollstühlen, die eher Särgen glichen, und wir bezahlten mit Lebensmittelkarten, bei Verlust kein Ersatz, lose Abschnitte ungültig, nicht übertragbar. Der Krieg steckte allen noch in den Knochen, ob sie es wahrhaben wollten oder nicht. Rostock war eines der wichtigsten Rüstungszentren des Reiches gewesen: die Werften, die Flugzeugwerke, die Heinkel- und die Aradowerke. Die Stadt brannte aus in den Aprilnächten 1942 unter den Bomben der Royal Air Force.

Auf dem Balkon
in der Hans-Sachs-Allee

Aus meinem Kinderfotoalbum hatte Mutter die Bilder, auf denen mein Vater zu sehen gewesen sein muss, ohne große Vorsicht herausgerissen. Ich fuhr mit den Fingern über die trockenen, weißen Spuren des Klebers auf dem schwarzen Karton. Fragen stellen durfte ich nicht. Ihr nicht. Drinnen knarrten die Dielen unter meinen leisen Schritten, die Wände wurden weiter, Mutter war fort. Die Wohnung hoch im vierten Stock wurde zum festen Bestandteil meiner Kinderwelt. War Mutter unterwegs, und sie war viel unterwegs, weil sie viel nachzuholen hatte, schloss sie mich ein. Wir lebten in einem Vorzeigeviertel, doch ich war kein Vorzeigekind. Für alle da draußen blieb ich unsichtbar und ich selbst wurde mir ein Schemen, der die Wände rückwärts hochgehen konnte, ein Gespenst, das auf dem Tisch tanzte, im Gasofen zündelte, die Badewanne volllaufen ließ, um Ertrinken zu spielen. Unter Wasser herrschte Frieden, nur ganz selten gab mein Körper einen Laut oder er ließ die Haut an der Wannenwand reiben. Ich schwebte und alles lag ruhig. Manchmal wollte ich die Einsamkeit nur so aus mir herausschreien. In meinem Mund aber formte sich kein einziger Ton. Nur ein rasselndes Keuchen. Ich war fünf, als ich anfing mich zu erinnern. Dass die Liebe gefehlt hat.

Die „Gesamtdeutsche Arbeit" an der Universität nahm Mutter in Anspruch. Ihre mündlichen Berichte und akribischen handschriftlichen Abschriften gingen an das MfS und an das Staatssekretariat für das Hoch- und Fachschulwesen, Berlin 017.

Die Genossin Siberg wurde am 17. 2. 1956 als KP [Kontaktperson] verpflichtet. Während dieser Zeit wurden ständig Treffs mit ihr durchgeführt. Alle ihr übertragenen Arbeiten erledigte sie termingemäß und erschien pünktlich zu den festgelegten Treffs. Abgerissene Verbindungen stellte sie sofort wieder her. Sie berichtete laufend Dinge über die gesamtdeutsche Arbeit der Universität unaufgefordert. Fast jeglicher Briefverkehr betreffs der Gesamtdeutschen Arbeit von und nach Westdeutschland wurde uns durch sie abschriftlich übermittelt. Durch ihre Tätigkeit können wir uns einen guten Überblick über die Tätigkeit des gesamtdeutschen Komitees der Univ. Rostock

23

teilweise auch Greifswald verschaffen. Durch sie wurden wir ständig über den Verkehr von Delegationen von und nach Westdeutschland informiert. Wir erreichten, dass mit ihrer Hilfe unsere GI mit in die Delegationen, die nach Westdeutschland fuhren, eingeschleust werden konnten. […] Aufgrund der Tatsache, dass sie ledig ist und nach einem Ernährer sucht, hat sie teilweise einen großen Bekanntenkreis von männl. Personen. Über alle Verhältnisse mit männlichen Personen informiert sie mich und löst diese Verhältnisse auf Wunsch meinerseits. Macht sie neue Männerbekanntschaften, so fragt sie jeder Zeit nach Rat und möchte hören, ob diese Verhältnisse für sie von Nutzen sind und nicht ihre Arbeit wie auch unsere schädigen.[9]

Der Reisedrang der Studenten in die „NATO-Atombombenrepublik" blieb auch nach der Niederschlagung der Aufstände Anfang November 1956 in Ungarn ungebremst. So reisten beispielsweise einige Dozenten und Studenten der niederdeutschen Sprache 1957 zum Besuch der Hansischen Hochschulgilde der Universität Hamburg nach Schloss Grabau bei Bad Oldesloe und machten einen Abstecher nach Lüneburg. An das Staatssekretariat in Berlin wurde ein Jahr später aus der Universität berichtet: „Gegenwärtig gibt es unter dem Lehrkörper an der Universität Rostock zahlreiche Diskussionen über die hohe Zahl von republikflüchtigen Wissenschaftlern. Aus dem Urlaub zurückgekehrt, haben die Wissenschaftler zunächst einmal festgestellt, wer fehlt, d. h. wer ist nicht in die DDR zurückgekehrt? In der Tat haben seit Beginn des Jahres 1958 bis zum gegenwärtigen Zeitpunkt insgesamt ca. 45 Wissenschaftler und Ärzte der Universität Rostock illegal die DDR verlassen."[10] Hinsichtlich Dr. Johannes Nichtweiß, Historisches Institut für mittlere und neuere Geschichte und für historische Hilfswissenschaften, stellte die SED-Leitung der Universität eine „innere Zerrissenheit" fest. „Aus dieser Lage heraus leitete der Genosse Nichtweiß unmarxistische Schlussfolgerungen ab, indem er Selbstmord beging und sich damit vor allem dem täglichen familiären Druck der Unerträglichkeit entzog."[11] 1958 hatte er an der Humboldt-Universität in Berlin über „Die preußisch-deutsche

Politik gegenüber den ausländischen Wanderarbeitern in der Landwirtschaft" habilitiert. Das Jahr seiner Habilitation wurde zu seinem Sterbejahr. Johannes Nichtweiß sprang vom Dach der Universität in den Tod. Während der Pfingsttagung der Hansischen Hochschulgilde hätten imperialistische Kräfte auf ihn gewirkt; Teilnehmer aus der Bundesrepublik hätten bei ihm gewohnt und es sei bis in die Nacht diskutiert worden. Jeden Montag brachte mich Mutter in den Universitätskindergarten, ebenerdig im Hof des Klosters zum Heiligen Kreuz. Als ich noch kleiner war, hatte sie mich in die Wochenkrippe gegeben, dann brachte sie mich Montag früh und holte mich am Freitagabend wieder ab. Oftmals nahm sie auch die Samstagsbetreuung in Anspruch. Viele der Mütter sorgten allein für ihre Kinder.

Angeblich befand sich ein Stückchen des Kreuzes Jesu im Altar des Klosters, und ein Schweißtuch, von dem Jesus ernst blickte, gab es auch. Auf dem Weg zum Unikindergarten zerrte Leonore ihr Kind durch die Wallanlagen, an die sich uralte kleine Gassen mit niedrig geduckten Häuschen anschlossen, Wohnhöhlen, in denen einst Armut und Laster zu Hause gewesen waren. Als ich größer wurde, graute mir vor diesen Labyrinthen, die in nie endende Irrwege zu führen schienen, in denen Lärmen und Schelten und der schwarze Pesthauch nachhallten. Links und rechts des Klostergangs standen steinerne Figuren, die drohten, ihre Hände gegen mich auszustrecken, mich festzuhalten. Im Traum begegneten sie mir wieder, der leidende, blutende Jesus mit dem Dornenkranz, die Erlösten, die aus dem zähnebleckenden Maul eines Monsters krochen, immer wieder ging ich allein hinein in den schwarzen Tunnel des Klostergangs, doch dann konnte ich fliegen. Ich breitete die Arme aus, der Wind zerrte an meinen Haaren und alles unten wurde unendlich klein. Ich flog und flog und kam nie an. Aus allem fortfliegen zu können, diesen Traum rettete ich hinüber in die Wirklichkeit.

Morgens dann fassten sich alle Kinder im Singkreis an den Händen: „Mein großer Bruder Rüdiger, der geht zur Volksarmee. Er schützt den Kindergarten, in den ich morgens geh. Noch ist die Mütze mir zu groß, die Jacke viel zu schwer. Bin ich erst groß, dann werde ich Soldat wie er!"

25

Meine liebste Olga

ich schätze ihre tätigkeit als durchaus nicht harmlos ein. wer so schnell den aufstieg in die „oberen" kreise machte, der war auf gar keinen fall harmlos. ihre position in der propaganda war sogar eine höchst wichtige, denn sie u. die parteileitung entschieden, wie die studenten zu sein haben u. wer studieren durfte u. wer nicht. sie hat alle ihre chefs bespitzelt u. alles abgeschrieben, was es gab, sie war ein spitzel aus vollem herzen, weil sie vermutlich dachte, so wird sie am schnellsten nach oben kommen. bemüht habe ich mich, aber es war nie genug. ich hab ja nicht von anfang an rebelliert.

Mutter liebte den Flirt. Groß, schlank, brünett gefärbt – sie trug nun die Haare kurz, was ihre Weiblichkeit noch unterstrich –, konnte sie keine Gelegenheit auslassen, und wie jedes Jahr ging sie zum Faschingsball der Universität. Eine Kollegin aus der „Gesamtdeutschen Arbeit" an der Universität charakterisierte Mutter so: „S. hat ein sehr großes Geltungsbedürfnis, das sie sich auf viele Arten zu verschaffen versucht. Sie möchte immer gern von einer Reihe junger Männer umgeben sein und sich von allen Seiten verwöhnen lassen. Dieses Bedürfnis kommt nicht zuletzt auch in ihrer Kleidung bzw. Aufmachung zum Ausdruck. Ich kenne ihre näheren Verhältnisse nicht weiter, weiß aber, dass sie eine Zeit lang sehr oft mit der ‚Seepolizei' zusammen war, dass sich die Seepolizei dann in Mitglieder der Handballmannschaft verwandelte. Vor allem lässt sie sich gern ausführen. Die Sorgen um ihr Kind sind meines Erachtens nicht die größten."[12]

An solchen Tagen, in solchen Nächten, wenn Mutter ausging oder sich ausführen ließ, kam ich auf der Couch bei einem ältlichen Ehepaar im Hinterhaus, Parterre, zur Ruhe. Es war schon ein Unterschied, ob einer Parterre und Hinterhaus oder, wie wir, vorn, vier Treppen hoch, wohnte. Die alte Frau barg mich in ihren Armen, wenn ich nachts aufwachte, und sie stopfte mir die Decke rund um den mageren Körper, damit auch in keine Ritze eine Hexe gierig ihre krummen Finger stecken konnte. Die beiden Alten hatten einen leichten Schlaf und fuhren hoch, sobald sie mich hörten. Seit 1933 hatten sie Haft, Verfolgung, Hunger, Kälte, Folter, auch in Konzentrationslagern, überleben müssen. Opfer des Faschismus waren die beiden, so hieß das. Getrennt voneinander hatten sie Auschwitz überlebt. Schräg außen auf dem linken Unterarm hatten der Mann und die Frau ihre Häftlingsnummer eintätowiert, die konnten sie niemals mehr abwaschen. Ich las ihnen ihre Zahlen vor, weil ich so stolz war, dass ich schon die Zahlen konnte, und lesen konnte ich auch schon und sie lachten mir zu, ach damals, das ist vorbei. Vorbei ist vorbei und kehrt nicht wieder. Für mich waren sie Helden.

Die beiden waren sich selbst genug. Jede Jahreszeit mit ihren Stimmungen, Lüften, Geräuschen war wie neu für sie, alles erlebten sie mit Staunen wie nach einer langen Krankheit. Sie waren ein wenig wie Kinder, denen die anderen Erwachsenen das Anderssein zustanden. Immer wieder konnten sie meinem bunten Kreisel zuschauen, wie er, erst bloß noch Farbwischer, langsamer werdend in der spitzen Figur einer hochbusigen Tänzerin endete. Unter dem Sofa bei ihnen stand eine Kiste mit uraltem Blechspielzeug für das Kind, das sie nie hatten, und eine Eisenbahn näherte sich in voller Fahrt, wenn wir uns mit dem Kopf schräg auf die Dielen legten. Sie hatten eine Puppenfamilie, die Körper aus weichem Stoff, alles Mädchen mit goldenen Zöpfen, die mit mir einschliefen, die ich anzog und mit Mehlbrei fütterte, als wären sie echt, und in der Zeit des magischen Denkens waren sie es. In diesen Nächten und Tagen dort im Hinterhaus lebten wir wie außerhalb der Zeit.

Die Kapelle auf der Bühne gab ihr Bestes, ihr Letztes, sie feierte den Tiger Rag, den Swing, und die sonst so konservativen, klassisch ausgebildeten Musikstudenten des Universitätsorchesters gaben sich alle Mühe zu klingen wie die großen schwarzen Vorbilder aus der amerikanischen Besatzungszone. „Oh, when the Saints!" Keiner verstand, was er da mitbrüllte, aber dass darauf folgen musste: „Go marching in!", das wussten alle. Der Dirigent mit dem hüpfenden Taktstock hatte den richtigen Hüftschwung, mit dem er zwischen seinen Musikern und dem Publikum pendelte. Mutter verliebte sich.

Der entschlossene Wille, sich zu amüsieren, einte alle, auch Mutter. Die Spannung im Saal näherte sich dem Siedepunkt, als der Schlagzeuger das große orgiastische letzte Stürmen mit seinem fulminanten Solo herauszögerte wie im Zirkus, kurz vor dem Absprung der Artisten ohne Netz und doppelten Boden. Noch einmal prallten die Körper ineinander im Fantasie-Boogie-Woogie. Schweißüberströmt und dankbar sanken alle wieder auf ihre Plätze, die Hand zitternd vor Anstrengung das Schnapsglas umfangend, ex und hopp.

Hans-Jürgen Plog hieß der Dirigent mitten im größten Remmidemmi; bei Kriegsende war er gerade 17 Jahre alt und wartete darauf, Abitur machen zu dürfen. Als Laie führte er die Chöre seiner Heimatstadt Wismar. Seine Eltern und seine beiden Brüder gingen noch vor Kriegsende in den Westen, nach Hamburg. Zu Hause bei ihm hatten sie Plattdütsch gesprochen und er wuchs auf mit dem tiefen, beruhigenden Tuten der Schiffe, die aus dem Seehafen Wismar in die Ferne zogen. 1952 ging er nach Leipzig, um Musik zu studieren.

Lore, Leonore, hatte endlich wieder einen Mann zu Hause, und als ich nach den Sommerferien 1961 aus Leipzig von den Großeltern nach Hause kam, hieß ich nicht mehr Sonja Siberg, sondern Plog. Jetzt konnte mir keiner mehr dumm kommen und fragen, wo ist denn dein Vater. Ich hatte jetzt auch einen Papa. Pa-pa – die beiden Silben zerplatzten wie schillernde Seifenblasen. Ausgerechnet meine Mutter musste heiraten, diese streitsüchtige, aber brillante Frau, hart gegenüber allen Schwächen, immer bestrebt, ihre Karriere voranzutreiben, um nicht im gepolsterten Mief der Ehe zu versinken. Dass es für sie die zweite Hochzeit war, dieses offene Geheimnis nahm sie mit in ihr Grab. Darüber konnte sie ein Leben lang nicht sprechen.

Hans-Jürgen Plog war auf dem Weg zum Universitätsmusikdirektor und diesen Titel ließ Mutter sich auf der Zunge zergehen, diesem einen Mann mit Titel öffnete sie ihre Türen und ihre Nachthemden, die über die Jahre hinweg in erster Linie praktisch zu sein hatten. Alles langjährige Sehnen floss plötzlich in ihrem der Liebe und Zärtlichkeit entwöhnten Körper zusammen.

Im September 1958 war Hans-Jürgen am Rostocker Institut für Musikwissenschaft als Lektor angestellt und hatte die künstlerische Leitung des Chores übernommen. Jetzt würden wir also wie eine richtige Familie am Abendbrottisch sitzen, Pfefferminztee trinken und bestrichene Brote mit Messer und Gabel auf dem Brettchen zurechtrücken. Ich schrieb Hans-Jürgen einen Brief, ob ich ihn Papa oder Papi oder Vati oder Vater nennen dürfe. Mutter lachte mich aus, was fiele mir ein, einen Brief zu schreiben.

Im Frühjahr 1958 hatte Lore mich zum Arzt geschickt und ich kehrte mit der Diagnose „Hochbegabt" heim, also ab in die Schule. Ich sollte ja was werden. „Juchei, ich bin ein Schulkind!", sangen die Älteren zur Einschulung am ersten September; mir war nicht nach Juchei. Strammstehen, Fahnenappell, Augen links, Augen rechts, Disziplin, vorwärts zum Sozialismus. Wir saßen auf langen Schulbänken und sollten die Hände auf dem Rücken halten. Jeden Morgen standen wir auf, „Für Frieden und Sozialismus: Seid bereit!", leierte die Lehrerin vorne. Der Gruß kam von uns Kindern zurück: „Immer bereit!" Freundschaft. Setzen. Der Sozialismus muss siegen, für eine bessere Zukunft. Der Imperialismus und damit der Kapitalismus sind historisch überlebt. Unsere Neulehrer in der Unterstufe waren zumeist ergebene Parteiideologen, die, ausgerüstet mit einem achtwöchigen Crashkurs, täglich unsere sozialistische Persönlichkeit zu formen hatten. Aber es gab auch unter ihnen ein paar Nette, die alles nicht so streng zu nehmen schienen. Manche waren plötzlich einfach weg. Was mit ihnen passiert war, wusste keiner von uns, weil darüber auch die Eltern nicht sprachen. Schule war Schule. Peng. Da durfte sich keiner einmischen. In den Heimatkundestunden der ersten Klasse hieß es: „Welche Farben hat die Fahne unserer Republik?", und: „Zeichne die Arbeiterfahne!" Schwarz, Rot, Gold. Eine rote Flagge. Volle Punktzahl erreicht. In der ersten Klasse gab es nur die Noten 1 und 2. Alles, was darunter lag, war schlecht. Schlecht wie ein fauliger Apfel, der aussortiert gehört. Damit hätte ich nicht nach Hause kommen dürfen.

Mutter war Parteimitglied der SED, wenn sie ausging, trug sie das Parteiabzeichen am Revers. Hans-Jürgen weigerte sich einzutreten. Die Politik käme nicht ohne Musik aus, die Musik aber sehr wohl ohne Politik. Fehlte ihm der richtige Klassenstandpunkt? Parteiarbeit füllte Mutters Wochenenden aus. Für die Studierenden der Arbeiter- und-Bauern-Fakultät Rostock organisierte sie bunte Abende. Die Universität dem Volk. Glaubte sie wirklich voller Inbrunst und Ausschließlichkeit an den unaufhaltsamen Sieg des Kommunismus? Die Gläubigen der Partei hatten sie die unausweichlich sich einstellenden Stationen des Geschichtsverlaufs gelehrt. Mutter war Teil des Systems, oder hoffte sie doch auf andere Götter? Als Vorstand der Wohngruppe 9 im DFD, dem Demokratischen Frauenbund Deutschlands, musste sie oftmals zwischenzeitlich kurz fort, allein ging sie, und vom Balkon aus sah ich ihr nach, wie sie zielgerichtet aus meinem Blickfeld verschwand und nach kurzer Zeit, nach wenigen Minuten nur, wieder erschien. Mutter war nicht nur Mitglied in der FDJ, sondern auch in der DSF, der Gesellschaft für Deutsch-Sowjetische Freundschaft, sowie in der GST, der Gesellschaft für Sport und Technik, hier stieg sie auf zur stellvertretenden Leiterin der Gruppe hauptamtlicher Funktionäre.[13] Der Erste Sekretär der SED-Bezirksleitung Rostock, ausgezeichnet mit dem „Vaterländischen Verdienstorden in Silber", war bei den Internationalen Brigaden im Spanischen Bürgerkrieg gewesen und hatte die Moskauer Parteischule durchlaufen. Mutter sprach mit Ehrfurcht von Karl Mewis. Bald hatte sie ein eigenes Büro als Gesangs- und Tanzensembleleiterin der Hochschulgruppe der FDJ im Universitätsgebäude,

Stalinplatz 1, zusammen mit Dipl.-Ing. oec. Henning Schleiff, nun als Nachfolger von Oswald Kleinpeter, ihrem Anwerber vom MfS, Erster Sekretär der Hochschulgruppe der FDJ. Schleiff legte eine steile Karriere innerhalb der Partei hin und sollte als langjähriger Rostocker Oberbürgermeister erst 1990 nach heftigen Bürgerprotesten das Amt niederlegen. Die Jahre vor dem Mauerbau, mit der Flucht der zweieinhalb Millionen in den Westen, brachten enorme Aufstiegschancen mit sich. Mutter liebte es, sich mit Honoratioren zu umgeben.

Wir lebten in einem geschlossenen System, in dem alles Leben und jede Erinnerung kontrolliert wurde und erstarrte. 1960 reiste das Chorensemble unter Hans-Jürgen Plog nach Westdeutschland, Mutter trug täglich, auch abends und am Wochenende, ihren Bonbon, das Parteiabzeichen, und begleitete ihn zu den Auftritten in Hamburg, Bremen, Walsrode. Im Gegenzug besuchten die Westdeutschen Rostock. Hans-Jürgen hatte eine Idealvorstellung vom Chorgesang: „Ich möchte gerade Stimmen ohne Härte hören, so dass der Chor trotz größerer Besetzung wie ein Kammerchor klingt. Jede Stimme sollte dabei ihre Möglichkeiten kennen, vom Dirigenten darf nichts forciert werden, aber jede Stimmgruppe sollte so weit wie möglich entwickelt werden. Insgesamt sollen die Stimmen schlank geführt werden." Der Mann meiner Mutter hatte seinen eigenen Geschmack und er widmete sich der zeitgenössischen Chormusik. Es waren Uraufführungen, die er wagte, von seinem Leipziger Lehrer Wilhelm Weismann, oder die angejazzten Chorsätze des jungen Gunther Erdmann, die eher nach Frank Sinatra, Swing, Showtreppe und Glitzergirls als nach „Wir schützen den Weltfrieden!" klangen. Hans-Jürgen reiste durch die Welt der Musik, in den Tagen vor einem großen Konzert musste ich mucksmäuschenstill sein. Alles Fremde lockte ihn und er entdeckte den Liederzyklus *Dunavölgyi koszorù*, den Donautalkranz von Ferenc Farkas, für die deutsche Chormusik. Plattdütsch sprachen sie bei ihm zu Hause, Plattdütsch dachte und träumte er, Mutter konnte es nicht verstehen und regte sich auf, das Plattdütsch empfand sie als Ausgrenzung. Dat hebben ji juch jo man fein utsunnen. Dat du min Leevsten

31

büst, dat du woll weeßt. Kumm bi de Nacht, kumm bi de Nacht, segg
wo du heeßt, kumm bi de Nacht, kumm bi de Nacht, segg wo du heeßt.
Und Vater meint und Mutter meint, der Wind, der rausche. Dat deit de
Wind. Das Kuscheln, das Rascheln, das Stöhnen, das, was ich nachts
von denen hörte, die jetzt meine Eltern waren. Ich dachte an das Lied
und an den Wind.

Die täglichen Lügen gehörten zu meinem Kinderalltag. Wie eine
Doppelagentin wechselte ich die Sprachen, zwischen dem Pflichtwort-
müll aus der Schule und den Gesprächen zwischen meinen Eltern. Es
war die Zeit des Kalten Krieges und unsere Lehrer fragten uns, was seht
ihr für eine Uhr im Fernsehen, hat die Punkte oder Striche anstelle von
Zahlen. Wir sahen Westfernsehen mit der Tagesschauuhr zu Hause,
und wenn ich bei den Großeltern in Leipzig war, durfte ich, anstelle
von Aktueller Kamera und den Vorzeigerollenspielen der Märchen-
landbewohner Schnatterinchen und Bummibär beim Sandmännchen,
richtig viel vom Westen in Schwarz-Weiß konsumieren, mit Edgar-
Wallace-Streifen und allem Drum und Dran. Westfernsehen schauen
und Westradio hören wurde in den Fünfzigern und Sechzigern vom
Staat verfolgt. Schlimm war es, wenn die Nachbarn oder der Schornsteinfeger eine fürs Westfernsehen ausgerichtete Antenne entdeckten.
Die *Junge Welt,* das Organ der FDJ, schrieb am 7. September 1961:

Mit vielen Ideen sind die FDJler überall dabei, die „Aktion Blitz
kontra NATO-Sender" zu einem neuen kräftigen Schlag gegen die
kalten Krieger zu machen. In zahlreichen Diskussionen in Städten und Dörfern schufen unsere Freunde Klarheit darüber, dass in
keinem Haus NATO-Sender gehört oder gesehen werden. So sind
in der Grenzgemeinde Harkensee, Kreis Grevesmühlen, schon seit
einigen Tagen sämtliche Fernsehantennen in Richtung Frieden eingestellt. Eine besonders originelle Idee hatten die Freunde der FDJ-
Organisation der Mathias-Thesen-Werft in Wismar. Sie schufen die
Figur „Tele-Conny", die all jenen an die Haustür geheftet bzw. am
Arbeitsplatz angebracht wird, die noch immer die Fernsehsendun-

gen des Westens empfangen. Sobald die Antennen aber in Richtung Sozialismus zeigen, wird die „Tele-Conny" wieder abgeholt.

Vor der Volkswahl am 17. September 1961 forderte Politbüromitglied Albert Norden die Beseitigung aller auf Westempfang eingerichteten Fernsehantennen, nach dem Standort des entsprechenden bayrischen Zonengrenzsenders Ochsenkopf kurz „Ochsenköpfe" genannt. Alle Elektromonteure sollten sich verpflichten, künftig keine Westantennen, keine „Feindfahnen" und „Opiumsäulen", mehr zu installieren. Auch die Schornsteinfeger hatten Anweisung zu kontrollieren, ob die Fernsehantennen auf Westempfang standen. Verlangt wurde von allen Hausgemeinschaften, freiwillig auf den Empfang westdeutscher oder Westberliner Fernsehsendungen generell zu verzichten. Das halbe Volk sieht West, hört West, und die Partei will sagen, dass sich die sozialistische Menschengemeinschaft weiter gefestigt hat auf dem Weg hin zum entwickelten gesellschaftlichen System in der glücklichen Diktatur des Proletariats. Unsere Rostocker *Ostsee-Zeitung* fragte unter der Überschrift „Antennen in Richtung Frieden": „Ist es nicht an der Zeit zu verlangen, dass sich alle Bürger der DDR ihre geistige Nahrung von dem Staat holen, in dem sie leben?"

Die SED übertrug die Aktion Ochsenkopf der FDJ. Bei Blauhemden an der Tür öffneten wir erst gar nicht und saßen still in der Wohnung, bis das Fußgetrappel im Treppenhaus verhallte. Wir hatten uns ohne lange Wartezeit und Ansparen einen Apparat anschaffen können, auch darauf war Mutter stolz. Aus einer alten, von innen verstärkten Tabaksdose bastelte Hans-Jürgen einen Konverter, der neben dem Fernseher stand. Wir hatten ein relativ rauscharmes Bild. Uns passierte nichts. Mutter hatte ihre Wahrheit, Hans-Jürgen seine. Aber eine gute Stellung hatten beide. Und schimpften beide aufs System. Von mir wurde erwartet, dass ich gut in der Schule bin und niemanden störe. War der Fernseher aus, herrschte meist Schweigen. Vielleicht redeten spät die Erwachsenen, leise und wie nur für sich. In die Partei einzutreten kam für Hans-Jürgen immer noch nicht in Frage, Mutter war ja.

Juri Gagarin flog ins All und am 6. August umrundete der sowjetische Kosmonaut German Titow die Erde. Konnte der Griff nach den Sternen ablenken vom realsozialistischen Alltag?

1961, es war Herbstanfang, kurz nach dem Mauerbau, mussten alle Mütter und Väter beim Elternabend in der Schule unterschreiben, dass sie keine Westsender sehen oder hören. Denn am Tag X würde uns der Westen zum Aufstand aufrufen. Wer sich weigerte zu unterschreiben, hatte den falschen Klassenstandpunkt. Die meisten Eltern unterschrieben, weil sie wollten, dass ihre Kinder weiterkommen. Unterschreiben und auf der Schule bleiben. Ohne Jugendweihe keine Chance, auf die EOS, die erweiterte Oberschule, zu wechseln. Ich sollte doch das Abitur haben, ich sollte doch studieren, Ärztin werden, einen Kollegen heiraten. Du musst dich damit abfinden, wir leben nun mal hier, hieß es. Diese Schicksalsergebenheit, dieses Sicharrangieren im Klein-Klein brachte mich in Rage. Viele Eltern rieten ihrem Kind in bester Absicht, alles mitzumachen. Ich war kein Bonzenkind, ich war kein Arbeiterkind, ich war kein Bauernkind, ich war ein Intelligenzlerkind. Mutter klagte, Kind, ach frag doch nicht so viel. Ich träumte von der großen weiten Welt, wenn die Chorproben wieder endlos ausfielen, und wanderte ehrfürchtig von der Aula durch die Abteilung Altertumswissenschaften der Universität. Ausgräberin wollte ich werden, im Dreck wühlen, den Palast der Königin von Saba entdecken. Ägypten, Äthiopien, Jemen. Dazu musste ich erst einmal die Grenzen des Landes verlassen.

An der Uni sorgte Anfang der Sechziger Henning Schleiff als Erster Sekretär der FDJ dafür, dass möglichst alle Studenten aller Fachrichtungen einen Brief an Walter Ulbricht unterzeichneten:

Sehr geehrter Herr Vorsitzender des Staatsrates!
Lieber Walter Ulbricht!
Der 13. August 1961 war ein schwarzer Tag für die deutschen Militaristen und Revanchisten. Für uns war er ein Tag der Freude und des Aufatmens; wurde doch durch die Maßnahmen unserer Regierung den Kriegsplänen der Adenauer, Strauß und Konsorten

ein deutliches Halt entgegengestellt und dem verabscheuenswürdigen Menschenhandel mit Bürgern der DDR ein Riegel vorgeschoben. Wir Studenten der Universität Rostock stehen fest hinter diesen Maßnahmen, weil sie den Frieden in Deutschland und in der Welt gerettet und unsere geliebte Deutsche Demokratische Republik gestärkt haben.[14]

21 von 26 oder 27 Studierenden aus der Seminargruppe Germanistik/ Anglistik des dritten Studienjahres 1961 unterschrieben den Brief nicht. Eine von ihnen, die Studentin O., Mitglied im Chor, habe, so ein Informationsbericht, „im letzten Jahr eine rückläufige Entwicklung durchgemacht; auch bei ihr zeigen sich Staralüren und eine starke Neigung zum Snobbismus [sic]. […] Es wäre zu untersuchen, wie weit in ihrem Fall und bei den anderen Chormitgliedern dieses Studienjahres die Chorarbeit mitverantwortlich ist für die mangelnde ideologische Entwicklung.“[15]

Welch Zittern wird sein! 1961, zum 170. Todesjahr von Wolfgang Amadeus Mozart, konnte Hans-Jürgen erstmals gegenüber der Universitätsleitung durchsetzen, dass Mozarts Requiem aufgeführt wurde, fortan sollte es Tradition werden. Ein kirchliches Werk in der Aula der Wilhelm-Pieck-Universität. Braune große Lettern mit „Unsere Liebe, unsere Kunst der DDR – unserem sozialistischen Vaterland“ zierten die Wand. Die roten Eisler-Lieder zu den Immatrikulationsfeiern waren meinem Vater verhasst.

Tremor est futurus! Sterbend komponierte Mozart sein Requiem in d-Moll. Dunkel, düster, schwarz gekleidet stand der Chor, doch es war, als würden sich alle zurücknehmen, das Fagott, die Basshörner, die Solisten. Als würden alle zurücktreten, respektvoll im Angesicht des Todes. Mitten in den Applaus hinein flatterte ich mit weißen Kniestrümpfen, weißem Unterrock unter dem schwarzen kurzen Röckchen und einem Blumenstrauß in der Hand auf Hans-Jürgen zu. Ich knickste vor ihm, wir hielten inne und lächelten einander zu fürs Foto.

In der Welt der Musik wurde ich eins mit dem Chor, der wie ein großer Klangkörper ein- und ausatmete und dessen Stoffwechsel Hans-

Jürgen als ein vorsichtig-umsichtiger Taktgeber dirigierte. Sie sangen Claudio Monteverdis Madrigale von Liebe und Krieg, sangen die Matthäuspassion, das Weihnachtsoratorium. Die Musik regierte, alles andere blieb außen vor. Mutter, die Schule, alles verschwand hinter der Missa Brevis von Giovanni Palestrina, hinter Monteverdis Lamento d'Arianna, hinter den Motetten von Heinrich Schütz und Johann Sebastian Bach, den Trois Chansons von Claude Debussy.

Früher konnte man in Ostberlin in die S-Bahn steigen und im Westen wieder aus. Zwei Tage nach der Abriegelung Westberlins mit Stacheldrahtverhauen wurden an der Invalidenstraße und weiteren Stellen der Sektorengrenze Betonplatten aufgestellt, wie sie für den Wohnungsbau produziert wurden. Eine starre hohe Mauer, die den Schall fraß, durchtrennte die Stadt. Weder Amerikaner noch Briten noch Franzosen ließen sich blicken. Kein Infanterist stellte sich den von DDR-Soldaten bewachten Bautrupps in den Weg, kein Panzer walzte den Stacheldraht nieder. Ein Jahr später war auch die Grenze zu Westdeutschland dicht. Es gab Verletzte und Tote. Es gab Minen und Selbstschussanlagen. Die Grenzsoldaten entlang der innerdeutschen Grenze schossen gezielt auf Flüchtlinge. Das sprach sich herum. Aber wir sollten glauben, dass die Mauer notwendig ist, um den Sozialismus aufzubauen. Weil endlich alle Feinde ausgesperrt sind. Jetzt kommt also die Freiheit. Die eingemauerte Frau, so hieß eine Sage aus Mutters Märchenbuch. Lebendig eingemauert zu werden galt als eine der schrecklichsten Strafen im Mittelalter.

In Moskau regierte nun Nikita Sergejewitsch Chruschtschow. Der XXII. Parteitag der KPdSU im Oktober 1961 zeichnete die Schritte auf dem Weg in den Kommunismus genau vor. Innerhalb von zwanzig Jahren hätte der Kommunismus gesiegt und Mutters Tageszeitung *Neues Deutschland* betitelte die Berichterstattung vom Parteitag: „Der Traum, 100 Jahre zu leben, ohne zu altern', wird Wirklichkeit."[16] Denn der Kommunismus bringt der Welt Frieden, Arbeit, Freiheit, Gleichheit und Glück. Grundnahrungsmittel wären umsonst, Mieten und Strom ebenfalls, und Geld brauchten wir dann überhaupt nicht mehr.

Die Läden voll, jeder kann sich nehmen, soviel er braucht. In dieser Welt gibt es kein Verbrechen, diese Welt braucht keine Gerichte und Gefängnisse. Und schon 1980 sollte diese Zukunftsmusik Wirklichkeit werden, denn die Produktion der Industrie wächst bis dahin auf das Sechsfache, die der Landwirtschaft auf das 3,5-Fache.

Das Haar hatte ich immer kurz zu tragen, das war praktischer für Mutter als tägliches Kämmen und Flechten. Für sie war ich ihr Rumbuff. Mir machte das nichts, dann war ich eben der Rumbuff, ein Rabauke. Immer wollte ich lieber ein Junge sein, weil die Jungs mehr dürfen. Sie waren laut, grob, schlampig, prahlerisch und dumm in der Schule und keiner nahm ihnen das übel. Wir Mädchen hatten immer als Vorbild für die Jungs zu gelten: nie laut, immer brav, nie unordentlich. In Nadelarbeit hatte ich eine Vier, in Betragen eine Vier, in Fleiß und Ordnung eine Drei. Nur in Deutsch, in Lesen und Literatur, in Rechtschreibung, Grammatik und Aufsatz eine Eins. In die Schule ging ich anfangs gerne, dort war immer etwas los oder ich hab was losgemacht. Krank war ich nie, zu Hause hätte ich mich ja allein zu Tode gelangweilt.

Mädchen sein, das hat mich nicht interessiert. Mutters Puppenhaus, in dem sie und ihre Schwester die Porzellanpuppen einst sanft ins kleine Bettchen gelegt und zugedeckt hatten, mit dem die beiden Schwestern Familie spielten, oder sie spielten Winter und häkelten ihren Püppchen bunte Kleiderröllchen, verschenkte ich an eine Familie mit neun Kindern aus der Nachbarschaft. Wie ich einfach etwas verschenken kann, ein Erbstück, nichts sei mir etwas wert, nichts könne ich wertschätzen. Aber die haben doch nichts und sind so viele Kinder, also brauchen die das. Mit den Nachbarskindern durfte ich nicht spielen, die waren nach Mutters Meinung so gewöhnlich.

Ich spürte keinen Trieb, der mich hieß zu backen und Handarbeiten zu machen. Lieber wollte ich allein mit meinem Fahrrad lostigern. Hinein in die Schuhe, aufs Rad springen und mit rasender Geschwindigkeit davon, mit fünfzig Sachen an einem sowjetischen Armeelaster hängend durchs Russenviertel um die Stephanstraße brausen, wollte im Geschwindigkeitsrausch die Häuser und Bäume verwischen sehen, Sieger im Murmelspielen hinter der Wäschewiese, Rekordhalter im Rollendrehen auf dem Klettergerüst sein. Vorwärts, rückwärts – stundenlang. Wollte in Bunker kriechen, hoch in die Äste der Bäume klettern und auf dem Rummel allen alles beweisen in der Überschlagschaukel. Auf den traditionellen Pfingstmarkt oben am Stadthafen gingen meine Eltern mit mir nicht. Der Rumswums mit Hau den Lukas, das Kreischen der Mädchen auf der Achterbahn beim Senkrechtfall in die Schienenschluchten, die laute Musik, die ausgelassenen, fröhlichen Menschen, das war nichts für sie. Ich strolchte allein um die Buden, zu gern einmal hätte ich mit dem Gewehr eine Rose geschossen, nur für mich. Auf Zehenspitzen stand ich und kurbelte an einem messingfarbenen Automaten, der drehend Bildchen für Bildchen weißfleischige Frauen mit struppigem Schamhaar und einem lächelnden Mund unter einer schwarzen Maske hergab. Hingebettet auf einem Löwenfell, den ausgestopften Kopf lässig umarmend. Oder sie ließen stehend in Stiefelchen ihr voluminöses Hinterteil von einem Herrn mit langem Bart und Koteletten verdreschen. Atemlos kurbelte ich, heimlich und heftig inmitten der johlenden Menge der Amüsierwilligen, und warf Zehn-Pfennig-Alumünzen in dieses, mein Taschengeldgrab.

Jedes Jahr zu Pfingsten weckte das Schild mit „Junger Mann zum Mitreisen gesucht" meine Sehnsucht. Ich würde reisen, mein eigenes Geld verdienen, wenn es auch nicht viel war, ich würde Freundschaften schließen mit allen Tieren und Freundschaft mit dem Clown und Freundschaft mit der schönen Zigeunerin und ihrem Mann, der aussah wie ein Pirat und dessen Tätowierungen von den Häfen der Welt und von Kitty, Loulou und Maria erzahlten. Matrose, zu Hause auf den Weltmeeren, zusammen mit der verschworenen Mannschaft Fluten und Stürmen trotzend, das stellte ich mir wahnsinnig aufregend vor, aufregender jedenfalls als das Schicksal der sozialistischen Helden, die Hand in Hand unter der Roten Fahne für Freiheit, Gleichheit, Brüderlichkeit zu sterben bereit waren. Zum Geburtstag bekam ich immer ein Buch und immer trotzte der Held allen Widrigkeiten und immer waren die Guten fröhlich, optimistisch und einfach nicht unterzukriegen.

Mein tägliches Programm hieß: Ballettunterricht, Blockflöte, später Bassflöte, Querflöte, Bodenturnen, Turmspringen. Hans-Jürgen unterrichtete mich am Klavier, obwohl meine Hände viel zu klein waren, um die Oktaven zu greifen. Da hilft nichts, da hilft nur üben, üben, üben! Sonja, noch einmal. Nochmal, so lange, bis es sitzt. Disziplin formt den Charakter. Haltung! Spannung! Mein Körper gehorchte. Er war leicht und biegsam und ihm haftete der Geruch des verschwitzten, langärmeligen Elasteanzugs an. Die Musik trug mich, in den peitschenden Wiederholungen des armenischen *Danse du sabre* schoss ich im Radwende-Flickflack-Salto über das Viereck der Matten. Sonja gab es nicht mehr, es gab nur noch die Wirbel und die Losung, nie mehr den brennenden Boden zu berühren. Haltung bis in die Fuß- und Fingerspitzen, Glissando in Drehungen, die anmutig wirken könnten, nur nicht bei diesem mageren Kind. Ausbalancieren, den Atem unter Kontrolle bringend, und dem strengen Blick der Jury standhalten. Auf einer Bank hinter einem mit Papieren belegten Holztisch saßen die ältlichen Trainerinnen und Trainer, die die akrobatischen Anstrengungen der zarten Mädchen beobachteten, die die Köpfe murmelnd zusammensteckten, um schließlich nickend ihre gestrenge Wertung kundzutun. Meine Vorbilder waren Larissa Semjonowna Latynina, die, obwohl sie schwanger war, bei der Weltmeisterschaft in Moskau antrat, und Ute Starke vom SC Lok Leipzig. Auch im Turmspringen brachte ich Medaillen nach Hause. Ich wollte ja beweisen, dass ich zu etwas nütze bin. Doppelter Salto vom Fünf-Meter-Brett, flugsicher durch zwei, drei Sekunden rasend in Perfektion. Wie eine Katze, die man aus dem Fenster wirft, tauchte ich immer sicher ein, hinein in die Tiefe bis zum Grund des Schwimmbeckens. Bewertet wurden Sprunghöhe, der Abstand zum Brett, Körperhaltung, Körperspannung, letztlich das Eintauchen. In der dritten Klasse mussten wir eines Tages antreten und wurden vermessen und gewogen von einem jungen Mann, der unsere Maße brummend an seine Assistentin weitergab. Ob ich auf eine Sportschule gehen möchte?, fragte sie mich freundlich und ich listete ihr alle meine schon vorhandenen Verpflichtungen auf. Selbst die Kleinsten galten als optimierbar, damit die DDR ihre Zeichen auf Sieg setzen konnte. Ihr Kind auf eine Sportschule zu schicken, das war Mutter nicht fein genug.

Punkt sechs Uhr musste ich zu Hause sein, sonst war alles abgeräumt. Pünktlichkeit, Sauberkeit, Disziplin, Fleiß, Bescheidenheit. Pflichtgefühl. Das ist es, was Sonja fehlt. Mutter blieb untadelig, unantastbar. Das Bild des leeren Tisches hat sich mir eingebrannt. Alles wie weggezaubert: Brot, die Streichmargarine statt Butter, die wenigen Scheiben Aufschnitt, das exakt ausgerichtete Silberbesteck, die Serviettenrollen mit den Monogrammen, die zu keinem von uns passten. Einfach in die Küche gehen und eigenmächtig ein Brot schmieren, unmöglich. Der Küchenraum mit der kleinen Speisekammer lag abgeschlossen, wenn Mutter und Hajo gingen. Konzert, Orchesterprobe, Chorprobe. Mutter feingemacht im Kostüm, das Haar trug sie weiterhin kurz mit ihrer amazonenhaften Selbstsicherheit. Ein Parfümhauch blieb. Chanel No. 5, das kam von der Ursel-Schwester im Westen, die uns von einer Coco Chanel in Frankreich schrieb: „Was ist das Parfüm einer Frau mit dem Duft einer Frau?" Chanel No. 5.

Ich musste mich selbst ins Bett bringen. Die Wohnungstür lag zweimal abgeschlossen, den Riegel von innen durfte ich nicht vorlegen. Mutter, fragte ich noch, was ist, wenn mich dennoch einer klaut? Wer dich klaut, der bringt dich spätestens in zwei Tagen zurück. Lag ich abends allein, habe ich mir ausgesponnen: Das sind nicht meine Eltern. Beide haben blaue Augen. Meine sind ganz anders. Braune Katzenaugen. Mich haben sie hier nur aufgenommen. Vielleicht wurden sie dafür bezahlt. Hier jedenfalls gehörte ich nicht hin. Mit diesen Gedanken dämmerte ich in den Schlaf.

Morgens durften meine Eltern auf keinen Fall gestört werden. Sie kamen ja immer spät nach Hause und standen nach mir auf. Leise balancierte ich die Schale aus dem hohen Klappschrank, Haferflocken, Milch, umrühren, aufessen, abwaschen, abtrocknen. Kein Löffelklappern. Keine Schüssel, die klirrt. Schon in der ersten und zweiten Klasse versorgte ich mich allein. Mir war es von Mutter verboten, Geräusche zu machen, die meine Eltern aufwecken könnten. Ihr Schlafzimmer lag neben der Toilette; wenn ich nachts oder morgens musste, fasste ich nie die Schnur an, zum Abspülen. In der Nachbarschaft erzählte Mutter lachend: Die Sonja hat ja solche Angst, dass aus dem Klo ein schwarzer Mann kommt, deshalb zieht sie nie ab. Ich habe mich einfach nicht getraut, an den kalten Porzellanknauf zu fassen, um zu ziehen, denn ich wollte meine Eltern nicht aufwecken. Und ich wollte nichts falsch machen. Ich hatte doch nur sie.

An schlimmen Tagen, wenn ich mit der Schule, den Eltern und mit mir nicht klarkam, kaufte ich mir ein, zwei Brötchen für fünf Pfennig. Manchmal gab es beim Bäcker auch Kuchenrand, geschenkt. Hamse Kuchenrand? Den Kuchenrand von Stachelbeer-, Pflaumen-, Kirschkuchen, Bienenstich verschlang ich auf der Straße so schnell, dass es gar niemand hätte sehen können. Denn auf der Straße isst man nicht. Die Brötchen nahm ich mit nach Hause. Geübt bohrte sich der Zeigefinger in ihren weichen Bauch, riss das Gewölle heraus, das schließlich, ganz süßlich zergehender Klumpen, jeweils in meiner Hamsterbacke landete. Die Öffnung füllte ich schwungvoll mit Zucker aus dem Zuckerstreuer. Alle Handgriffe saßen. Sonja, Gewohnheitsdiebin. Nicht auf die knarzende Diele unter dem Linoleum treten, leise den Rucksack mit dem Turnzeug schnüren, das Buch darin verborgen, und ab. Am nächsten Tag spielte ich mit den hart gewordenen Krümeln in meiner Hosentasche, gedankenverloren, in der Erinnerung an die genossene Freiheit.

So manchen Samstag ließ ich Kür Kür sein und ging fort in Richtung Innenstadt, hinein in den Botanischen Garten, wo es sich unter den hohen Buchenwipfeln wunderbar träumen ließ. Die Russen aus Mutters Bücherschrank las ich alle, den düsteren Dostojewski, Tolstoi, ich reiste mit dem wunderbar zarten Turgenjew durch seine Frühlingsfluten. Gegen die großen alten Bäume des Buchenwaldes im Botanischen Garten gelehnt stand ich und las. Ich las in der Schule, wurde ich doch selten genug aufgerufen, denn immer wusste ich die Antwort. Fand der Lehrer das Buch, hieß es, das ist nichts für dich.

41

Wieder musste Mutter in die Schule kommen, wieder gab es Schimpfe zu Hause, die darin gipfelte: Es nutzt nichts bei Sonja. Sonja Nichtsnutz. Hat nichts. Kann nichts. Will nichts. Nächtelang lag ich mit der Taschenlampe unter der Bettdecke und las. Einmal brannte die Taschenlampe eine schwarze Brandnarbe in mein Kopfkissen. Mit zehn Jahren entdeckte ich den *Stillen Don*, las von der Weite der Felder, von der verbotenen Liebe des Kosaken Grigori zu Axinja, der schönen Nachbarsfrau.

Die Franzosen habe ich geliebt, den eleganten Guy de Maupassant und seinen *Bel-Ami*, Gustave Flaubert und seine *Madame Bovary*, warum konnte ich mich nicht in die Zeitmaschine setzen und hundert Jahre zuvor mit ihnen lieben und leiden. Das war die Welt, in der ich gern hätte leben wollen als Kind und als Jugendliche. Ich las und las, ich las auf dem Klo und in der Badewanne, fünf Stunden am Stück waren keine Seltenheit, ich las, bis ich ausgelesen hatte. Ich ertrank in den Worten, mein Kopf drohte zu zerplatzen wie Jahre später nach zwei Schachteln Karo-Zigaretten am Tag. Die Bücher widmete ich „meiner lieben Olga". Olga Benario. Mit siebzehn Jahren allein von München nach Berlin-Neukölln; spektakulär, wie sie ihren verurteilten Geliebten aus dem Nazi-Gerichtssaal befreite, mit ihm nach Moskau ging, im europäischen Untergrund gegen die Nazis arbeitete, sich verliebte in einen brasilianischen Revolutionär, und hochschwanger nach Deutschland und damit der Ermordung ausgeliefert wurde. In Olga hatte ich endlich eine Freundin; eine Freundin, mit der ich meine Leidenschaft für die Bücher teilen konnte. Mit Olga zusammen reiste ich ins Märchenland, auf Nimmerwiederkehr. Olga ist Stärke, Klugheit, Güte. Olga nimmt mich fest in ihre Arme. Sie ist meine Freundin, der ich alles, aber auch alles erzählen kann. Ich schaue in ihre Augen und erkenne in ihnen die Welt, wie ich sie sehe. Olga aber existierte nicht, nicht die Olga meiner Träume, und die reale ist 1942 vergast worden.

Im Herbst 1962 sagten die Erwachsenen, es würde Krieg geben. Atomkrieg um Kuba. Daraus könnte ein Weltkrieg werden. US-amerikanische Aufklärer hatten auf Kuba sowjetische Mittelstreckenraketen entdeckt.

Warten

als erstes wurden mir alle persönlichen sachen abgenommen, eine glat-ze wurde mir geschoren. das war für mich wirklich richtig schlimm. ich hatte ganz langes haar. als ich in torgau ankam, war mir klar, dass ich mein leben verpfuscht habe, dass ich nie wieder ein bein auf die erde kriege. den stahlkern des gummiknüppels bekam ich zu spüren, weil ich randaliert habe, weil ich nicht wusste, wo ich bin.

Torgau, Mai 1968
Aus dem Klassenzimmer hatten mich der ABV, der Abschnittsbevoll-mächtigte, den ich ja schon kannte, und ein weiterer Polizist heraus-geführt wie einen Verbrecher. Es klackten die Handschellen. Meine lieben Klassenkameradinnen bekamen vor Staunen den Mund nicht wieder zu. Die Direktorin und die Lehrerin standen vorn. Schandfleck. Konterrevolutionäres Subjekt. Sechzehn Jahre und hat seine Chancen vertan. Ich gebe euch den Rat, euch von solchen Elementen fernzuhal-ten! Aus der Schülerliste gestrichen, erklärte sie. Der Abschnittsbevoll-mächtigte ging vor, der andere Polizist schloss die Türen hinter uns. Abhauen lohne sich nicht, ich solle ja vernünftig sein.

Der erste Befehl in Torgau lautet Fresse halten. Grundstellung ein-nehmen! Die Arme hoch an die Wand, die Beine breit, schnelle Hän-de durchsuchten mich. Dann strammstehen. Stundenlang. Das war die Ankunft in Torgau. Vier Meter hohe Mauern mit Glassplittern bewehrt, eine graue Festung. Die blinden Augen der vergitterten Fenster. Im

Niemandsland des Rostocker Durchgangsheims hatten sie mir nachts meine Sachen in die Zelle geworfen. Die Schnürsenkel und der Gürtel fehlten. Frühmorgens, am 21. Mai 1968,[17] kletterten wir in den Wartburg, nach vorne zu den Fahrern hin vergittert, und fuhren davon. Die Handgriffe an den Türen hatten sie abgeschraubt. Zu essen oder zu trinken gab es nichts. Endlos die Landstraße. Einmal sah ich ein gelbes Hinweisschild, Torgau, und ich erinnerte mich an ein Mädchen im Durchgangsheim in Rostock, das nachts nicht schlief. Immer kniete sie zusammengekauert auf ihrem Bett, die Beine mit den Armen umschlungen, die Hände wie zum Gebet gefaltet. Sie wachte mit leeren Augen. Als wir nach stundenlanger Fahrt, mit steifen, schmerzenden Gliedern, die Hände in Handschellen auf dem Rücken aus dem Auto stiegen, hörten wir hinter uns, wie sich mit quietschendem Schreien das schwere Stahltor schloss. Vor uns ein zweites Stahltor, geschlossen. Mein Herz flog vor Angst. Hier brauchst du keine Hoffnung zu haben. Hoffnung und Schmerz – Geist und Seele sind verwirret. Die bange letzte Frage: Ach Herr, wie lange? Aus der Tiefen rufe ich, Herr, zu dir. So du willst, Herr, Sünde zurechnen, Herr, wer wird bestehen? Die Klagelieder der Bachkantaten. Schauet doch und sehet, ob irgendein Schmerz sei.

An den Dachrinnen Stacheldraht. Wachttürme mit Suchscheinwerfern. Es roch nach Flieder, nach kleinen Fliederblüten in Weiß, rosafarben, türkis, violett.

Schweigend hatte ich mit den anderen Mädchen während der Fahrt durch die Republik in der Minna gesessen. Monika. Jutta. Sonja. Nicht einmal flüstern war möglich. Warum brachten sie uns in dieses schreckliche Gefängnis? Überlaut krachten die Gittertüren hinter mir. Von den Wänden hallten die Schritte zurück. Das Klirren und Knirschen der Schlüssel fraß sich ein in die Erinnerung. Wo waren die beiden anderen jetzt? Ein kleiner Treppenabsatz, eine Tür. Liefen die beiden anderen auch durch diese mit Fallgittern abgesicherten Stockwerke, durch die gleichen Zellengänge, aus denen kein Laut drang? Kein Fenster ließ mich die Tageszeit erraten. Diffuses Licht schimmerte durch die Glasbausteine. Eine Neonlampe leuchtete den weiß

gekachelten Flur in einem unwirklichen harten Licht aus. Wände, vier
Türen, die verschlossen waren.

Die Schleuse
in Torgau

Abgestellt. Stunde um Stunde. Als ich im Gang stand, spürte ich,
gleich würde der warme, der satte Strahl fließen. Kann ich zur Toilette.
„Jugendliche Plog! Augen auf den Boden! Es wird nicht gesprochen!"
Der Mann rüttelte an seinem gewaltigen Schlüsselbund, mehr als ein
Kilo Eisen hing an seinem Handgelenk. Ohne ein Wort ging er, unheil-
voll rasselten die Schlüssel, wie Sägezähne eines urzeitlichen Tieres.
Auf dem Gang zogen zielstrebigen Schritts Erzieher oder Knastange-
stellte an mir vorbei, ich konnte niemanden ausmachen. Den Blick
hatte ich auf meine Schuhe zu richten. Als wieder jemand sich näherte,
fragte ich ganz leise, wie es denn weitergehen würde. Ich müsste mal.
Keine Antwort. Und den ganzen Tag hätte ich, von der Abfahrt am

45

Morgen an, nichts gegessen und getrunken. Keine Antwort. Wie im Vorbeigehen knallte er mir seinen Schlüsselbund gegen die Hüfte. „Du hast hier nicht ungefragt Fragen zu fragen. Die Fragen stellen wir!" Sie stießen mich vor sich her. Vorgestellt hatten sie sich nicht. Der Mann hatte Hände wie Schaufelräder. Die Frau war groß und hager, sie ging leicht gebeugt wie unter einer immerschweren Last. Ihre Haut war bleich und glänzte, die Augen lagen verborgen wie kleine Sehschlitze. Kaum wagte ich den beiden ins Gesicht zu sehen, so viel Ungutes war darin zu lesen. „In Torgau ist der langsamste Schritt der Laufschritt! Die Arme angewinkelt! Merk dir das! Und jetzt ausziehen!" Ich zog mich bis auf die Unterwäsche aus. Das Fleisch auf meiner linken Hüfte schwellend aufgeplatzt, wie Striemen verliefen die Abdrücke der langen Schlüssel. Alles! Dann musste ich alle Kleidung ablegen.

Der Duschraum lag leer. Oben aus den Decken ragten die Duschköpfe. Sachsenhausen, schoss es mir durch den Kopf, dorthin waren wir zur Jugendweihefahrt gefahren. 150 Gramm verschimmeltes Essen bekamen die schlimm schuftenden Menschen dort täglich. Auf die Bilder und die Filme von riesigen Leichenbergen waren wir nicht vorbereitet worden in unserem sozialistischen Alltag. Dort in Sachsenhausen gab es neben der Tür ein Ventilationssystem zum Einführen von Zyklon B. Mit einem Dorn wurde die kleine Flasche zerdrückt und damit das Gas freigesetzt, wonach es zusammen mit warmer Luft, um die Wirkung zu beschleunigen, in die Kammer geleitet wurde. Neben der luftdicht verschlossenen Tür hatten sie ein verglastes Guckloch eingebaut, wo sie mehrere Minuten standen und zusahen, wie sie ihre nackten Opfer in den Todeskampf quälten. Ich sah hinauf zu den Duschen. Das Gas wäre nicht zu sehen. Der Mann trat auf mich zu. „Desinfizieren! Aber gründlich! Bei euch kann man nie wissen, was ihr für Seuchen anschleppt." Mit Delitex liqu. den gesamten Körper einreiben – nach anderthalb Stunden erneut duschen. Die Paste fraß sich in die Haut. Im Sommer schwammen Feuerquallen in der Ostsee, eine streichende Berührung reichte und die Haut explodierte, wenn die Nesselzellen platzten und ihr Gift injizierten. Noch nackt stand ich da, der Mann verdrehte meine Ellenbogen, riss mir die Arme in die Höhe, um in die Achselhöhlen zu schauen. Kalter, taxierender Blick. „Tätowierungen sind zu melden! Los!" Mit einem gelben Gummipfropfen über dem Mittelfinger stocherte er in mir herum. Möse und After. Ich wand mich, nackt, ausgeliefert. Die Beinfesseln des gynäkologischen Stuhls schnitten rot ins Fleisch meiner Schienbeine.

Ich bekam verschlissene baumwollene Unterwäsche, natürlich ohne Gummilitze. Eine Schlinge um den Hals, am Fenstergitter aufgehängt, letzter Ausweg. An den plumpen, schwarzen Arbeitsschuhen fehlten die Schnürsenkel. Ein Mann im weißen Kittel hieß mich arbeitsfähig. So, der Friseur wartet schon aufs Fräulein. Ich schrie, weinte, bettelte, wimmerte. Nicht Haare schneiden! Bitte nicht. Zwei Männer packten mich unter den Armen und trugen mich davon. Die Schere fraß sich um meinen Kopf. Durch den Tränenschleier sah ich meine Haare wie tote Eichhörnchen auf dem Boden liegen. Dann das Summen der Schermaschine. Sie rasierten mir eine Glatze. Ich war gebrandmarkt, so wollten sie es, ein Sträfling ohne Rechte, ohne Willen.

Die Zellentür der Zugangszelle ruckte ins Schloss, der Riegel schoss vor, ein Schlüssel drehte sich. „Auswendig lernen! Dann gibt's was hinter die Kiemen!" Ich hielt ein Papier mit der Hausordnung in der Hand. „1. Sie haben die Gelegenheit, Fehler in Ihrem Verhalten zu korrigieren, im Jugendwerkhof nicht genutzt. Hier im geschlossenen Jugendwerkhof müssen Ihnen deshalb Ihre Pflichten gegenüber der Gesellschaft nachdrücklich bewusst gemacht werden und es wird Ihnen geholfen, Ihr Leben in Zukunft gefestigt und sinnvoll zu gestalten."[18] Normal schien also zu sein, dass Jugendliche aufgrund irgendwelcher Vergehen in einen Jugendwerkhof kamen. Und wann kamen sie in den geschlossenen? Diesen Mist würde ich niemals auswendig lernen. Reine Schikane. In zwanzig Minuten sollte ich das herbeten. Ich zerknüllte das Papier, um es nicht länger in der Hand halten zu müssen, und schoss den Papierball in die Ecke des schmalen, muffigen Raums. Gleich würde die Tür aufgehen und sie würden mich wieder auf Transport bringen. Wir würden vom Kanonsberg auf die

47

Stadt hinunterblicken, lachen, knutschen und die Jungs würden wieder tönen, sie wollten den Sommer nicht arbeiten. Ich würde wieder zur Schule gehen und das Käthchen von Heilbronn aufsagen. Der Riegel geht, der Schlüssel dreht sich. Für die Erzieherin ist mein Ungehorsam unfassbar. Als würde ihre Welt einstürzen. Das hat sie noch nicht erlebt, das sehe ich ihr an. Und sie hat meinen Blick abbekommen: pure Aufsässigkeit. Lächerlich, einfach lächerlich ist sie in ihrer bebenden Entrüstung, mir kann sie nichts. Ein triumphierendes Lächeln, ich will es nicht vor ihr verbergen. Niemand kann mir was. Mein Vater ist drüben in Taka-Tuka-Land, ich bin die Pippi und mir kann keiner was. Astrid Lindgrens Geschichte über das wilde Mädchen mit den roten Haaren war mein Lieblingsbuch, gesandt von Tante Ursel. „Glotz nicht! Augen auf den Boden!" Liegestütze, Kniebeuge, Hockstrecksprung. Fünfzigmal. Ich kann nicht mehr. Brennen in der Lunge, Keuchen. Die Erzieherin zählt mit. Ich hasse sie. Ich hasse sie alle.

Die Hausordnung endete mit Punkt 5: „Die in den Arrestzellen und in anderen Räumlichkeiten befindlichen roten Alarmmelder sind *nur* im Notfall zur Benachrichtigung eines Erziehers zu nutzen. Jeder Missbrauch ist verboten." Nachts gibt es in der Zugangszelle nur eine Decke, kein Kopfkissen. Ich rolle mich ein auf der harten Holzpritsche.

Stillschweigen

Sonntags war alles geschlossen. Schule, Kindergarten, Geschäfte, alles war zu. Die Kirchen und die Stadien waren geöffnet, aber dort gingen wir nicht hin. Der Sonntag gehörte der Familie. Uns. Obwohl es ein Uns nicht gab, sondern nur sie und mich, während die Sozialistische Einheitspartei Deutschlands die Familie „als die kleinste Zelle der Gesellschaft" definierte, „in der die Fähigkeiten und Eigenschaften Unterstützung und Förderung finden, die das Verhalten des Menschen in der sozialistischen Gesellschaft bestimmen".[19]

In unveränderlicher Abfolge näherte sich das Wochenende immer wieder mit dem unendlichen Sonntag in all seiner bleiernen Schwere. Hans-Jürgen wurde viel eingeladen, also mussten die Plogs auch einladen. An diesen Abenden durfte ich, wenn ich nicht zum alten Paar im Hinterhof gebracht wurde, auf einer Luftmatratze im Elternschlafzimmer vor dem Ehebett mit der weit über beide Betthälften reichenden, geblümten Kunststoffdecke einschlafen. Sonst war das Schlafzimmer der Eltern für mich tabu. Erst wenn die letzten Gäste gegangen waren, das letzte gutturale Hoho der Männer und die hysterisch aufziehenden Gelächterschreie der Frauen verstummt waren, betteten sie mich um, zurück ins Esszimmer, auf die Couch.

Sonntags konnten meine Eltern ausschlafen. Sie begegneten dem Vormittag ihres Freizeittages in Frotteebademänteln und mit Mundgeruch, der von Zigarettenrauch, durchsichtigen Schnäpsen und süßlichem Wein erzählte. Ein Campari mit leicht klingenden Eiswürfeln vor dem Mittagessen, der Magenbitter danach, der Hennessy zu Kaffee und Kuchen, abends der süßlich rote Ungarnwein, Wein aus Freundesland. Cognac und Aperitif brachten sie von ihren Reisen nach Westdeutschland mit.

Am Sonntag zeigten die Plogs Präsenz in ihrer Wohnung, die doch während der Woche überwiegend mir im Alleinbeschlag gehörte. Brannten mit der Morgenzigarette fluchend ein Loch ins *Neue Deutschland*, lachten einander zu, während hoch über dem Tisch die Zeitungsschnipsel qualmten. Ich schlich mich fort ins Kino. Um zehn Uhr morgens begann die Kindervorstellung. Ich sah den unbekümmerten Till Eulenspiegel, das tapfere Schneiderlein, das edle Dichterfräulein von Scuderi und zitterte mit dem kleinen Muck auf seinen Fluchten ins Glück. Gut blieb gut, böse blieb böse. Nach der Vorstellung schloss ich mich auf der Toilette ein und stellte mich auf den geschlossenen Sitz, damit von außen meine Mädchenschuhe nicht zu sehen waren. Rüttelte jemand ungeduldig an der Tür, hielt ich den Atem an und zählte leise die Sekunden im Geiste. Bei jeder Zahl ließ ich ein ganz klein bisschen Luft entweichen. Entfernten sich die Schritte, lösten sich in Wasserrauschen und Händewaschen auf, blähte sich meine Lunge gierig nach Luft. Dann, endlich, konnte ich mich ins Dunkel der Erwachsenenvorstellung schleichen. Ich sah Hoffnung, Verzweiflung und Autonomie der Jugendlichen in *Berlin, Ecke Schönhauser...*, ich verschlang Wahnsinn und Verfall und Alain Delon in *Der Leopard*. Den Roman kannte ich, doch es war unvergleichlich, den desillusionierten Fürsten Salina auf der Leinwand sagen zu hören: „Was nicht von Dauer sein sollte, wird es doch sein. Das allzu Menschliche natürlich, ein oder zwei Jahrhunderte lang. Danach wird alles anders werden, schlimmer. Wir waren die Leoparden, die Löwen. Nach uns kommen die Schakale und Hyänen." Meistens schliefen meine Eltern wieder, wenn ich am frühen Nachmittag aus den Bilderwelten des Kinos zurückkehrte.

Montagmorgens erzählten alle begeistert, was sie alles am Sonntag mit ihren Eltern unternommen hatten. Sie waren im Zoo gewesen, beim Vereinsfußballspiel. Vater, Mutter, Kind. Mutter, Vater, Kind. Im Sommer fuhren sie zum Schwimmen und Strandburgenbuddeln an die See, im Winter gingen sie mit ihren Eltern ins Eislaufstadion. Die anderen schwärmten und hatten zu erzählen. Nur ich hatte nichts zu erzählen. Dass ich die Erwachsenenvorstellung besuchte, ging niemanden etwas an. Aber das, was für die meisten Kinder selbstverständlich war, kannte ich nicht. Wenn es hieß: Wir machen einen Ausflug, kommst du mit, oder: Komm doch mal zu mir zum Spielen, dann brauchte ich zu Hause nicht zu fragen. Es war ausgeschlossen, einfach ausgeschlossen! Mutter kannte das Kind nicht, kannte die Familie nicht und die Umstände, unter denen diese lebte. „Tut mir leid, am Sonntag habe ich schon etwas vor", sagte ich. Nach so vielen Absagen meinerseits, nach so viel „Das geht leider nicht", lud mich niemand mehr ein. Einmal warf ich für meine Freundin Eva das raue Sisal der Wäscheleine hinunter aus dem vierten Stock. Die Wäscheleine schwenkte ich wie ein Lasso vom Balkon und Eva versuchte, sich Armlänge um Armlänge hinaufzuziehen. Vergebens.

Unversehens gehörte ich nicht mehr dazu, weder zu den Mädchen noch zu den Jungen noch zu den Jungen Pionieren. Ich mochte wohl ein blaues Halstuch tragen und herunterbeten, dass wir Jungpioniere Freundschaft halten mit den Kindern der Sowjetunion und aller Länder. Dass wir Jungpioniere unsere Eltern lieben. Dass wir fleißig lernen, ordentlich sind und diszipliniert, wir alle arbeitenden Menschen achten und überall tüchtig mithelfen, dass wir gute Freunde sind, die gern tanzen, spielen und basteln, dass wir unseren Körper sauber und gesund halten und Sport treiben und mit Stolz unser blaues Halstuch tragen. Ich verspreche, ein guter Jungpionier zu sein. Ich will nach den Geboten der Jungpioniere handeln!

In der letzten Nacht der Ferien nahm ich mir fest vor, eine bessere Schülerin, nicht immer vorlaut zu sein. Reinweiß lagen die Hefte mit den Löschblättern bereit, die Stifte gespitzt und nach Farben geordnet in der Federmappe. Die ohne Halstuch in die hinterste Reihe. Augen zur Fahne. Seid bereit. Immer bereit. Mein Ehrgeiz verflog schon mit dem Fahnenappell, wenn alle strammstehen mussten. Für den Staat und seine Hymne: „Lass uns dir zum Guten dienen, Deutschland, einig Vaterland. Alte Not gilt es zu zwingen, und wir zwingen sie vereint." Weiße Bluse, blaues Käppi, wie alle anderen. „Heut ist ein wunderschöner Tag, die Sonne lacht uns so hell. Und wie ein heller Glockenschlag grüßt uns die lockende Ferne, und wie ein heller Glockenschlag grüßt uns die lockende Ferne. Ziehn nicht die Wolken so schön und leuchtend am Himmel entlang? Uns sind die Herzen so frei wie die Lerche hoch da droben. Und hell klingt unser Lied dabei, froh, aller Sorgen enthoben, und hell klingt unser Lied dabei, froh, aller Sorgen enthoben." Das Mikrofon zirpte und knisterte, gleich würde die Stimme der Direktorin vom Aufbau des Sozialismus künden und dass jeder und jede von uns Seit' an Seit' mit der Arbeiterklasse für den Sieg des Sozialismus auch in diesem Schuljahr kämpfen werde. Als wäre es immer dieselbe Rede, derselbe Tag, als wären es immer dieselben Reihen der Kinder unter den gleichen Worten. Vormittags langweilte ich mich und las unter dem Pult, saß ich doch in der hintersten Reihe, nachmittags langweilte ich mich noch mehr bei den Jungen Pionieren, denn dort konnte ich nicht ungestört lesen. Neidisch war ich ein wenig auf die anderen Mädchen, wie das Evchen, die in der Mittagspause von der Schule nach Hause huschten, weil sie in den Altbauten vis-à-vis wohnten. Manchmal ging ich mit ihnen mit, obwohl ich nicht durfte – die vielen Verbote waren ja doch nur dazu da, um umgangen zu werden –, dann saßen wir zusammen am Küchentisch, streuten Zucker auf unsere Margarinestullen und dachten schadenfroh an die anderen, die vor dem abgestandenen Kartoffelstampf der Schulspeisung saßen.

Nach der Einschulung waren wir Kinder geschlossen in die Pionierorganisation aufgenommen worden. Die Republik braucht alle, alle brauchen die Republik. Von der 1. bis zur 3. Klasse waren wir Jungpioniere und trugen ein blaues Halstuch. Von der 4. bis zur 7. Klasse waren wir Thälmannpioniere mit einem roten Halstuch. Bei einfachen Pioniernachmittagen in der Schule genügte das Tragen des Halstuchs. Der „Freundschaftspionierleiter" hatte ein eigenes Arbeitszimmer mit Schreibtisch und einem schmalen Bett in einem Zimmerchen neben dem Sekretariat, auf der Etage des Schulleiters. Im Handbuch für

Freundschaftspionierleiter heißt es, „dass zwischen Seiten der politischen und Seiten einer sachspezifischen Tätigkeit" nicht unterschieden werden könne. „Entsprechend dem Charakter der Pionierorganisation als politischer Massenorganisation trägt alle Tätigkeit – ganz gleich in welchem Bereich – politischen Charakter."[20]

Kennedy war tot. Erschossen. Kennedy, der gesagt hatte: „Die Mauer schlägt nicht nur der Geschichte ins Gesicht, sie schlägt der Menschlichkeit ins Gesicht."

Wir saßen an diesem Freitag, am 22. November 1963, beim Abendtisch, es lief ARD. Mutter weinte. Ich betrachtete sie voller Staunen. Auch an Stalins Todestag weinten die Erwachsenen, gingen mit Tränen in den Augen über die Straßen oder saßen so in der Bahn. Kennedy war Hoffnung, nicht nur für die schwarzen Amerikaner, Hoffnung war er auch für uns. Gehofft, dass die Öffnung kommt, gehofft haben wir immer. Nach dem Abwasch blätterte ich durch das Lufthansa-Magazin, das wir von der nickeligen Ursula-Schwester aus Essen bekommen hatten und das ich hütete wie einen Schatz. Entdecken Sie Amerika, Kapitäne von morgen, Flug im Seewind, Wien.

Mit der fünften Klasse wurden wir zu einer reinen Mädchenklasse. Hier war ich die Anführerin, die Rädelsführerin. Ein wildes Mädchen. Aber ein Mädchen ist nicht wild, sonst ist es kein Mädchen. Heute hätte das Mädchen Sonja vielleicht die Diagnose ADHS und Medikamente zur Ruhigstellung bekommen. Sonja schwatzt. In Disziplin, Ordnung, Betragen kassierte ich nun immer meine Vier. Alles andere waren fast nur Einsen. Die Hand zur Stirn führen im Pioniergruß und melden, wie der Schultag verlaufen ist. Sonja stört den Unterricht. Vor allem in der Schule wurde mir bewusst, dass ich frech bin. Weil ich vor niemandem Respekt hatte, auch sicher nicht vor dem Freundschaftspionierleiter. Ich galt als pädagogisch schwer zu handhaben. Sonja stört den Unterricht. Beim Melden durfte ich nicht schnipsen und keinesfalls die Antworten einfach in den Raum hineinrufen. Im Januar, Februar 1962 wurde gefragt, warum die DDR nun das Wehrdienstgesetz erlässt. Aber wir sind doch ein Friedensstaat.

Das Klassenzimmer war aufgeteilt in Brigaden: die Wand-, die Mittel-, die Fensterbrigade. An jede der Brigaden wurden Lobespunkte vergeben oder es wurde eben ein Bienchen weggenommen, wenn ich wieder den Mund nicht halten konnte. Alles passierte immer im Kollektiv, die Anschuldigungen der anderen, wenn es Vorwürfe hagelte in meine gespielte Selbstzerfleischung, und so gelobte ich denn auf den Lernkonferenzen Besserung. In meiner Reihe waren alle Mädchen furchtbar wütend auf mich. Sie waren im Recht, ich nicht. Wer nicht für uns ist, ist gegen uns. Die Mehrheit wollte in diesem in sich geschlossenen System nicht anders sein; anders sein, das war ja schmerzhaft. Aber das Immer-draußen-Stehen bringt auch eine gewisse Härte mit sich, einen Selbstbehauptungswillen. Für mich waren es keine bewussten Entscheidungen, diese persönlichen Entscheidungen, obwohl gerade die einem allzu leicht abgenommen wurden.

„Liebe Frau Plog, ich komme morgen zum Hausbesuch", schrieb die Lehrerin am Donnerstag, 16. Mai 1963. Ich war elf Jahre alt und sollte auf alles allein achtgeben. Der Zirkel fehlte, die Schürze fehlt wieder, Hausaufgaben vergessen. Sonja stört den Unterricht. Wie oft bekam ich diesen Satz ins Muttiheft geschrieben und musste das Oktavheftchen zu Hause aufgeblättert vorzeigen. In die einst gläsernen Guckröhren, die in jedes Klassenzimmer Einsicht verschafften, steckte ich Paketchen aus Stanniolpapier. Darin zerbrochene Holzlineale, die Spänesplitter fingen sofort Feuer. Mit den von zu Hause gemopsten Streichhölzern zündete ich die Päckchen an und schob sie in die Röhren. Sonja Plog, Bombenlegerin! Mutter wurde zur Aussprache zur Direktorin bestellt, um Rechenschaft abzulegen über ihr Kind.

Hans-Jürgen war nicht für meine Erziehung zuständig. Vielleicht hatte Mutter ihm das klargemacht; er hielt sich aus allem heraus. Die Ruhe, um sich für die Musik zurückziehen zu können, war ihm heilig. Mutters Zetern und Geschrei verabscheute er, eine nicht gewollte Dissonanz, schwer auszuhalten. Durch das Leben mit ihrem zweiten Mann war der Geheime Informator Lore nicht mehr ohne weiteres einsetzbar: „Außerdem wurde durch die Heirat des GI der Aktionsra-

dius wesentlich eingeschränkt. Seit 1962 macht sich ein Desinteresse
an der Zusammenarbeit des GI bemerkbar, die Einschätzungen sind
stark subjektiv. Seit 1962 ist der GI gesellschaftlich nicht mehr tätig
und widmet sich nur den hausfraulichen Pflichten. Das geschieht vor
allen Dingen auf Veranlassung des Ehemannes, der parteilos ist und
eine schwankende Einstellung zur DDR besitzt. Aus vorgenannten
Gründen hat der GI für eine weitere Zusammenarbeit z. Z. keine Perspektive und es wird vorgeschlagen, die Akten ins Archiv abzulegen.“[21]
Eingestellt wurde der GI-Vorgang am 19. Februar 1964.

Vorsichtig hatte ich mich im Reitersitz über den Dachvorsprung
vorbewegt. Drei Stockwerke hat die Rosa-Luxemburg-Schule in der
Vorstadt zum Kröpeliner Tor. Noch ein Stückchen, von Ziegel zu
Ziegel, weg ist des Reiters Bügel. Mutter weinet gar nicht sehr, hat ja
nun kein Sonja mehr. Langsam arbeitete ich mich zur mittig auf dem
Schuldach angebrachten Uhr und verdrehte die Zeiger, damit wir eine
Stunde früher gehen konnten. Geschafft!

In Erdkunde behandelten wir „Die Deutsche Demokratische Republik – unser sozialistisches Vaterland“ und „Westdeutschland“, ein
Thema, das bei mir immer wieder einen brennenden Lachreiz auslöste,
wie ein Flächenbrand, der über die ganze Klasse ging. „Euer Heimat-
kreis und euer Heimatbezirk sind nur ein kleiner Teil des Staates, in
dem wir leben. Dieser Staat ist unser Vaterland, die Deutsche Demokratische Republik … An der Spitze unseres Staates steht der Staatsrat der Deutschen Demokratischen Republik; Walter Ulbricht, der
Erste Sekretär des Zentralkomitees der Sozialistischen Einheitspartei
Deutschlands, ist der Vorsitzende des Staatsrates … Wir alle kennen
und lieben ihn. Er war der engste Kampfgefährte des Arbeiterführers
Ernst Thälmann und unseres unvergessenen Wilhelm Pieck, des ersten Arbeiterpräsidenten unserer Republik.“ Die Redewellen brandeten
über uns Geduckte hinweg, wenn unser Erd- und Staatskundelehrer
die Reihen abwanderte. Da saßen wir in unserem gemütlichen Dumpf-
sinn. Der Zeiger meiner Uhr näherte sich der Drei. Wenn ich die Uhr
ganz nah an mein Auge führte, spiegelte sich die Pupille mit der Iris

im Glas. Unser Erdkundelehrer Herr Matthies unterrichtete auch Geschichte, als Geschichtslehrer sah er die Geschichte als eine Geschichte von Klassenkämpfen in einer ständigen Höherentwicklung begriffen; damit war die DDR eine geschichtliche Epoche weiter als die BRD.

Herr Matthies meinte es doch nur gut mit uns. Wie sollte er uns auch erklären, dass wir nie den Rest der Welt sehen würden? Hatten wir doch hier in Rostock einen der modernsten Hochseehäfen der Sowjetzone: einen Handelshafen mit drei Piers und einen Ölhafen mit einem Pier. Hatten wir uns doch freiwillig zum Schaufeln zu melden, damit bei Warnemünde eine ganz neue Hafeneinfahrt geschaffen wird, an die sich der Seekanal anschließt mit einer Tiefe von 10,5 Metern. Hatten wir also ein Tor zur Welt. Wozu, bitte schön, sollten wir Äähdkunde lernen, wenn wir doch nie nach Australien fahren konnten? Wozu im Atlas blättern? Die Äähde kennenlernen. Das Bratsker Kraftwerk ist mit einer Leistung von 4,1 Millionen Kilowatt das größte der Welt. Die Staumauer ist fünf Kilometer lang und 127 Meter hoch. In den Fluten des Bratsker Stausees sind 264 Dörfer mit ihren Holzhäusern und Ställen für das wenige Vieh versunken. Ich träumte von der winkenden Kirchenglocke unten im Eiseskalt des sibirischen Stausees. Ganz dunkel und tief. Es war klar, dass niemand in der Schule sagen durfte, was er dachte und im Westfernsehen sah, obwohl auch Herr Matthies das Gleiche sah und vielleicht auch dachte. Jeder Lehrer, jede Lehrerin ist zur Wehrbeeinflussung aufgerufen. In den Klassenleiterplänen der Lehrer geht es um die Grundfrage. Sicherung des Friedens ist das oberste Gebot: Wie bei den Schülern der Gedanke der Wehrbereitschaft entwickelt und gefördert werden kann.

Die zusammengerollte Weltkarte präparierte ich so, dass unserem Äähdkundelehrer beim Ausrollen ein Becher Wasser auf den Kopf fiel. Unter dem Gegröle der ganzen Klasse stellte ich ihm das Skelett aus der Biologiesammlung hinter die aufgeklappte Tafel, mit einer Zigarette im Gebiss. „Außer unserer Deutschen Demokratischen Republik gibt es noch einen zweiten deutschen Staat, Westdeutschland. Dort haben heute noch die Großkapitalisten und Großgrundbesitzer die Macht … Die Einheit ist das kostbarste Gut der Arbeiterklasse, der stärksten Kraft, die den Weg zur Wiedervereinigung Deutschlands und zur Sicherung des Friedens weist." Ich musste lachen. Ich musste mir Luft machen. Sonja, raus. Besser als die Stunde abzusitzen und auf die Uhr schauen, wenn sich fünf Minuten hinziehen wie ein halbes Leben. Gegenüber im Gang lagen das Sekretariat und das Zimmer der Direktorin. Mutter war mit ihr per Du, der Vater der Direktorin war der langjährige SED-Kreischef von Rostock, Karl Mewis, jetzt geschasst vom Politbüro. Mutter kannte sich aus in der Stadt: der Erste Sekretär der SED-Bezirksleitung Rostock, Harry Tisch, nach Mewis nun verantwortlich für die Propagandainszenierung der alljährlichen Ostseewoche, mit dem sich Mutter ebenfalls duzte, die Sekretäre der Kreisvorstände der Parteien, die Direktoren der Betriebe, die leitenden Funktionäre der Organisationen FDGB, FDJ und DFD; man achtete und grüßte sich. Sonja stört. Abitur oder nicht? Auf höhere Bildung gibt es kein Recht, sie ist nur ein Zugeständnis, das bei Ungehorsam jederzeit entzogen werden kann und den Arbeiterkindern vorbehalten ist. Zu denen auch die Kinder der Parteifunktionäre zählen.

Wichtig war die ökonomische Weichenstellung für den Erfolg des Sozialismus, an dem wir alle täglich arbeiteten, und sie steckten uns in die Produktion. Sinnentleert standen wir den ganzen Tag an der Werkbank und hämmerten Ascheeimer zurecht. Ascheeimer waren Mangelware. Bei uns in der 8a gab es sie. Wir hätten ein florierendes Ascheeimerunternehmen aufmachen können, Ascheeimer rund, Ascheeimer rechteckig, Ascheeimer ganz nach Wunsch. Wasche die Asche im Eimer. Asche im Eimer. Waschasche. Asch-Heimer. Arscheimer. Ascheeimer als Klosett, Ascheeimer als Essgeschirr. Wohin die vielen von uns mit Wut behämmerten Ascheeimer wanderten, blieb uns verborgen. Bloß weg mit den Dingern, wieder einer geschafft. Wozu. Wie immer die Frage: wozu.

Ja, Frau Plog, das nimmt alles eine ungute Wendung mit Sonja, das wissen wir ja beide. Sonja stört den Unterricht. Sie lässt sich nicht einfügen. Sie wissen, wir wissen, das Gewissen und das Wissen, wir brauchen nicht drum herum zu reden. Vom Bildungsministerium haben wir Weisung, wer Abitur machen wird. Da sieht es also auch schon schlecht aus für Sonja. Und dazu noch dieser Ungehorsam.

An der Werkbank

Zu Hause schraubte ich den Telefonhörer auf und vertauschte die Drähte darin, damit die Schule nicht mehr so oft anruft. Wer hatte denn schon ein Telefon. Eine Nummer war an zwei Parteien vergeben. Wenn die anderen geredet haben, war es bei uns tot. Mutter erhielt weiterhin Beschwerdebriefe der Schule an ihre Arbeitsstelle in der Universität. Auch dort merkte man auf. Sonja stört den Unterricht. Nachts vor dem Einschlafen nahm ich mir fest vor, mich zu ändern.

Oben am Strand in Warnemünde hatte ich einen wunderschönen hellgelben Bernstein gefunden, in dem sich das Licht brach. Verwechseln ließ sich Bernstein immer noch mit Phosphorstücken aus den Brandbomben des Zweiten Weltkrieges. Mein Bernstein bestand den Test. Er lag leicht in der Hand, und wenn ich mit ihm gegen die Schneidezähne klopfte, tat es nicht weh, und wenn ich ihn am Pulli rieb, lud er sich auf und es ließen sich kleingezupfte Papierstückchen von ihm anziehen. Der Bernstein hatte die Form eines flachgelutschten Sahnebonbons, ich steckte ihn mir während des Unterrichts in den Mund, schmeckte die salzige See und sagte nichts mehr. Damit erschien ich meinem geliebten Deutschlehrer verdächtig. Warum ich so still war. Und ob ich vielleicht Kaugummi kaute. Kaugummi, das war der Inbegriff westlicher Dekadenz. Den Stein spuckte ich, unter grölendem Gelächter der anderen, in den leeren Papierkorb. Ich wollte vor Scham im Boden versinken. Ließ mich doch mein Deutschlehrer sonst so sein, wie ich war. Als verspürte er eine gewisse Achtung vor meiner Unterbanklektüre.

An der Werkbank mit Freundinnen

Seelenmesse

wir wurden oft von den erziehern mit dem großen schlüsselbund be-
worfen, der war höllisch schwer. und im zweifelsfall haben sie gesagt,
sie wurden angegriffen vom jugendlichen, dann war schlagen ja erlaubt.

Torgau, Mai 1968

Ich träumte. Über die rund vier Meter hohe Mauer zu fliegen. Grün-
welliges, sanft hügeliges Land lag vor mir, ich flog mit langen glei-
tenden Schwimmbewegungen. Plötzlich wurde alles gleißend weiß,
ich verlor mich auf einer riesigen weißen Fläche ohne Anfang und
Ende. Wenn ich hier bliebe, so wurde mir deutlich im Traum, wäre
es mein Sterben. Ich hatte Angst. Der Tod war da. Das Auslöschen
des Bewusstseins in der Unendlichkeit. Die Angst hieß mich aufwa-
chen und ließ mich nicht los. Noch lag ich in Embryohaltung auf der
Holzpritsche in der Isolation der Zugangszelle und ließ den Traum in
mir widerhallen. Meine Hüftknochen schmerzten höllisch. Die Zunge
klebte am Gaumen. Ich seufzte auf, und mein Seufzer erinnerte mich
an zutiefst Menschliches, an Gähnen, Recken, Strecken. Zugleich war
da der Schrecken des Gedankens, dass hier alles Menschliche abgetö-
tet wird, der mich hochfahren ließ. Was hatte ich nur verbrochen, dass
sie mich hier einsperrten? Die Sätze jagten durch meinen Kopf: Was
hatte ich getan? Warum wusste ich von nichts? Weder an die Tat noch
an ein Urteil konnte ich mich erinnern. Schwärze. Nichts. Ich mochte
mir noch so sehr den Kopf zermartern. Ich bin wahnsinnig. Ich muss

einfach wahnsinnig sein, etwas ganz Schlimmes getan haben und jetzt hält mich der Wahnsinn in seinen Klauen, denn es gibt keine Erinnerung. Aber ich muss doch irgendetwas gemacht haben, sonst hätten sie nicht das Recht, mich hier einzusperren. So viel Unrechtsbewusstsein habe ich dem Staat nicht zugetraut. Ich muss ein ganz schlimmer, verdorbener Mensch sein, sonst könnte man so etwas nicht mit mir tun. Diese Überzeugung hat mich verfolgt bis zur Wende.

Der geschlossene Jugendwerkhof Torgau, Gesamtansicht

Wo war die heiße Wut geblieben, die mich durchglüht hatte, die mich Mutter hassen, die mich aus dem Treppenfenster springen ließ, weil ich raus wollte, bloß raus, beide Handgelenke gebrochen, sie kannten mich ja schon in der Chirurgie. Was hatte ich nur falsch gemacht?

Im Gang eiliges Fußgetrappel von vielen Füßen, das schnell verebbte. Der zweite Tag dämmerte in die Zelle. Wie lange wollten sie mich hier noch einkerkern? Kennst du das Land, wo die Sonne niemals scheint. Die einzige Abwechslung waren die Zelleninschriften, ungelenk in Verzweiflung mit dem Fingernagel oder mit dem Alulöffel in die Wand geritzt. Gabel und Messer bekam ich nicht in die Zelle, zu groß für die Insassen schien die Versuchung, das Blut pumpen zu sehen, am Handgelenk warmes Rot der offenen Pulsadern. Ein durchgestrichener Sarg, ein Pfeil und darunter das Wort: niemals. Gott gib mir Kraft. Der liebe Gott sieht alles, sieht er auch dies hier? Wenn er zuließ, dass es Konzentrationslager gab, wenn er zuließ, dass Millionen Menschen vergast und ermordet wurden, wenn es Torgau gibt – dann gibt es keinen Gott.

Gleich würde die Zellentür aufgehen, die Brüllerin herrisch und missbilligend den Türrahmen ausfüllen. Meldung machen! Gegenüber der Tür an der Wand aufstellen. Die Hände an die Hosennaht legen, gerade stehen, geradeaus den Blick, melde, Jugendliche Plog. Stammjugendwerkhof. Grund der Einweisung. Ich wusste es doch nicht! Jugendliche Plog! Zwei Tage Zugangsraum! Grund: Neueinweisung! Die Pritsche aufschnallen an die Wand. Die Hausordnung sollte ich endlich auswendig lernen oder sie würden sie mir einbläuen. Ich weigerte mich, immer noch. Ohne zu wissen, welche Konsequenzen. Zum Frühstück gab es zwei graue Scheiben Brot, die aussahen, als wären sie aus altem Papier, dazu lauwarmen Früchtetee, schal und bitter mussten diese Früchte sein, aus denen sie hier den Tee brauten. Das Mittagessen vergaßen sie mir zu bringen. Ich aß sowieso nichts. Morgens und abends kratzte ich etwas von der dünn aufgetragenen Margarine ab und umrandete damit meine Augen. Es tat gut. Die Haut spannte und brannte vom Weinen. Bestimmt war das verboten. Es tat gut, etwas Verbotenes zu tun. Es tat gut, etwas für mich zu tun. Ich hatte nichts mehr, das mir gehörte. Keine Uhr, kein Kettchen, keine Haarspange, nichts. Sonja Plog gab es nicht mehr, nur noch die Jugendliche Plog. Ob Mutter oder die Nachbarn meine Sachen im Gasschrank entdeckt hatten? Die knallenge Jeans und die Kreppsohlenschuhe, in denen ich so gut tanzen konnte, und natürlich tanzten wir auseinander und nicht in Tanzstundenhaltung. Hatten sie alles verbrannt? Was war mit meinem Fahrrad, wo stand meine Schultasche, wo war meine Bernsteinsammlung? Was hatten sie mit meinem geliebten Sternradio und meinen Tonbändern gemacht? Ich wollte nicht mehr denken. Es gab keinen Ausweg. Alles drehte sich im Kreis. Unten im Hof bellten heiser die Hunde, traurig und böse. Eine Viertelstunde Freilauf war ihnen gegönnt, Punkt sieben Uhr. Danach liefen die Schäferhunde an Stahlseilen angeschnallt, immer innen an den Mauern entlang.

Am dritten Tag brachten sie mich zu zweit die Treppen hinunter in den Keller. Ich sagte ihnen die Hausordnung immer noch nicht auf. Diese Zeilen, aus denen nichts als Verachtung sprach. In der Zelle roch es modrig wie in einer Höhle aus Steinzeittagen. Sie war niedrig, stockdunkel und eiskalt. Die Kälte kroch in mir hoch. Bald würden meine Glieder erstarren. Das Herz immer langsamer schlagen und der Atem versiegen. Ich schloss die Augen. Die Zeit versickerte.

Nun musste ich zu der Hausordnung auch noch die Arrestordnung herbeten: Es ist Ihnen im Arrest untersagt zu lärmen, zu singen und zu pfeifen. Das Besitzen von Bleistiften, Büchern und dergleichen, das Beschmieren von Türen und Wänden, das Herausschauen aus dem Fenster, das Benutzen der Lagerstätte außerhalb der Nachtruhe und jede Art der Unterhaltung mit anderen Jugendlichen ist Ihnen im Arrest untersagt. Sie haben nach Aufforderung des Erziehers in der Mitte der Zelle auf dem Hocker mit Blickrichtung zur Tür zu sitzen oder in der Mitte der Zelle zu stehen. Beim Betreten der Zelle durch einen Erzieher haben Sie unaufgefordert in Grundstellung Meldung zu machen. 1. Name, 2. Stammeinrichtung, 3. Grund der Einweisung oder Arrestierung.

Wir sind keine Kinder mehr

Zu den Chorreisen ins westliche Ausland und in die sozialistischen Bruderländer, nach Polen, nach Ungarn, zu den internationalen Chorfestivals in Debrecen, Tallinn, Pardubice und Miedzyzdroje, durfte ich nicht mit. Zu umständlich mit einem Kind. Dabei war ich gar kein Kind mehr und driftete auf die Jugendweihe zu. Dann würde auch ich eintreten *in die große Gemeinschaft des werktätigen Volkes, das unter Führung der Arbeiterklasse und ihrer revolutionären Partei, einig im Willen und Handeln, die entwickelte sozialistische Gesellschaft der DDR errichtet.* Mit 14 Jahren würden mich die Lehrer siezen und ich gehörte schon zu den Erwachsenen. Entscheiden durfte ich natürlich nichts.

Nieder mit den Faschisten oder *Tod allen Faschisten*, gebetsmühlenartig wiederholten wir die leeren Floskeln, allesamt in der Überzeugung, dass die Nazis drüben im Westen saßen, während es hier bei uns natürlich keine Nazis gab. Weder alte noch junge. Überhaupt kam mir die ganze Nazizeit wie ein Spuk vor: Halbwahnsinnige mit irren Mordplänen in Fantasieuniformen, aus denen sie nicht sprechen, sondern nur bellen konnten. 33 kamen sie, 45 waren sie alle, alle wieder weg. Schluss mit dem Kasperletheater, klatschklatschklatsch. Wie weggeblasen auf einen weit entfernten Planeten, kicherte ich in den Jugendstunden zur Vorbereitung auf die Jugendweihe. Wir gingen in die Betriebe, trafen russische Soldaten. Oder eine Kosmetikerin kam, um uns zu zeigen, so geht das mit dem Schminken und wie man sich die Haare macht. Einmal erzählte uns ein Grenzsoldat wichtig von seiner schweren Arbeit und wie er Grenzverletzer festnahm. Dann hatten wir einen KZ-Überlebenden, einen Mann, der seine Erinnerungen monoton abspulte, als zöge er immer die gleiche Schublade mit den gleichen Dokumenten auf. Hier war einer, der wirklich ein Antifaschist war und den Begriff nicht nur so für sich reklamierte wie die DDR-Oberen. Hier saß einer, der sein Leben für seine Gesinnung aufs Spiel gesetzt hatte. Nur dass er immer *mir* und *mich* verwechselte. Ich konnte es nicht begreifen, dass ein Held nicht einmal weiß, wann man *mir* und *mich* benutzt. Ein Held des Antifaschismus verwechselte *mir* und *mich*! Ich kriegte mich nicht mehr ein vor lauter Lachen, dabei war es doch nur ein Sprachfehler: „… dass ich überlebt habe, verdanke ich mich und meiner Gesinnung als Kommunist."

Ich fand mich nicht bereit, das Gelöbnis zu sprechen. Mit mir nicht. Aber ich tat es in der Generalprobe, ich tat es auf der Bühne, ich tat es für den Plogvater, den weichen, der mir erlaubte, ins Freiluftkino zu gehen, und dem gesagt wurde, sein Posten sei gefährdet. Wie soll er Studenten unterrichten, wenn er noch nicht einmal seine Ziehtochter im Griff hat.

An einem Sonnabend im Mai wurde ich zur Erwachsenen erklärt. Ich bekam ein Kleid geschneidert und weiße Handschuhe aus dem Westen geschickt und trug die gleiche Bienenkorbfrisur wie alle anderen Mädchen. „Seid ihr bereit, als junge Bürger unserer Deutschen Demokratischen Republik mit uns gemeinsam, getreu der Verfassung, für die große und edle Sache des Sozialismus zu arbeiten und zu kämpfen und das revolutionäre Erbe des Volkes in Ehren zu halten, so antwortet: Ja, das geloben wir." Mechanisch plapperten wir die auswendig gelernten Phrasen auf. Mich dem Ernst des Lebens hingeben und dem Sozialismus widmen? Die Westverwandtschaft reiste an, ein großes Fest wurde bei uns zu Hause gefeiert. Die Erwachsenen saßen zusammen und tranken. An diesem Abend übte ich so lange das Pfeifen auf vier Fingern, bis ich es endlich konnte. Eigentlich ist es doch meine Feier, warum muss ich auf der Luftmatratze im Schlafzimmer wachliegen. Mutter hatte gesagt, ich solle die Rede Erich Honeckers aus ihrer Tageszeitung ausschneiden, die sie extra für diesen, meinen

Tag aufbewahrt hatte. Das *Neue Deutschland* druckte die Worte Erich Honeckers vom 11. Plenum des Zentralkomitees: „Unsere DDR ist ein sauberer Staat. In ihr gibt es unverrückbare Maßstäbe der Ethik und Moral, für Anstand und gute Sitte. Unsere Partei tritt entschieden gegen die von den Imperialisten betriebene Propaganda der Unmoral auf, die das Ziel verfolgt, dem Sozialismus Schaden zuzufügen." Honecker war der Sittenverfall der Jugend ein Dorn im Auge. „In den letzten Monaten gab es einige Vorfälle, die unsere besondere Aufmerksamkeit erfordern. […] Es gibt mehrere Fälle ernster Disziplinverstöße beim Lernen und bei der Arbeit. Studenten, die zum Ernteeinsatz waren, veranstalteten Saufgelage im Stile des westdeutschen reaktionären Korpsstudententums. Die Arbeitsmoral während des Einsatzes war bei einigen Gruppen von Studenten schlecht. Hier zeigt sich wiederum der negative Einfluss von Westfernsehen und Westrundfunk auf Teile unserer Bevölkerung."

Sonja als Babysitterin

Waren die Eltern verreist, lag die Speisekammer abgeschlossen. Zucker, getrocknete Apfelschnitze, süß-sauer eingelegte Gurken, die aufgehängten Würste. Das war nicht für mich. Dann hatte ich zum Wochenende ums Eck in der „Roten Erde", den Vereinsstuben der Neptunwerft, Mittagstisch. Die trübe Luft schwer von Zigarettenrauch, Gustav, der Wirt, schöpfte abgestandene Halbliterbiere ohne Schaumkrone, bis zum Rand gefüllt. Sonnendunst im durch die Fenster fallenden Licht, wie ausgebreitete Schleier, aus denen tanzend die Staubkörnchen aufsteigen. Ein Ort, an dem die Zeit nichts gilt, nur der Pegel. Die Männer trinken, leise und jeder für sich, es herrscht ein träges Kommen und Gehen, man kennt sich. Das hier ist die Arbeiterklasse. Vom Hafen, vom Bau, von der Müllabfuhr, nun feingemacht im Sonntagsstaat. Sie gingen nicht in die Kirche, sondern gleich in die Kneipe. Die bauen den Sozialismus auf. Männer mit Schaufelhänden und ungelenken Bewegungen. Moin. Tach auch. Machste mir. Ich krieg, na klar wie immer. Goldenes Bier, durchsichtiger Schnaps, Kartoffelbrei mit Bratwurstsoße, die übers Kinn läuft, sich Bächlein bahnt über die kleinen Krater der schwarzen Bartstacheln hinweg. Fährt die breite Hand über den Mund und das Kinn, entsteht ein Geräusch, als zirpte ich mit dem Fingernagel über den Cordstoff von Mutters neuem Sofa, auf dem ich nicht sitzen durfte. Ipte, tipte, Zuckermine, geh mit mir in Keller, schenk mir Bier, schenk mir Wein, schenk mir Muskateller ein. Ab und an flogen anzügliche Scherze über die Kleine dahinten heran, sie wurden von Gustavs Frau pariert. Lasst sie doch! Ipte, tipte, auf die Mutter der „Roten Erde" war Verlass. Nun hört auf, ihr verwirrt doch die Kleine. Seid doch alle Hein Blöd. Ich sollte mir mehr Speck anfressen, an den richtigen Stellen, hoha, Muttis Büstenhalter passe wohl noch nicht. Ich saß kerzengerade, recht damenhaft, wie mir schien. Mutter weigerte sich trotz Jugendweihe, mir endlich einen BH zu kaufen. Den brauchst du doch noch lange nicht, meinte sie abschätzig. Jetzt war ich schon vierzehn und immer noch flach wie ein Junge. Genauso gut wie die anderen in meiner Klasse könnte ich die spitz wie eine Waffe zulaufenden Körbchen mit Watte ausfüllen. Aber Widerreden hatte ich keine zu führen. Unangreifbar blieb Mutter. Dennoch genoss ich das Mittagessen in der verrauchten Gaststube mit den nikotingelben Vorhängen. Vorsichtig ritzte ich die Haut der Bratwurst ein. Bedient wurde ich, als wäre ich schon erwachsen. Ich würde nicht abwaschen müssen. Gustavs Frau hinterm Tresen setzte gemächlich schwankenden Leibes einen Fuß nach dem anderen voran, an den Tisch kam sie zu mir, ein schnaufendes Mutterross in groß geblümter Kittelschürze, und räumte wie beiläufig den Teller ab. Hat's geschmeckt? Ich nickte und lächelte, danke, sie sah nicht hin. Ich durfte sitzen bleiben und Schlürfchen für Schlürfchen die Zitronenlimo austrinken.

Zu Hause konnte ich mir Zeit nehmen für die Wohnung. Wie ein längst vergessenes Zwerglein, das immer noch seine Schuldigkeit verrichten muss, werkelte ich. Ich fegte das Treppenhaus, holte die Wäsche vom Speicher, legte Hemdchen zusammen, fleischfarbene Formhosen, die Lore bis zum Knie reichten, und Hans-Jürgens Unterhosen, die aussahen wie gewaltige Strampler mit einer Ausbuchtung für das männliche Geschlecht. Hängend, behaarten Eutern gleich zwischen seinen Beinen baumelnd, wenn sich Hans-Jürgen in seinen Unterhosen vorbeugte und ächzend auf den Dirigentenbuckel schimpfend die schwarzen Strümpfe über seine Füße wellte. Ich stapelte Blusen und Hemden zum späteren Bügeln aufs Brett. Immer von oben nach unten arbeiten: erst die Schränke, die Garderobe, die Ablagen. Wischen, trocknen, polieren. Ich arbeitete mich langsam vor, es gab viel zu tun. Den Sand aus dem Schuhschrank fegen, die Kacheln im Bad polieren, bis sie glänzten, die Kalkstreifen mit dem Obstmesser aus der Toilette kratzen, die Handtücher sortieren, ordentlich gestapelt, Rücken an Rücken. Wie liebkosend fuhr der Schwamm mit dem Scheuermittel die Rundungen des porzellanklingenden Waschbeckens entlang, um kurz darauf, unerbittlich schürfend, hundertprozentig auf Sauberkeit fixiert, dem Feind zu Leibe zu rücken. Schmutz, Seifenreste, Zahnpastakrusten durften nicht überleben. Den Spiegel zum Glänzen bringen, mit Wut zu einem schwarz-weißen Bausch zusammengeknüllte alte Zeitungen, meine Lippen vor dem Spiegel, beschlagen mit meinem Atem. Bei uns wurden die alten Zeitungen nicht weggeworfen; die Zeitungsseiten übereinandergelegt, auf Viereck ausschneiden, wer brauchte denn Toilettenpapier, nein,

nein, so verwöhnt waren wir nicht, wir Plogs. Auf dem Linoleum im Flur war ein Fleck, hier stellten sie achtlos ihre Regenschirme ab, ehe ich sie im Bad aufspannte. In der Küche mussten die Schränke abgewischt werden, den eisernen Eimer umgedreht auf einem Stuhl, tastete ich balancierend nach Küchendreck, Staub vermischt mit Fett. Hartnäckiger Küchendreck, pfui, ruft die Kindermutti, pfui, pfui. Und werdet ihr auch nicht naschen und euch immer waschen? Nein, nein, sagten meine Kinder, ja, ja, ein Junge und ein Mädchen, und ich glaubte ihnen. Manchmal wollte ich mit ihnen schimpfen, aber brachte es nicht übers Herz, so versunken schienen mir die beiden in ihr Spiel. So schön, so unschuldig unantastbar. Wer will fleißige Handwerker sehn, der muss zu uns Kindern gehn. Ja, sehet den fleißigen Waschfrauen zu. Sie waschen, sie waschen, sie waschen den ganzen Tag. Niemand sah mir zu. Unten in den Höfen sammelte ich die leeren, wie nach verdunsteter Rindergalle stinkenden Bierflaschen auf, damit ich sie am Montag vor der Schule zur Kaufhalle bringen konnte, denn das Pfandgeld durfte ich behalten.

Wenn das gutturale Rumpeln des Wolga-Taxis die Rückkehr der Konzertreisenden ankündigte, zog ich mich schnell um. Mein Winken vom Balkon sahen sie nicht mehr, Hans-Jürgen zog Koffer und Reisetasche hinter Mutter hinein ins Haus, die schwere Tür fiel zu, sie sprachen kurz im Treppenhaus, der Taxipreis, wie immer zu hoch, aber wir sind drauf angewiesen. Oben öffnete ich die Tür und ließ sie ein. Alles aufgeräumt. Alles ist sauber! Die Wohnung atmete Bohnerwachs, auf dem Esstisch, ganz ohne Glasränder, standen Blumen. Meine Mutter, die Königin, rauschte an mir vorüber. Hans-Jürgen, ihr Vasall, trug Gepäck, Handtasche, Handschuhe nach, folgte. Mantel und Hut lagen achtlos auf dem Gepäck, wichtig war die Post. Wie eine Kartenspielerin ließ Mutter die Umschläge geschickt von Hand zu Hand gleiten. Eine Einladung, ein Konzert, international? Den Brief von der Schule hatte ich längst aussortiert.

Mutter war erledigt. Die Reise, die Hitze und jetzt noch das Kind. Sie fläzte sich aufs Sofa, ungeduldig schüttelten ihre gemarterten Füße die Pumps ab. Warst du brav, Rumbuff?, fragte sie im Ausatmen ihrer

Zigarette. Natürlich nicht. Sie seufzte. Hans-Jürgen reichte ihr den Cognacschwenker. Jetzt brauchte sie einen doppelten. Ihre Tellermine. Es war die Kunst, sie hieß mich auf Zehenspitzen zu gehen, Hans-Jürgen hatte das absolute Gehör und jeder Missklang zerriss seine Nerven. Mit geschlossenen Augen lauschte er, noch drehten sich auf dem Plattenteller die Neuen Liebeslieder-Walzer von Johannes Brahms. Schon schwamm der Plattenarm auf dem glatten, leeren Vinyl. Hans-Jürgen lauschte dem süßzarten Versagen nach, der Liebe, dem Verzicht. Kein Gedanke daran, dass ich am Sternradio wie sonst unter Knacken, Pfeifen, Rauschen auf Kurzwelle Radio Luxemburg mit den „Großen Acht" andrehte: Can't buy me love! Komm, gib mir deine Hahahaaand, sang ich im schönsten Alt-Tremolo. Die Beatles, das ging ja noch, vier Arbeiterjungs aus Liverpool, die gegen das kapitalistische System waren. Meine Lieblinge aber waren die Stones. Einmal die Stones live sehen. Wer hörte denn schon DDR-Sender? Die Stones, I can't get no, das war ich, das war ich in der Musik, die wir alle hörten, nur nicht die Erwachsenen. Mutter tobte, ihr Hans-Jürgen litt. Die Rolling Stones feierten gerade ihre ersten Hits. Und das zum internationalen Kindertag am 1. Juni 1966, wo doch sonst die kleine weiße Friedenstaube flog, „Du sollst fliegen, Friedenstaube, allen sag es hier, dass nie wieder Krieg wir wollen, Frieden wollen wir". Nachts um halb elf Uhr nahm ich mit dem separaten Mikrofon des Tonbandgerätes von Hans-Jürgen den Deutschen Soldatensender vor unserem nagelneuen Stereo-Sternradio auf. Zweihundertfuffzig Mark! Neun drei fünf einstellen, bum, bom, bu-bu-bom, die Trommelschläge kündigten das Intro an, es folgte: beste Beatmusik. Mit lockeren Sprüchen, Insiderwissen über die NATO-Truppen und mit Postfach in Ostberlin, so versuchte der Deutsche Soldatensender die Bundeswehrsoldaten drüben zu infiltrieren. Eine äußerst erfolgreiche Propagandamaßnahme mit dem Charme eines Piratensenders. Natürlich tat ich wieder etwas Verbotenes. Aber da überall Verbote lauerten, musste ich sie unweigerlich brechen.

Vielleicht traf auf uns Plogs der erste Satz aus Tolstois *Anna Karenina* zu: „Alle glücklichen Familien gleichen einander, jede unglückliche Familie ist auf ihre eigene Weise unglücklich."

Lange Straße

weil ich da zum ersten mal gegen meine eltern u. ihre erziehung u. den staat u. die schule, wo doch immer lügen erzählt worden sind, aufbegehrte. da ging es ja dann schlag auf schlag los. ich lernte in der stadt langhaarige jugendliche kennen, z. t. aus berlin u. umgebung, die berliner fuhren schon immer gern an die ostsee, man rauchte zusammen, hörte musik in der kofferheule u. ich fühlte mich zum ersten mal willkommen, diese leute waren so wie ich. wir feierten feten draußen im wald oder an der ostsee in warnemünde u. gingen in den jugendclub. der damalige modedrink war apricot brandy, ein scheußliches zeug, von dem einem am nächsten tag fast der schädel platzte. im winter haben wir uns auch getroffen, draußen, warm angezogen.

Die Lange Straße oberhalb des Rostocker Stadthafens war früher so schmal, dass nur mühsam zwei Pferdewagen nebeneinander passieren konnten. 1953 setzte Walter Ulbricht den Grundstein für die „Straße des Nationalen Aufbauwerks": „Fangt an, baut euch ein schönes, neues Rostock!" Breit war sie nun, fast wie eine Autobahn, mit jeweils zwei Trassen für die Autos und in der Mitte die Gleise der Straßenbahn. Lang war sie und führte von Ost nach West und von West nach Ost. Prachtvoll bild gefüllt mit bunten Menschentrauben, unsere Aufmarschstraße für Jubel, Gesang, die hochgereckten Plakate mit unseren Machthabern. Die braunen Hemden hatten sie gegen die blauen getauscht. Außer Frage stand, dass der Sozialismus siegen würde. Wer gegen ihn ist, ist sein Feind. Wer ihn nicht verteidigt, auch mit der Waffe, ist sein Feind. Lenin, Stalin, Trotzki, niemand wusste so recht, wer für was stand. Überall Nichtigkeiten in leeren Worthülsen. „Im schönen Mai, im jungen Mai, erhebt der Arbeit Volk sich frei! Es reicht die Hand zum Bruderbund und tut der Welt sein Wollen kund. Hurra, im schönen jungen Mai nimmt stark und kühn das Volk, das Volk Partei!" Zum 1. Mai mussten wir heraus, zum revolutionären 1. Mai, alle mussten mit, auch Hans-Jürgen, dem im Tattatata der Märsche des Kampfgruppenorchesters der Neptunwerft, des Blasorchesters des Fischkombinats die Ohren dröhnten, mehr noch als uns. Dann lieber eine Feuerwehrsirene im Rucksack, sagte er immer und schmunzelte. Guter alter Witz. Betriebsweise wurden die Belegschaften an den Parteifuzzis vorbeigeschleust, wir demonstrierten Einigkeit und Solidarität, zusammen also mit den Uni-Leuten auf den Ernst-Thälmann-Platz, immer Ausschau haltend nach der nächsten Ecke, hinter der wir uns verdrücken konnten. Schlimm dran waren die von der FDJ, die die Plakate und Fahnen tragen mussten, sie mussten mitziehen, von Anfang bis zum Ende. Als Kind war der 1. Mai für mich immer der langersehnte Stichtag, an dem ich die verhassten langen Strümpfe mit den Strumpfbändern endlich gegen Kniestrümpfe tauschen konnte.

Jeden Tag lief ich von zu Hause weg. Ich lief durchs rotbackene Kröpeliner Tor, wo es nach Pisse stank, vorbei an Bänken, auf denen alte Männer saßen, die aus ihren zahnlosen Mündern schwarzen Prim spuckten und Skat droschen, un ick har doch das Ass speeln wollt, lief vorbei am größten HO-Warenhaus der Republik, den Schaufenstern, vor denen die Matrosen stehen. Nach meinem Spiegelbild drehen sie sich um, meinem Spiegel gilt ihr Pfeifen. Ich bin 15 Jahre alt, meine langen offenen Haare schwingen bei jedem Schritt über den Schultern mit mir. Kupfergold glänzen sie, wenn die Sonne mit ihnen spielt. Eines Morgens wachte ich auf, alarmiert durch das Gefühl, dass etwas fehlt. Meine fliegenden Hände über dem Scheitel, ich stürzte zum Spiegel. Der lang gehegte Mittelscheitel zerstört. Über dem Jochbein rechts baumelte unsinnig kurz eine dicke Strähne. Die Wut packte mich wie eine heiße Welle. Was fällt dir ein? Wie kannst du es wagen, mir nachts an die Haare zu gehen? Nun, ich bin deine Mutter. Das gibt dir das Recht? Wie Löwinnen standen wir uns am nächsten Morgen gegenüber, Ringerinnen, federnd in den Knien, bereit zum Äußersten. Wage es, rief ich, wage es, schlag mich. Das ist es doch, was du kannst. Ihre Hand fing ich im Flug auf und nie werde ich das Erstaunen in ihrem Gesicht vergessen, als würde sie mich erstmals wahrnehmen. Geh!, rief sie, geh, verschwinde wie dein Vater. Weg mit dir. Allen, allen wollte ich es entgegenschreien: Ich hau ab! Mich seht ihr nie wieder!

Treppab, treppab, treppab, vorsichtig die Tür des Gasschranks mit der Gasuhr geöffnet, her mit der Jeansjacke, noch einmal treppab und dann das Aufatmen, wenn die Eingangstür ins Schloss fiel und der Schritt leicht und ausholend wurde. Wenn ich Rock und Bluse trug, versteckte ich mich hinter der Kellertür, nicht jetzt, nicht jetzt, wie ein Mantra betend, dass nicht jetzt, gerade bei den kleinen Knöpfen der Bluse, die Finger flogen, dem Abrollen der Strümpfe, dem klemmenden Rock, eine der biederen Werktätigen käme. Aber es kam ja niemand, alle waren sie doch in Lohn und Arbeit, mit Fug und Recht, in Schub und Laden. Wir trafen uns am Brunnen, der hieß „Menschen am Wasser" und wir tauften ihn den Contergan-Brunnen, nah beim Kaufhaus, wir saßen dort und rauchten hinter den vier Tableaus, in denen gedrungen die sozialistischen Menschen ausgestellt waren: nackt und gesund die sozialistische Familie, die Arbeiter im Kittel, die Bäuerin mit schweren Brüsten, alle mit seltsam verkürzten Gliedmaßen. Mutters gar nicht mehr so neuer Ehemann Hans-Jürgen war tontechnisch bestens ausgestattet und wir hörten meine Bänder, die ich nachts mit dem großen Mikro aufnahm, immer ein bisschen vorausahnend vorsichtig, weil gleich die beiden angeschickerten Erwachsenen nach Hause kamen.

Der Staat hatte Angst. Vor uns Jugendlichen. So etwas wie am 31. Oktober 1965, als auf dem Leipziger Leuschnerplatz 2500 Jugendliche mit Beatlesfrisuren sich friedlich trafen, um für ihre Musik zu demonstrieren, als die Staatsmacht mit massenweisen Verhaftungen reagierte, den Jungs zwangsweise die Haare geschnitten wurden, so etwas durfte nicht noch einmal passieren.

Am 7. Juli 1965 und am 11. Oktober 1965 beschlossen das Sekretariat des ZK der SED und am 15. Juli 1965 der Ministerrat der DDR die Maßnahmen zur Überwindung der noch unzureichenden Wirksamkeit der staatlichen und gesellschaftlichen Organe bei der Bekämpfung der Jugendkriminalität. Der Minister für Staatssicherheit, Erich Mielke, erließ am 8. August 1966 den „Befehl Nr. 11/66 zur politisch-operativen Bekämpfung der politisch-ideologischen Diversion und Untergrundtätigkeit unter jugendlichen Personenkreisen der DDR". Eingangs heißt es:

Die Mehrheit der Jugend der DDR nimmt aktiven Anteil am umfassenden Aufbau des Sozialismus und zeigt auf allen Gebieten des gesellschaftlichen Lebens vorbildliche Leistungen. Diesen Entwicklungsprozess versucht der Gegner zu stören, um junge Bürger der DDR dem Einfluss der sozialistischen Erziehung zu entziehen, sie zur Passivität zu verleiten, den Zusammenschluss negativer Kräfte unter Anleitung von Organisatoren feindlicher Handlungen zu provozieren und auszulösen. Vorkommnisse der letzten Zeit und der hohe Anteil jugendlicher Bürger bis 25 Jahren an kriminellen und staatsfeindlichen Handlungen zeigen, dass die Sicherung und der Schutz der Jugend in der DDR vor feindlichen Einflüssen von entscheidender Bedeutung in der politisch-operativen Arbeit der Organe des Ministeriums für Staatssicherheit ist und von allen Mitarbeitern unseres Organs mit großem Verantwortungsbewusstsein und in umsichtiger Weise zu lösen ist.

Alle Jugendlichen sollten erfasst werden, „die durch ihr dekadentes Aussehen und Verhalten (ungepflegtes Äußeres – überlanges Haar, anstößige Kleidung, Veranstaltungen anstößiger Partys u. Ä.), durch Zugehörigkeit zu negativen Gruppierungen und Sympathisieren mit solchen Gruppen, durch wiederholt rowdyhafte Handlungen, wegen Arbeitsbummelei und wegen krimineller und staatsfeindlicher Handlungen (besonders Rückfalltäter) eine erhebliche Gefährdung der öffentlichen Ordnung und Sicherheit darstellen."[22]

„Ich geh in die Stadt.“ Die Lange Straße kannte viele Anfänge. Jeder hatte mal seinen Gang zu machen. Bummelte. Kam aus den Seitenstraßen, vorbei an verfallenen Häusern mit maroden, eingestürzten Dächern. Wie zufällig trafen wir uns irgendwann am späten Nachmittag, um später in den Mau-Club zu ziehen, Prairie Oyster an der Bar, Nikolaschka, White Lady, die große, die weite Welt im Glas. In anderen Jugendklubhäusern stand da: Für Nieten in Niethosen kein Eintritt. Ins ewig plaudernde, nichtige Plätschern des Brunnendenkmals mischten sich die zischelnden, hämischen Worte. Vergasen hätte man euch sollen. Unter Hitler hätte es das nicht gegeben. Ihr Gammler, wollt ihr euch nicht mal die Haare abschneiden. Wer lange Haare hat, über die Ohren, bis zur Schulter gar, ist ein Gammler. Missbilligend wandern die Blicke der Frauen mit ihren Einkaufsbeuteln, der Männer mit ihren Schnallentaschen an mir herab. Ich trage feste Arbeiterstiefel, hochgeschnürt, die geben mir einen festen Tritt, wehrhaft, mit beiden Beinen auf der Erde, nicht pflasterstöckelnd auf pfenniggroßen, spitzen Absätzen der Pumps. Nietenhose und dazu das blaue FDJ-Hemd. Die aufgehende Sonne am Ärmel, Kampfreserve der Partei, kombiniert mit knackig blauer Jeans, auf der *Levi's* stand, das war einfach Blasphemie, leicht wie aufsteigender Zigarettenrauch. Einkleiden sollten wir uns mit Modellen von „Sonnidee – sonnige Jugend, ideenreich gekleidet“. Sunny Day, eingedeutscht. Leider war in den Westpaketen von Tante Ursel mit Kaffee, Schokolade, Kaugummis, mit Stoff und Modezeitschriften nie der lang ersehnte Bundeswehrparka zu finden. Ich bat Tante Ursel hundertfach, dass sie mir eine NATO-Kutte schickt. Schließlich besorgte ich mir einen Parka auf dem Schwarzmarkt, unter Freunden. Dafür enthielten die Pakete aber immer wieder einmal, zum Ärger Mutterns, eine Nietenhose. Die Hose war für mich, denn nur mir passte sie. Schön ordinär und popoeng. So geht kein Mädchen!, schrie Mutter erbost, du kannst gehen. Also ging ich. In der Schule hieß es, diese Hosen haben wir hier zum letzten Mal gesehen. Alle Wege führten doch zum Kommunismus, warum nicht in diesen Hosen.

„I can't get no", wir saßen im Kreis vor dem Brunnen, alle im Schneidersitz, wir schlugen mit den Fäusten auf die Erde, meinen Sternrecorder in der Mitte. I can't get no, nein, ganz klar, für mich würde es niemals, niemals Satisfaction geben, and I try, and I try. Rhythmisches Klatschklatsch, ich war das girl mit der action, die Arme wie zu Liebe und Empfängnis ausgebreitet, die Augen geschlossen, inmitten des Kreises. I can't get no, and I try. Ich hörte nicht, wie die grüne Minna kam ohne Tatütata, hörte nicht, dass die Schubtür aufging. „Lauft! Lauft weg!", schrie einer von uns, den Arm schon auf den Rücken verdreht. Plötzlich hagelte es Schläge, eingekesselt, überall Polizisten, sie stießen uns vor sich her, in den Wagen, Gammler. Ich fiel aufs Pflaster, heißer Schmerz im Knie und Schwärze vor Augen. Komm, Mädchen, hab dich nicht so. Gummiknüppelsausen in Gesichter, das Blut schießt aus meiner Nase wie warmes Wasser. Meine Versuche, das viele Blut mit den Jackenärmeln aufzufangen, scheitern.

Gummiknüppel auf Köpfe, wie Vieh treiben sie uns in den Wagen. Handschellen klicken, je mehr man sich bewegt, desto enger werden sie, die Türen schlagen zu. Mit neugierigem Entsetzen begaffen uns die Passanten. Meine Nase gebrochen. Wir sehen uns an, du und du und ich. Wir sind verhaftet. Unsere Nachnamen kennen wir nicht, wissen nicht, wo die anderen wohnen, wo sie herkommen. Frag uns nicht so aus, wir heißen alle du. Sicherheitsmaßnahme. Du bist doch die Tochter von dem Uni-Chorleiter? Keiner darf wissen, was die anderen verraten könnte. Wir sind uns fremd und doch Familie. Sechs Jungs und ich. Jetzt hatte ich zwei Leben, eins auf der Straße, eins zu Hause. Die Straße, das ist kein Ort zum Leben. Aber besser als zu Hause. Die Straße gehörte uns, wenn die Flasche Stierblut kreiste, wir uns in der Musik an den Händen hielten, wenn wir aus weggeworfenen Zigarettenkippen neue klebten. Die Straße vor der Milchbar am Brunnen war unser Raum für Lachen, für Träume, für uns. Woanders war kein Platz. Das hatte jeder von uns am eigenen Leib zu spüren bekommen. Und jetzt das hier. Was denken die sich eigentlich, uns abzuführen wie Verbrecher? Das Nasenbluten hörte langsam auf. Ein ekelhafter

Pfropfen aus getrocknetem Blut, rote Adern, Schnupfen, was es auch ist, den blutigen Pfropfen darf ich nicht ausspucken, keiner darf die Toilette aufsuchen, keiner sich das Blut abwaschen. Das blutige Gewölle muss ich hinunterschlucken. Würgen packt mich, als hätte ich eine nackte Maus verschluckt. Reiß dich zusammen! Beine breit, an die Wand! Reden kannst du, wenn du gefragt wirst! Ein Tritt mit dem Knie ins Steißbein, mein Schrei gellt hoch. Welches Schwein das war, unmöglich zu wissen, keine Bewegung nach links oder rechts, die Arme hochgebunden, den Kopf gerade.

Dann, nach einer Ewigkeit, bringen sie mich in einen anderen Raum. Neonlicht, Schreibmaschinen ratternd bis Anschlag, bing, Paragrafen, Straftatbestände. Männerschweiß aus Dederonhemden, Rauchschwaden in abgestandener Luft. Aufnahme der Personalien. Minderjährig. Fünfzehn. Gerade mal Jugendweihe. Na, du hast es schon weit gebracht. Ich fühlte Kitzel in den Mundwinkeln, unaufhaltsam. Bitte schön. Leise und höflich legte ich die Handschellen auf den Schreibtisch. Meine Hände blieben immer zu klein, nicht nur fürs Klavier, auch für die Handschellen, aus denen ich meine Hände einfach herausschlüpfen ließ. Was habt ihr euch bloß dabei gedacht. Aber denken könnt ihr ja nicht. Kurz ist es still. Ihre Fragen schwirren in meinem Kopf. An der Wand hängt Ulbricht mit seinem schmallippigen Lächeln, ein Frettchen, das sich an der Spitze der Macht festgebissen hat und siegesgewiss unter der Goldrandbrille sein geliebtes Volk anblickt. Walter Ulbricht lebe hoch – hoch – hoch.

Gebrüllte Kommandos. Wer ist euer Rädelsführer? Wem gehört das Tonbandgerät, woher habt ihr die Musik? Die Nacht über standen wir angekettet auf dem Korridor. Kein Wort. Halt die Fresse, du Schwein, sonst kriegst du meine Faust zu riechen. Nicht in die Knie gehen. Nicht in die Hose machen. Den Jungs wurden zwangsweise die Haare geschnitten. Einen sauberen Messerformschnitt. Zwei in Uniform, die sie festhielten, einer klapperte mit der Schere und trimmte auf kurz. Die langen Haare entsprachen eben nicht dem sozialistischen Menschenbild.

Oben aus den Fenstern der U-Haft-Zellen drangen grölend die Rufe, Frischfleisch! Endlich löste sich das schmutzige Gelb des Flurs im Dämmerlicht des Morgens auf. Sie machten uns los. Die ganze Schäbigkeit der Einrichtung trat hervor. Eigentlich hatte der Frühling schon begonnen, die Luft draußen war weich und mild, doch auf der Polizeistation in der Ulmenstraße konservierten die Mauern die Kälte. So Frolleinchen, du wirst abgeholt. Und merk dir eins: Wir können auch anders. Mutter holte mich nach Hause. Sie roch nach Seife und nach Rechtschaffenheit. Ihre wütenden, schnellen Schritte waren ein einziger stummer Vorwurf.

Alle Glieder fühlten sich steif und unecht an nach dieser Nacht. Das Gehen fiel mir schwer und der Nacken schmerzte, als hätte mein Kopf herausgedreht werden sollen wie bei einer Spielzeugpuppe. Ich folgte Mutter in einigem Abstand auf die Fußgängerbrücke über die Gleise, den Sternrecorder wie ein Kuscheltier an die Brust gedrückt. Keine weiteren Sperenzchen vom Rumbuff. Es ist doch nur eine Frage der Zeit, bis der Verweis von der Schule kommt. Kann ich dich doch gleich abmelden und mir die Blamage ersparen. Das Abitur kannst du dir abschminken. Und dann? Arbeit hat noch keinem geschadet. Ich melde dich von der Schule ab. Dann wirst du schon sehen. Das tust du nicht, Mutter! Was werde ich schon sehen? Es ist zu spät!, schrie Mutter. Für mich waren die Fronten geklärt. Mutter und ihre Forderungen, Mutter und ihre Vorwürfe, das war gestern. Gestern war hochbegabt, Schule war gestern. Die Direktorin mit ihrer letzten Warnung. Dass ich durch mein Fehlverhalten das Ansehen der Erweiterten Oberschule stark geschädigt habe und, bei weiteren Vorkommnissen, nicht mehr tragbar sei. Abgekapselt, baumelnder Fremdkörper ohne Orientierung, ohne Nabelschnur. Hit the Road Jack, sang Ray Charles mit unvergesslicher, elektrifizierender Inbrunst. Mit 16 bin ich weg. Wirst alt werden, Mutter, und keine Tochter mehr haben.

VP in der Flipsi-Bar

In der gesamten Republik machte die Polizei Jagd auf Langhaarige, schleppte sie aufs Revier für nichts und wieder nichts, der Vorwurf: die Haare.

Während der Streifentätigkeit am 16. 3. 67 wurde durch eine Streife des Reviers Rostock festgestellt, dass die genannten Jugendlichen, zusammen mit 6 weiteren Jugendlichen sich an der „Flipsi-Bar" aufhielten und durch lange Haare und flegeliges Benehmen auffielen. Auf Grund des Haarschnitts folgte Zuführung zum Revier bezüglich der Überprüfung der Personal-Ausweise. Mit den Jugendlichen wurde eine Aussprache geführt, in der zum Ausdruck kam, dass sie nicht gewillt sind, sich die Haare schneiden zu lassen. Lieber würden sie dann nicht zur Arbeit gehen. XX äußerte weiterhin, dass er im Sommer sowieso nicht arbeiten gehen wird. Aufgrund der Unähnlichkeit der Passbilder erhielt er Weisung am 21. 3. 67 bei der Abteilung – PM – zwecks Neuausgabe eines PA zu erscheinen.[23]

Mike, er hatte die längsten Haare gehabt unter den Jungs, fast wie ein Mädchen, erschien nicht und bekam eine Geldstrafe von 150 Mark aufgebrummt.

Das war einfach lässig. Der Staatsmacht einfach ins Gesicht zu sagen, im Sommer geh ich sowieso nicht arbeiten. Schmarotzer, Tunichtgute, In-den-Tag-Hineinträumer, Wetterlaunige, Sonnensüchtige, Freiheitsdurstige, Kettenraucher. Lebensverschwender. Leistungsverweigerer. Denen ein Fingerschnippen entgegengesetzt, die uns auf Spur haben wollten. Grenzüberschreitung, Provokation, Prinzip Lust und Laune, Rausch und Ekstase, Tanzen bis zum Umfallen, Zweifel an allem, an aller gerechtfertigten rechtschaffenen Ernsthaftigkeit aller Richtigmacher. Die auf der richtigen Seite sind. Denen nie etwas passiert, die den Mund nicht aufmachen, nicht auffallen, mucksch sind. Denen das „laute Aufdrehen des Kofferradios" schon wie ein Fingerzeig des Teufels erscheinen musste. Der 1. Mai heißt jetzt Tag der Faulenzer. Tag der Nichtarbeit. Fettlebe auf eure Kosten, mit uns kann es nur noch abwärts gehen, ja, wohin denn sonst, geht ihr schon mal vor, vorwärts zum Sozialismus, wir bleiben hier und alle Räder stehen still. Fragwürdige Existenzen, alles aufs Spiel gesetzt gegen die Banalität eines Alltags, der nichts als Brechreiz macht mit der Aussicht auf Fortkommen, Auskommen, Ruhe, Langeweile.

Pfingsttreffen der FDJ in Karl-Marx-Stadt, da wird was los sein, und uns wollen sie dort nicht haben, weil wir nicht in der FDJ sind! Mensch, wir fahren trotzdem, egal, eben illegal!

„In Vorbereitung auf die Sicherung von Großveranstaltungen wurde die Hauptanstrengung darauf gerichtet, vorhandene negative Gruppierungen Jugendlicher rechtzeitig zu erkennen und in positive Bahnen zu lenken. Mit vielen gefährdeten Jugendlichen und ihren Eltern wurden Aussprachen geführt, was wesentlich mit zur Verhinderung von Ausschreitungen führte".[24] Nichts schien so gefürchtet wie Eigenständigkeit. „Wilde Reisen" nach Karl-Marx-Stadt seien nach Möglichkeit zu verhindern, so das MfS in einem Bericht vom 28. April 1967.

Wir wussten nicht, dass über uns eine Kriminalakte angelegt wurde. Am 26. April 1967 begann das „Gruppen-Ermittlungsverfahren": Aufstellung genannter Personen, Eröffnungsbericht, Protokolle, Verfügungen, Vermerke, Suchzettel, Kontaktgespräche, Befragungen, Anträge auf Arbeitserziehung, Tonbandabschrift, Karteikarte, Abschlussbericht. Verdachtsrichtung, Rechtsgrundlage: rowdyhafte Gruppierung, § 223, 242, 360 StGB. Eine IM-Werbung ist vorgesehen.[25]

Der frühe Sommer pochte in unseren Adern, allzu oft hatten wir vom Selbstbedienungsrestaurant der Ostseegaststätte zur Flipsi-Bar gegenüber der Storchenbar, aus der schon mittags die Seemänner torkelten, gewechselt. Oben vom elf Meter aufragenden Kanonsberg führte der Blick weit über die Warnow, den Hafen, die Stadt lag wie vergessen irgendwo und wir tanzten zwischen den kreisförmig aufgestellten Kanonen hindurch. FDJ-Pfingsttreffen in Karl-Marx-Stadt. Da sollte was gehen. Die FDJ-Aufmärsche wie hier in Rostock, Wismar oder Greifswald, bei den FDJ-Wahlen im Bezirk Rostock, wenn wieder Kandidaten aufgenommen werden sollten. Die Tausende, die auf den Jugenddemonstrationen mit Fackelzug marschierten – das interessierte uns nicht. Wir waren auf der Suche nach dem Groove, dem Beat, wollten den Pulsschlag des Lebens spüren. Und es gab gute Bands in Karl-Marx-Stadt und Umgebung, das wussten wir.

Vielleicht konnten wir „The Twen" aus Zwickau sehen, die mit nacktem Oberkörper auftraten und sich Felle über den Rücken warfen. Nach dem Eklat beim Konzert der Stones in der Waldbühne in West-Berlin und der großen Demonstration mit über 2000 Beatfans in Leipzig auf dem Leuschner-Platz reagierte das Zentralkomitee auf dem 11. Plenum rigoros und machte vielen Lieblingsbands mittels Auftrittsverboten den Garaus. „Ist es denn wirklich so, dass wir jeden Dreck, der aus dem Westen kommt, kopieren müssen? Ich denke, Genossen, mit der Monotonie des Je-Je-Je sollte man doch Schluss machen", so Walter Ulbricht 1965 auf dem 11. Plenum des ZK der SED. Danach war Schluss mit lustig in Literatur, Film, Musik, Kunst und allem, was Spaß machte, modern war, Aufbruch versprach. Die „operative Situation" am Kanonsberg in Rostock schilderte das MfS so:

Durch verschiedene Mitteilungen von IM und offz. polizeilichen Feststellungen wurde bekannt, dass nach der Zerschlagung der rowdyhaften Gruppierung in den Wallanlagen eine Konzentration von bekannten Jugendlichen, die bisher mehrmals als Mitglieder anderer Gruppierungen bekannt und bearbeitet wurden, am Kanonsberg festzustellen ist. Zur derzeitigen Lage ist einzuschätzen, dass sich in unregelmäßigen Abständen und Zeiten dort fast täglich bis zu 20 Jugendliche zusammenfinden und dort in der Zeit von etwa 17.00 h bis 20.00 h ihre Freizeit verbringen. Bisher gibt es noch keinen Anführer oder Führungskopf und die Treffen laufen noch ziel- und planlos ab. Auf Grund der vorhandenen Kenntnis über einzelne Jugendliche besteht jedoch die Gefahr eines festeren Zusammenschlusses der Jugendlichen zu einer rowdyhaften Gruppierung.[26]

Es gab ja einige, die von zu Hause abgehauen waren, die nicht mehr zur Arbeit gingen, für die habe ich immer die Stullenpakete mitgebracht. Gezielt wurde nach der sogenannten Arbeitsbummelei gefahndet und in den Betrieben wurden den Jungs noch mit Gewalt die Haare geschnitten.

Die Werbung eines IM aus dem Kreis der zu bearbeitenden Jugendlichen ist wichtig. Im Zusammenhang mit der Konzentration am Kanonsberg und Flipsi-Bar wurde der XX bekannt. Er besitzt gute Verbindung zu Jugendlichen aller genannten Punkte. Mit ihm ist ein Kontaktgespräch zu führen und seine Eignung als IM zu prüfen. Termin für Kontaktgespräch und Entscheidung: 15. 4. 67. […] Alle bekannt werdenden Jugendlichen sind im Wohngebiet usw. zu überprüfen. Bei günstigen Umständen sind mit einzelnen Kontaktgespräche zu führen und ihr Einsatz als IM einzuschätzen. Im Zusammenhang mit der Überprüfung der Jugendlichen und Bearbeitung der Gruppierung ist der ev. Zusammenhang mit Teilnahme op. bearbeiteter Jugendlicher am FDJ-Parlament in Karl-Marx-Stadt zu sehen. Verdächtige Jugendliche, die daran teilnehmen, sind während dieser Zeit durch vorhandene IM, die zum Parlament fahren, zu überwachen.[27]

„Schlendernd durch Höllen und gepeitscht durch Paradiese, still und grinsend, vergehenden Gesichts, träumt er gelegentlich von einer kleinen Wiese mit blauem Himmel drüber und sonst nichts", so ging die letzte Strophe von Brechts *Ballade von den Abenteurern* mir durch den Kopf auf dem Nachhauseweg. Innerhalb des Absurden gibt es keine Hierarchien. Weil wir sie nicht anerkannten, gab es sie nicht. Ganz einfach. Dennoch hatte ich Angst, Angst, von der Schule zu fliegen. Was dann? Dann wartete irgendein beschissener Knochenjob. Ich hatte Leute getroffen, die im Knast waren. Selbst wenn du nach einem Jahr freikommst, wenn du dieses Jahr überstehst, du wirst zusammengeschlagen, du wirst fertiggemacht, wirst in Jobs gesteckt, zur Bewährung in die Produktion, die lebensgefährlich sind. Im Chemiewerk Quecksilber mit dem Wasserschlauch von tropfenden Leitungen spülen, alles läuft gurgelnd in den Gully. Ich hatte Angst. Aber wenn wir zusammen waren, waren wir stark.

Aktion „Treue"

Hans-Jürgen und Mutter waren mit dem Flugzeug nach Bulgarien auf Konzertreise unterwegs. Die Nachbarin sollte ein Auge auf mich haben, Mutter würde mit ihr Rücksprache halten. Mittagstisch hatte ich am Wochenende wieder in der „Roten Erde" ums Eck. Endlich habe ich auch einmal eine Fete geschmissen. Das war wohl mit das Schlimmste, was ich Mutter zumuten konnte, dass sich Fremde in der Wohnung befinden, meine Freunde, die sie nicht kennt. Natürlich haben wir Krach gemacht, bis die Nachbarn am Stromkasten die Sicherung herausdrehten, die Polizei wurde nicht gerufen. Mutters Kleiderschränke habe ich durchwühlt und fand weiße Stiefeletten aus dem Westen, dazu trug ich eine hellblaue Strumpfhose und einen langen Rollkragenpulli. Na warte, bis deine Eltern wieder da sind! Die kamen erst in ein paar Tagen zurück, bis dahin würde ich den Schaden schon wiedergutmachen. Alles blitzblank geputzt, überall in die Schnapsflaschen ein bisschen Wasser rein, und der Raki verfärbte sich milchig-weiß.

Wir fuhren zum Pfingsttreffen der FDJ in Karl-Marx-Stadt.

Bereits die Eröffnung des Pfingsttreffens am Sonnabend, an der ein großer Teil unserer Delegation teilnehmen konnte, war geprägt von dem unerschütterlichen Optimismus und der Lebensfreude, wie sie jungen Sozialisten eigen ist und die auch ein anhaltender Gewitterregen nicht dämpfen konnte. Bereits vor der offiziellen Eröffnung lief auf den Rängen des Ernst-Thälmann-Stadions mit aktiver Teilnahme unserer FDJler mehrere Stunden lang ein „Programm" von Liedern und Sprechchören ab, das von den 20 000 Jungen und Mädchen in den blauen Blusen mit solchem Enthusiasmus gestaltet wurde, dass sich niemand dem Eindruck entziehen konnte: Diese Jugend ist imstande, alle vor ihr stehenden Aufgaben und alle Schwierigkeiten auf dem Wege zur entwickelten sozialistischen Gesellschaft zu meistern.[28]

Das Ministerium für Staatssicherheit beobachtete 1967 das Pfingsttreffen der FDJ in Karl-Marx-Stadt:

In Durchführung der Sicherungsmaßnahmen während der Vorbereitungen der Aktion „Treue" wurde bekannt, dass verschiedene Gruppen Jugendlicher, deren Teilnahme an der Delegation durch die FDJ abgelehnt wurde, trotzdem nach Karl-Marx-Stadt reisen wollten. Hierbei handelt es sich u. a. um:

1. Jugendliche des Jugendclubs „Leuchtfeuer" Warnemünde, die auf Grund ihres Haarschnitts nicht zur Delegation zugelassen wurden. Nachdem diese Jugendlichen anfangs sehr empört waren, gelang es durch Aussprache und Einsatz inoffizieller Mitarbeiter, sie von der Teilnahme am Pfingsttreffen abzuhalten.

2. Durch die Kreisdienststelle Bad Doberan wurde bekannt, dass Jugendliche des Twen-Clubs, die in letzter Zeit wegen moralischer Ausschweifungen angefallen [sic] waren, beabsichtigten, von sich aus nach Karl-Marx-Stadt zu fahren. Nachdem mit den Jugendlichen Aussprachen durch die FDJ-Kreisleitung und VP geführt wurden und IM den Auftrag erhielten die Jugendlichen zu beeinflussen, damit sie nicht nach Karl-Marx-Stadt fahren, entschlossen sich die Jugendlichen von ihrer Reise Abstand zu nehmen.

3. Inoffiziell wurde bekannt, dass u. a. Jugendliche mit Jugendleiterausweis nach Karl-Marx-Stadt fahren wollten. Zur Verhinderung dieses Vorhabens wurde eine Aussprache geführt; außerdem

wurde XX und XX durch die Abt. VIII beobachtet. Entgegen ihren offiziellen Erklärungen, nicht nach Karl-Marx-Stadt zu fahren, versuchten XX und XX am 12. 5. mit dem Zug 21.56 Uhr nach Karl-Marx-Stadt zu gelangen; ihr Vorhaben wurde verhindert. […] Dabei wurde bekannt, dass außer XX und XX mehrere Jugendliche auf dem Reiseleiterausweis des Jugendfreundes XX nach Karl-Marx-Stadt gefahren sind. Hiervon wurden die Einsatzgruppe in Karl-Marx-Stadt und der Koordinierungsstab verständigt. XX meldete sich mit 6 weiteren Jugendfreunden bei der Bezirksdelegationsleitung in Karl-Marx-Stadt und erhielt die Genehmigung sich der Delegation anzuschließen.

Zu der Gruppe der acht von 1946 bis 1950 geborenen Jugendlichen gehörte auch „Plog, Sonja 4. 3. 1952 wh: Rostock, Hans-Sachs-Allee 28".

[Die Jugendlichen], die außerdem auf dem Gruppenleiterausweis des Jugendfreundes XX gereist waren, wurden in Karl-Marx-Stadt durch unsere Einsatzgruppe, in Zusammenarbeit mit der Kriminalpolizei ermittelt und am 13. 5. 1967 mit dem Zug nach Rostock zurückgeschickt. Am 14. trafen in Rostock aber nur die Jugendfreunde XX, XX, XX und Plog, Sonja ein. Bei den durchgeführten Befragungen gaben diese Jugendfreunde an, dass die übrigen Jugendlichen in Potsdam ausgestiegen sind. […] Diese Gruppierung war während der Fahrt von Rostock nach Karl-Marx-Stadt durch den GI „Anja" bereits festgestellt worden. Der GI berichtete darüber Folgendes: „Am 12. 5. 67 fuhr ich mit dem D-Zug nach Karl-Marx-Stadt. Ich schloss mich der Gruppe des Jugendclubs ‚Cosmos' an. Mit uns fuhr eine Gruppe Personen im Alter von 17 bis 19 Jahren mit. Sie waren mit Nietenhosen und schmutzigen Hemden bekleidet. Unser Wagen befand sich gleich neben dem Mitropawagen. Bier wurde viel getrunken. Als ich aufs WC ging, sah ich diese schmutzigen Personen auf dem Boden liegen und schlafen. Namentlich sind mir alle Personen unbekannt. Diese Bürger haben in Karl-Marx-Stadt keinerlei Unterkunft. Sie fuhren mit Sammelschein." Am 13. 5. 67 gegen 16.30 Uhr tauchten im Bezirksbüro Rostock, im Rathaus Ebersdorf weitere acht Jugendliche auf und versuchten Unterkunft für sich zu erhalten. Diese Jugendlichen waren vorher, wie ein Mitarbeiter der Abt. K. Komm. I hier dem Unterzeichneten berichtete, im Stadtgebiet von Karl-Marx-Stadt rowdyhaft aufgetreten. Sie hatten die Teilnehmer am Pfingsttreffen, besonders die Mädchen, durch obszönes Betasten und unflätige Beschimpfungen belästigt. Die Jugendlichen wurden durch die VP dem VP-Revier zugeführt und sollen auf dem schnellsten Wege zurückgeführt werden.[29]

„Ergänzung zum Informationsbericht Nr. 7, Seite 2": „Im Ergebnis der geführten Befragungen wurden die illegalen Teilnehmer XX, XX, XX, XX, XX, XX, XX, Plog, Sonja durch ein Stadtverbot aus Karl-Marx-Stadt verwiesen. Sie mussten die Stadt mit dem Zug 79 verlassen, der um 9.28 Uhr in Rostock eintrifft." Auf der Hinfahrt wurde einer der Jugendlichen aus meiner Gruppe auffällig:

[…] tätig bei der PGH Mauer in Grimmen, der sich als Mitglied der Kreisdelegation Grimmen zum Pfingsttreffen in Karl-Marx-Stadt aufhält, am 13. 5. 67 nach der Ankunft aber auch schon während der Anfahrt mehrfach staatsverleumderische Äußerungen gegenüber anderen Teilnehmern machte. So meinte er z. B. dass der Gen. Ulbricht bestimmt nicht in K.-M.-Stadt sein werde, denn „der ist schon zu alt dazu – der zittert mit dem Kopf schon". Zu einem [IM] gewandt erklärte XX: „Na, Du trägst das FDJ-Hemd ja auch nur, weil Du hier was erleben willst, und nicht etwa, weil du solch Bewusstsein hast." Gegenüber einem weiteren IM lästerte XX über den am 13. 5. 67 durchgeführten Zapfenstreich der NVA und verleumdete die Angehörigen der NVA als Hampelmänner. Zu einem anderen Zeitpunkt wandte sich XX an andere Jugendliche der Kreisdelegation, indem er auf den zuständigen op. Mitarbeiter hinwies mit der anmaßenden Frage: „Was will denn der hier?"[30]

Rostock, den 14. 05. 1967 Meldung
Quelle: K Dienst der BDVP [Bezirksdirektion der Volkspolizei],
Gen. Peters, am 13. 5. 1967 um 24.00 Uhr Abtlg. VII, Gen. Burmeister am 14. 5. 1967 um 12.00 Uhr. Am 13. 05. 1967 wurde eine Gruppe Jugendlicher in Karl-Marx-Stadt durch die VP kontrolliert und wegen unberechtigten Aufenthalts und ihres Äußeren (Gammleraussehen) aus Karl-Marx-Stadt ausgewiesen. Die Jugendlichen wurden unter Begleitung der Transportpolizei in einen Zug in Richtung Rostock eingewiesen. […] Die Jugendlichen sagten aus, dass sie nach Karl-Marx-Stadt gefahren sind um dort etwas zu erleben. Eine strafbare Handlung liegt nicht vor.[31]

[…] nach den schriftlichen Berichten der Jugendlichen XX und Plog, Sonja, haben beide am Sonnabend die Absicht gehabt ins Kino (Kapitol) zu gehen. Vor dem Kino entschlossen sie sich die Karten zu verkaufen. Hier trafen sie mit einer männlichen Person zusammen, die sie angeblich namentlich nicht kannten. Im Gespräch hat diese Person behauptet, Fahrkarten nach Karl-Marx-Stadt beschaffen zu können. Beide erklärten sich einverstanden und fuhren gegen 22 Uhr aus Rostock mit den Jugendlichen XX, XX, XX, XX nach K. M. Stadt. Dort lernten sie dann XX und XX kennen. Zunächst machten sie sich auf, sich in KM Stadt nach einem Quartier umzusehen. Sie machten dann Rast und setzten sich auf eine kleine Mauer. Hier wurden sie durch einen Verkehrspolizisten kontrolliert. Dieser verwies sie dann an das Organisationsbüro. Vom Organisationsbüro wurden sie nach Ebersdorf verwiesen, da dort das Quartier des Bezirks Rostock ist. Hier angekommen, wurden sie von einem Angehörigen der Kriminalpolizei kurz gehört und zu einem VP Revier gebracht. Hier wurde ihnen nach längerer Zeit mitgeteilt, dass sie umgehend nach Rostock zurückkehren müssten. Durch die Trapo [Transportpolizei] wurden sie dann in den Zug gesetzt. Wo die anderen 4 Jugendlichen den Zug verlassen haben können, können sie nicht mit Bestimmtheit sagen. Sie vermuten, dass sie in Potsdam ausgestiegen sind. Sie lehnen alle 4 entschieden ab, sich in K. M. Stadt ungebührlich benommen zu haben. Sie wurden durch mehrere Jugendliche wegen ihrer Kleidung verhöhnt. Diesen Bemerkungen sind sie mit passenden Worten entgegen getreten. Zu direkten Auseinandersetzungen ist es nicht gekommen. In der Aussprache brachten sie zunächst kein Verständnis dafür auf, dass es nicht möglich ist, dass jeder wahllos nach KM Stadt fahren kann. Sie standen auf dem Standpunkt auch das Recht zu haben so ctwas mitzuerleben. Alle 4 wurden dann von der VP nach Hause entlassen. Es ist vorgesehen, sie unter operativer Kontrolle zu halten.

Das MfS gab der Überwachung der Rostocker Jugendclique den Namen „OM Berg". Eine Mutter berichtete unter dem Betreff „Parties" am 25. Mai 1967 dem Ministerium für Staatssicherheit:

Meine Tochter hat neuerdings Verbindung zu langhaarigen Jugendlichen, die sich fast täglich in der Eisbar, Breitestr., treffen. Besonders geschwärmt wird von den Mädchen, die dort verkehren, von einem XX. Dieser hat mädchenhaft lange Haare. Die Mädchen laufen ihm alle hinterher. Bei XX und seinen, mir namentlich nicht bekannten Freunden werden laufend Parties durchgeführt. Hierzu laden die Jungen Mädchen ihres Umgangskreises ein. Bei diesen Parties soll es so zugehen, dass die Mädchen alles machen müssen, was die Jungen wollen, z. B. ausziehen usw.
Meine Tochter war noch nicht zu solcher Partie. XX und seine Freunde, ca. 10 Mann, darunter ein XX, haben beschlossen, über Sommer nicht zu arbeiten und zu gammeln. XX hat schon seine Arbeit, wie er sagt, gekündigt. Ebenso soll XX aufgehört haben zu arbeiten. Der XX hat meiner Tochter erzählt, dass er bei einer Partie mit einem Mädchen 10 x den GV durchführte und diese immer noch nicht fertig war. XX greift sich oft Mädchen und schneidet ihnen Haare vom Kopf gegen ihren Willen.[32]

Jungsein war einfach staatsgefährdend. Von der Staatsmacht und ihren Organen wurden die Entwicklungen aus der Jugendkultur dem Ministerium für Volksbildung, Abteilung Jugend gemeldet, so in einem Bericht 1964 „über das Auftreten von kriminellen und gefährdeten Gruppierungen Jugendlicher in der Deutschen Demokratischen Republik":

Der Gegner nutzt diese Schwächen in unserer Arbeit für seine intensive ideologische Diversion aus. Dabei bedient er sich vor allem der Rundfunk- und Fernsehsendungen, der Schund- und Schmutzliteratur und Briefverbindungen. Durch dekadente Musik, Propagierung westlicher Mode, Technik sowie Star- und Filmklubs zersetzt er systematisch das Bewusstsein von Jugendlichen und erzeugt bei ihnen eine prowestliche Einstellung. Die Rechtspflege- und örtlichen Staatsorgane wie auch gesellschaftliche Organisationen besitzen nicht den erforderlichen Überblick über Umfang und Art des Feindeinflusses auf Freizeitgruppen Jugendlicher, so dass sie nicht offensiv und massenwirksam genug dagegen vorgehen können und durch feindlichen Einfluss ungelöste Entwicklungsprobleme unserer Jugend in negative Bahnen gelenkt werden.[33]

Halt mich fest

„Rowdytum, Herabwürdigung, Staatsverleumdung. Asoziales Verhalten", hierfür gab es Paragrafen im Strafgesetzbuch. Anlässlich der Erläuterung des Gesetzentwurfs vor der Volkskammer am 15. Dezember 1967 erklärte die ehemalige Justizministerin Hilde Benjamin, nun Leiterin der Gesetzgebungskommission, welche Gerichtsverfassungsgesetz, Jugendgerichtsgesetz und Strafprozessordnung von 1952 ausarbeitete, mit dem Paragrafen 249 des Strafgesetzbuches die Gefährdung der öffentlichen Ordnung durch asoziales Verhalten als eine Straftat. Diese solle entsprechend den Grundsätzen des Strafrechts und nach den Normen der Strafprozessordnung verfolgt werden. Dies diene der weiteren Festigung der Gesetzlichkeit und werde die Wirksamkeit der Bekämpfung solcher Handlungen verstärken. Gegen die Verfassung verstoßend und das „Recht auf Arbeit" konterkarierend, wurde Nicht-Arbeiten kriminalisiert.

Die Mauer war nach innen gerichtet. Die Mauer wurde gebraucht, um über mich zu bestimmen: welche Hosen oder welche Röcke ich trug, welche Musik ich hörte, welche Bücher ich las. Jazz, Rock 'n' Roll, alle Affenkultur des Imperialismus sog ich in mir auf.

Sich fügen heißt lügen. Ich machte eine Entdeckung im elterlichen Bücherschrank, Friedrich Nietzsche, einer der ideologischen Wegbereiter des Faschismus, so hieß es. In der Sprachgewalt seines *Zarathustra* versank ich. Hier war einer, der es klar aussprach, was ich fühlte: dagegen sein. Gegen den Staat, gegen die Kirche, gegen jede Doktrin.

In diesem Sommer 1967 waren wir alle verliebt. Ich das erste Mal, in einen Jungen aus Berlin. Wir lagen am Strand von Warnemünde, schwänzten die FDJ-Veranstaltungen und verbrannten unsere jungen Rücken. Ein bittersüßes Ziehen durchlief mich, ließ mich hilflos und wütend darüber werden. R. war arrogant und schnöselig, aber wenn wir uns in die Augen sahen, erkannten wir uns. Wir waren dagegen. Wir wollten in die verbotenen Zonen. Um dahinterzukommen, hinter die Lügen und Geheimnisse. Wir wollten Spaß haben und auf alles und jeden pfeifen. Wir sprachen über das, was uns bewegte, über die Aufrüstung, übers Soldatwerden bei der Armee für Frieden und Sozialismus. Hiroshima und Nagasaki, der sofortige Tod für Hunderttausende, den „Little Boy" und „Fat Man" brachten. Und dann das Siechtum. Das war jetzt zwanzig Jahre her. Gute Freunde in der Volksarmee schützen nicht vor Atombomben und Weltuntergang. R. sagte, ich schwöre, dass ich nie schwöre, „der Deutschen Demokratischen Republik, meinem Vaterland, allzeit treu zu dienen und sie auf Befehl der Arbeiter-und-Bauern-Regierung gegen jeden Feind zu schützen". R. wollte raus. Jeden Tag wollte er raus. Die Mauer siehste ja nicht, aber du spürst sie. Was ich wollte, was ich nicht wollte, darüber sprach ich nicht. Zu unfertig schien ich mir neben R., dem Älteren aus Berlin. Der Mädchen im Petticoat ohne Unterhose im Rock 'n' Roll über seine Schulter warf.

Wenn wir Hand in Hand stäubend in die sanft anschäumenden Wellen liefen, rutschte mir das Bikini-Oberteil nach oben über die flachen Brüste. Lachen und Prusten, der Ostsee eiskaltes Gletschermeer, mit flachen Kieseln, die aus R.s Hand wundervielfach über die glatte Wasseroberfläche Richtung Horizont schnipsten. Wie neugeboren stiegen wir aus dem Wasser und legten uns Rücken an Rücken in den warmen Sand. Die Zeit rieselte durch die Finger wie die klitzekleinen blinkenden Ostseekristalle, endlos schienen die Sommerferien. Im Hafen schlichen wir uns auf ein Schiff und träumten uns als blinde Passagiere in die Karibik. Natürlich wurden wir erwischt und ich bekam genauso Tritte ab wie R., weil sie mich für einen Jungen hielten.

Ich zeigte R. die verfallende, vergessene Vorstadt mit ihren winkeligen Kopfsteinpflastergässchen und den geduckten, schiefwinkeligen Häusern. Bei Brinkmann hatte es früher Kolonialwaren zu kaufen gegeben. Hinter dem Tresen stand ein vertrocknetes Männlein im aschfahl-grauen Kittel, dessen zahnloser Mund, mümmelnd wie ein Säugling, der von der Flasche träumt, sich unablässig auf und ab bewegte. Warte, warte, gleich hat er's, der alte Brinkmann kennt mich. Umständlich kramte er hinter dem Tresen zwei lange Lakritzbänder hervor. Es roch nach altem Leder und Petroleum und ich dachte an sein Lager, drei Stufen treppauf, das mir als Kind den schlimmsten Albdruck bescherte: Schrumpfköpfe, Fotografien von der Frau ohne Unterleib und ihren zahlreichen Kindern, lange, schmale Lederpeitschen aus Afrika, verzierte Kreuzschnitzereien, ungelenke sattfarbige Bilder von Inseln, Palmen und großbusigen Frauen mit Kreolenringen im Ohr, Mitbringsel von schier endlosen Seefahrten, auf denen die Zeit lang und die Sehnsucht immer größer wurde.

Für mich mit fünfzehn, für R. mit seinen siebzehn Jahren war es noch die Zeit der Mutproben: Wir sprangen auf den langsam und mächtig dahinrollenden Güterzug auf, umrundeten die morschen, windschief geduckten Häuser der Altstadt, wir kamen an der Grubenstraße vorbei, wo es immer hieß „De Äppel sün dor", und alle Jungs und Mädchen nix wie runter zur Grubenstraße, wenn der Zug kam voll mit Äpfeln zu den Brennereien Krahnstöver und Lehment, aus den Äpfeln wurde Schnaps, und schnell sammelten wir so viele Äpfel ins bauchige Hemd wie irgend möglich. Eine Stunde später hatten wir schrecklichste Bauchschmerzen. Ich erzählte lachend und ein bisschen angeberisch, als zeigte ich R. mein Königreich. Wir fuhren unerkannt, stehend zwischen den Güterwaggons, vom Stadthafen über die Grubenstraße zum Friedrich-Franz-Bahnhof, dem alten Güterbahnhof. Urst schau, sagte R. Er lachte und mein Herz ging auf. Am Seemannsclub stand der Türsteher mit seiner Boxervisage und blickte grimmig durch uns hindurch.

Geld hatten wir keins, und einmal nahm uns der Schipper mit auf seiner Fähre hinüber nach Gehlsdorf zu den reichen Leuten und wir malten uns aus, wie wir unseren Nachmittagstee in feinem Silber auf der Terrasse einnehmen oder geschützt im weiß-bunt gestreiften Strandkorb sitzen würden. Einen Strandkorb, Wahrzeichen der sommerlichen Ostseeküste, wollte ich schon immer besitzen. 1882 flocht der Rostocker Korbmacher Wilhelm Bartelmann seinen ersten Strandkorb und seine Modelle sollten sich bald blendend verkaufen. Das Mädchen von der Schneiderin käme mit einem großen rosafarbenen Karton und Seidenpapier, ich schickte sie wieder davon, nichts könnte man mir recht machen. Nie, nein, so wollte ich nicht leben. Der Hunger hatte sich längst mit seiner Säure in unseren Mägen festgesetzt, da kam die Kleingartenanlage genau richtig. Wir, die Nimmersatten, Immermutigen, ließen unsere Schuhabdrücke in den sorgfältig geharkten Beeten von Vandalentum künden, schlürften den süßen Saft aus überreifen Birnen und legten uns in den Schatten einer Laube. Mann, Mann, Mann, Mann, seufzte R., is dit Leben schön hier. Obstrülpser. Mit dir, hätte er doch mal sagen können, zischte es durch meinen Kopf. Das Leben.

Unten im Jachthafen dümpelten die schnieken Segelboote, die nur am Wochenende ausfuhren, heute Abend war hier niemand. Das hohe Tickern eines Taus oben am Mast, und das Wasser klatschte an die Schiffswände, als würde es uns applaudieren. Barfuß über glattes Mahagoni oder ist das Teak; was, wenn wir losmachen? Jetzt? Sieben Tore, in das Land führen, sieben Kaufmannsbrücken bei dem Strand, sieben Türme, die auf dem Rathaus stehen, sieben Glocken, die zugleich schlagen. Rostock ahoi. Rüber nach Dänemark oder Schweden, da kommen doch die Inseln. Erst mal an Rügen vorbei. Dann die Kreidefelsen von Falster oder Møn. Wir wussten es nicht. Die Nacht legte sich wie ein schützender Mantel über das Paar auf dem schwankenden Jollenkreuzer. Aus dem Seehafen schob sich langsam ein leuchtender Lindwurm voran, die Fähre nach Dänemark, Schweden, Finnland. Geradeaus im Norden lag die offene See, im Westen die Grenze zur Bundesrepublik und Richtung Osten ging's nach Polen. Langgliedrig zuckende Scheinwerfer fingerten sechs Kilometer weit über die Schwärze. Den Horizont erreichten sie nicht. Minensucher fuhren als Grenzbrigade innerhalb der Dreimeilenzone Kontrollen mit abgeblendeten Lichtern. Auch nachts waren wir in der Obhut der Staatsmacht. Drüben im Hotel Warnow, einem der größten Interhotels der Republik, tanzten die Bonzen und die Wessis mit ihren Ostmädchen und unten in der Vorstadt schwoften die Schauerleute mit ihren Schwalben. Die Mondsichel wuchs aus dem Boden in den Himmel und die Sternschnuppen fuhren Karussell. R. umschlang seine Knie, als wollte er sich an ihnen festhalten. Wir, die sich eben fanden, Mund an Mund, saßen in den Schatten jeder für sich. Nee, ich hätte große Lust, aus dem Scheißstaat hier die Biege zu machen. Mich kotzt alles an. Nichts hat Aussicht. Alle lügen, keiner glaubt an was, keinem kannste gloobn. R. saugte an seiner Zigarette wie ein Verdurstender, heißglühend brannte das Papier um die aufleuchtende Glut. Früher oder später, ick hau ab. Handelsmarine, und dann auf See oder so was. Mit achtzehn bin ick weg, die kriejen mich nich ran mit marschieren und auf die eigenen Leute schießen. Hab Verwandtschaft im Westen, da hätt ick Anlaufstellen. Hab's ja schon mal probiert, unten am See bei Potsdam. Selbstschussanlagen. Wir sind gerobbt durch die Drähte. Alles wie im Film. Das schwarze Wasser Ende November. Konnste nich drin schwimmen, konnste einfach nicht aushalten die Kälte. Aktion abgebrochen, wieder zurückgerobbt. Und uns hat keener jekriegt, keener. Das war also R.s Heldengeschichte. Aber alle waren doch unzufrieden, die Erwachsenen, wenn man sich mal umhörte, auch Mutter, die doch in ihren Privilegien lebte. Aber vielleicht meinten die Erwachsenen, mehr aufs Spiel zu setzen, mehr zu verlieren zu haben, Arbeitsstelle, Positionen, Jahresendprämie, den Ferienplatz an der Ostsee, die Westreise, die neue Wohnung, den Studienplatz. Ich wollte noch nicht erwachsen werden. Mich unter den Schmerzkrämpfen der Menstruation beugen. Ich blutete noch nicht. Mit der Schule würde es für mich so nicht weitergehen können, und was dann, na gute Nacht. Meine Freunde waren allesamt Asoziale, dreckige Gammler, Arbeitsscheue. Dabei trugen sie ihren Kamm in der Gesäßtasche ihrer Jeans, um die Frisur jederzeit trotz Ostseewind in Form zu trimmen.

Die Nacht verebbte wie ein Traum, der einen noch des Tags an seine Süße erinnert. Ein feiner Nieselregen hüllte uns in seinen Nebel, meine Morgenwäsche, lachte ich. Das Klirren der Milchkännchen zog uns an wie Kätzchen. Im Viereck standen Milch und Joghurt vor den Haustüren, schnelle Griffe, ein kurzer Lauf die Straße hinunter. Köstliches, gesundes Volkseigentum.

Breitbeinig saß ich auf seinen Satteltaschen, R. brachte mich erst am nächsten Abend nach Hause. Es war natürlich nach sechs Uhr abends. Halbherzig läutete ich, oben in der Wohnung glimmte das Licht. Manchmal warfen sie den Schlüssel herunter, manchmal nicht. Seine Zunge schmeckte süß und nach ihm. Dem Plog sin Döchting wartete wieder vor der Haustür. Mochte Mutter bloß denken, was sie wollte, und keinen Skandal, die Nachbarn, der ABV. Wir hatten die Liebe. Wir hatten die Musik. Wir hatten uns.

Narbengesicht

R. lernte Teilewechsler, wie er es nannte, in Berlin, unterhalb des gro-ßen Schlachthofs, in der Herzbergstraße. Seit der Kindheit wollte er Kfz-Schlosser werden, nun war er beim VEB Autotrans gelandet, ei-nem Riesenbetrieb, letztlich dem Außenhandel und der Devisenbe-schaffung unterstellt. Immer hatte er Ränder unter den Fingernägeln und ich bildete mir ein, dass seine Lederoljacke nach Schmieröl roch. Ein Typ wie Dieter aus *Berlin Ecke Schönhauser...*: „Warum kann ich nicht leben, wie ich will? Warum habt ihr lauter Vorschriften? Wenn ich an der Ecke stehe, bin ich halbstark. Wenn ich Boogie tanze, bin ich amerikanisch. Und wenn ich das Hemd über der Hose trage, ist es politisch falsch." Ich konnte nicht aufhören zu heulen, als Kohle, der beste Freund von Dieter, im Durchgangslager Marienfelde an einer Mixtur aus Tabakblättern und Kaffee starb, weil sie ihn in die BRD ausfliegen wollten, und ich heulte, weil Dieter wieder zurückging zu Angela nach Ostberlin, weil sie ein Kind von ihm bekam.

Ein von leuchtgoldenen Farben durchdrungener Herbst 1967, und ich fuhr in einem Doppelstockzug, die Sitze waren aus glattem Kunst-leder, allein nach Berlin. Mein Herz hüpfte vor Aufregung beim Lösen der Karte. Abgeerntete Felder, sanft hügelig eingebettet manchmal ein Dorf. Ich ließ die Haare aus dem Fenster wehen. Im lebensfeindlichen Schotter des Bahndamms blühten noch die gelben Nachtkerzen. In Berlin waren alle aufmüpfiger, Berlin war Großstadt und Verspre-chen. Ich hatte meine Schultasche dabei mit Wechselwäsche und las im Staatsbürgerkundebuch. So ein eifriges Schulmädchen wird die Transportpolizei schon in Ruhe lassen. Bei all meinen andern Versuchen, mich davonzumachen, hatten sie mich abgefangen, in ein leeres Zimmer gesetzt. In dem geschlossenen Raum sollte ich nachdenken. Ich wehrte mich mit Händen und Füßen, nichts zu machen. Gut, ich habe Schläge kassiert, aber ich hatte vor solchen Personen, vor solchen Erwachsenen nie Respekt. Als Kind hatte ich nicht begreifen können, dass es immer irgendwo auf der Welt Krieg gab. Ich war kein Kind mehr und ich spürte den Krieg in mir.

Irgendwann kam einer mit einer Scheibe Brot und einem Glas Tee und ich sollte sagen, wo ich hinwollte, sollte Namen nennen, weil sie dachten, das Warten hätte mich müde gemacht. Bis zum Abend hatten sie mich meist fortgebracht ins Durchgangsheim nach Rostock. Nur dieses eine Mal ging meine Rechnung auf, ich fühlte die bohrenden Blicke, die alles durchdrangen, jeder Lüge, jeder Unbotmäßigkeit auf der Spur. Die Typen von der Transportpolizei waren geeicht auf Langhaarige mit Jeans und Parka, ach wie sehr wünschte ich mir von meiner Westtante Ursel einen Bundeswehrparka. Besser wäre ich durchgekommen mit schmalem Rock und Bienenkorbfrisur, wenn ich mich verkleidet gefühlt hätte wie immer in diesen Spießerklamotten.

Der Zug wurde langsamer und neugierig blickte ich in immer dunkle Hinterhofschluchten, in Brachen und Breschen, die die Bomben geschlagen hatten. Die Propaganda sagte ja, wir wären der Welt zehntgrößte Industrienation, aber der Blick aus dem Fenster zeigte mir, der Krieg war gerade vorbei. Mochten wohl irgendwo Produktionsanlagen stehen, Uran abgebaut werden, neue Städte aus dem Boden gestampft werden. Hier in Berlin standen die Häuser zertressen wie in Rostock, nur dass alles größer und noch kaputter war. Dass manchmal nur eine unsinnige Türe blieb, die nirgendwohin führte und zugemauert in der Wand stand. R. hatte mir eine Karte mit einem Wichtelmännchen mit roter Zipfelmütze und Stiefeln gesandt, das Nüsse sammelt. Notiert hatte er nur ein Datum. Wir werden ja sehen, was ist. Ob er oder ich vergessen haben, die flirrende Unruhe in unseren Herzen. Wir werden ja sehen, ob sich unsere Hände, unsere Lippen erinnern. Deine Hand an meiner Schulter. Vor der Liebe hatte ich Angst.

Dies eine Mal kam ich durch. Sonst schickten sie mich zurück mit dem nächsten Zug, die Trapo wich nicht von meiner Seite und die Mitreisenden musterten mich angewidert, manche auch mitleidig, bis mich Mutter von der Bahnhofspolizei oder dem D-Heim in Rostock mit nach Hause nehmen konnte. Die Frau vom Universitätsmusikdirektor musste ihr schwarzes Schaf abholen. Rückführung erledigt.

Ein erstes Wiederschen mit R. nach unserem Sommer. Ostbahnhof, du kommst aus der Glastür und blickst auf die Mauer. Nachmittags wollten wir uns treffen, keine genaue Uhrzeit, so hatten wir das ausgemacht. Zwei Stationen bis Bahnhof Lichtenberg. Mitropadunst, Polizeikontrollen, Reisende. Und da waren sie. Die „Haarlekine von Lichtenberg". [34] Lange Haare und Kutten, mit Kugelschreibern die Wörter *Rock* und *Blues* in den blauen Jeansstoff eingraviert. Zigaretten, Sonnenbrillen, feste Stiefel. Die Mopeds und Fahrräder hatten sie alle gleich ausgerichtet in Richtung Frankfurter Allee. Bereit zum Aufspringen. Rauf auf den Bock und rein in den Rock.

Peter Vogel, einer der „Haarlekine",
mit seinem selbst gebastelten Orden

Berlin-Friedrichshain unterhalb der Prachtbauten der Stalinallee, im Jugendclub „Freundschaft" in der Fredersdorfer Straße spielten sie die Stones nach. Der Schweiß lief, die Fäuste gereckt, wir rockten auf engstem Fleck. Körper prallten aufeinander, Knochen knackten, nasse Haare peitschten. Alles war Schweiß, die Luft war feucht von Bier und Schweiß. Ich hopste wie verrückt, um überhaupt etwas zu sehen. Alles klebte. Meene Kleene, raunte mir R. ins Ohr und schon hob er mich hoch und setzte mich auf seine Schultern über dem Taumel. Draußen umfing uns die kühle Novembernachtluft. Alles hätte ich mir ausziehen mögen. Wir wanderten durch die stille, dunkle Stadt, kaum in der Ferne das Rattatattatt eines Trabis. Wo willstn schlafen, bei meinen Ellis geht's nicht. Mir war egal, wo wir ES tun würden, aber dass wir ES tun würden, hatte ich mir in den Kopf gesetzt. Schließlich wollte ich endlich mitreden. Ick bring dir zu nem Kumpel, da kannste bleibn, ick mach ne Flieje. Sicherlich hatte er in Berlin eine Freundin. Mit mir Knochenbraut hatte er doch nichts im Sinn, das brauchte ich mir nicht einzureden. Busen, Lockung, BH-Aufnesteln, das war nicht ich. Gerippe, Hungerhaken, Speiche. Wer so eine nimmt, will eigentlich mit Männern. Ich war Sonja vom Sommer, mehr nicht. Wir folgten den langen, schwarz glänzenden Schlangen der Straßenbahnlinien, vorbei an blinden, zugenagelten Fenstern. Überall verlassene Mietsbauten, hohe Stockwerke, rissige Mauern und Balkone, die schon vom Angucken abfielen. Wer hatte hier gelebt, hatte die Kinder ins Bett gebracht, in die Schule, war arbeiten gegangen, hatte die Wäsche aufgehängt und hieß die Kinder im Hof „Tippel, Tappel, Taps" zu spielen?

Keine Straßenbeleuchtung, nirgendwo. Ob ich mich tagsüber zurechtfinden würde? Jetzt wurden die Hauser niedriger und duckten sich vor kleinen, umzäunten Gärten mit verregneten Herbstastern. R. öffnete eine Gartentür, als ob er hier zu Hause wäre. Kein Strom, eine dunkle Treppe, deren ausgetretene Holzstufen ächzend nachgaben. Im zweiten Stock blieb R. stehen und horchte. Nichts. Er schob die angelehnte Tür auf. Die Wohnung is leer, sonst is nur meen Kumpel da und der tut nix, isn janz Braver, flüsterte R. und zog mich mit sich. Aus seinem Anorak fummelte er eine Kerze und Streichhölzer. Im Rucksack hatte er einen halben Liter Milch, Brot und Kekse. Die Sachen stellte er auf einen wackeligen Tisch, wegen der Mäuse. Doch, an alles gedacht. Auch an mich. Das brennende Streichholz ließ sein Jungsgesicht aufscheinen. Mit allen Wassern gewaschen. Grobknochige, hohe Wangenknochen und Haare, die aus der Stirn zu pusten waren. Wehmütig krampfte sich mein Herz zusammen, wie wenn ich im Chor sang und es so schön war und die Musik so stark, dass ich weinen musste. Mach's jut kleene Schwester. Dunkle Tapeten atmeten feucht Geschichte aus. Die Nacht über fror ich auf einem zerschlissenen Sofa. Morgen wollten wir in den Westen gucken. Mit der S-Bahn zum Bahnhof Plänterwald, da können wir vom Bahnsteig nach drüben schauen, meinte R. Nur mal gucken. Wir würden im Wald spazieren gehen unter den alten Bäumen, in die die sowjetischen Soldaten ihre Sehnsüchte geritzt hatten. Auf der Spree gondelten wie willenlos bunte Tretboote, das Leben leicht, lachend, alles ein Ausflug, alles auf Anfang.

Als endlich der Morgen kam, lag ich immer noch hellwach. Über der dünnen Decke konnte ich meinen Atem sehen. Nichts regte sich. Der Kumpel fand es hier wohl auch nicht so gemütlich und zog anderes Logieren vor. Ich trank die Milch, zog den verschwitzten, rauchgeschwängerten Pulli aus und fuhr mir mit der trockenen Zahnbürste durch den Mund. Den Kopf heruntergebeugt zu den Knien, bürstete ich mir die Haare, bis ich sie mit einem bühnenreifen Schwung über die Schultern gleiten ließ. Meine Löwenmähne. Ich hatte keine Brüste, ich hatte meine Haare. Ich drückte fest zu, steif würden gleich die Brustwarzen. Die Zigaretten waren alle, und überhaupt, hier in diesem verlorenen Stadtteil, in diesem verlassenen Haus würde mich niemand suchen. Denn mir hatten sie in Rostock bei der Polizei Berlinverbot aufgedrückt. Durfte nicht in die Stadt. War ja nicht meine erste Berlinreise. Aber meine erste erfolgreiche. Subjekte wie mich wollten sie in ihrer Hauptstadt der DDR nicht haben. Überall, wohin man schaut, wird aufgebaut. Da ein schönes Kinderheim, dort wird eine Schule sein. Überall, wohin man schaut, wird aufgebaut.

Knarrend ließ sich die Tür zur Nachbarswohnung öffnen. Lebte hier jemand? Ein Kachelofen, daneben das verdorrte Gerippe eines Weihnachtsbaums, nur ein Engel, zerrupfte geflügelte Jahresendfigur, hing noch an der Spitze. Weihnachten. Weihnachten war „Lepzsch", Oma, die ängstlich die Kerzen beobachtete, die krosse Haut der Gans, Kindergeschenke und Punkt acht Uhr innehalten und an die Schwester, Tochter, Tante in Essen denken. Seit fast einem Jahr stand diese Wohnung also leer. Hier hatte eine Familie mit Kindern gelebt, dort zerknülltes Geschenkpapier, verstreute Kleidungsstücke, ein Tablett mit verstaubten Gläsern, als hätte ein Geist es hier abgesetzt. Die Menschen waren fort, weg. Raus aus der DDR, Flucht, Gefängnis? Und die Kinder, wo waren sie? Lautlos schmiegte sich ein Kätzchen an meine Beine. Ich biss mir die Lippe blutig, um nicht aufzuschreien. Nicht auffallen war für mich das Wichtigste, nicht schreien, nicht weinen, nicht laut sein, auch wenn mich niemand hört. Ich hatte genug. Bevor meine Nerven ganz spinnen, raus hier. Ich nahm meine Schultasche, zog die Schuhe wieder aus und lief behänd auf Strümpfen, damit mich in diesem leeren Haus nicht doch noch einer hört, die Treppe hinunter. Die Haustür stand nur angelehnt.

Ich ging schnell und wie zielstrebig, um warm zu werden. Ich wusste schon meinen Weg, niemand sollte auf die Idee kommen, mich anzusprechen. Die Kleene da vorn mit dem Ranzen verkehrt rum, nach vorn aufgeschnallt wie zur Verteidigung, die war doch höchstens dreizehn Jahre alt, ich hörte doch, wie sie es dachten. Stimmt nicht, fünfzehn. Eine Straßenbahn hielt, sie versprach Wärme und ich stieg ein. Endlos fuhren die fast leeren Waggons geradeaus, in denen nur ein paar graugesichtige Arbeiter mit ihren Schnallentaschen und Thermoskannen saßen. Wie eine wütende gelbe Hornisse preschte die Bahn voran. Schneller als die Polizei erlaubt. Über der vierspurigen Straße hing der Sonnenballon und in einem roten Backsteinensemble gähnte ein Gefängnistor, überwuchert von Stacheldraht. Ein Kraftwerk dröhnte, zermalmte die Kohlen, die die Schiffe aus dem Osten brachten, und ein hoher Schornstein spuckte schwarzen Rauch aus in den blitzeblauen Himmel. Osten. Die Richtung konnte nur falsch sein. Ich stieg aus und fuhr zurück, bis ich wieder ein Gebäude sah, das ich schon kannte: ein schmaler Turm mit offenen Fenstern, den mir R. am Tag zuvor gezeigt hatte. Ganz oben, kaum konnten die Arbeiter damals dort stehen, so eng war es, ganz oben im Turm wurde Blei erhitzt, bis es flüssig wurde, und dann ab in den Röhrentunnel. Im freien Fall formten sich die Bleitropfen zu ganz nahtlosen Schrotkugeln, die in ein Auffangbecken platschten. So einfach war das. Sicherlich war jemand damit reich geworden. Mampe halb und halb, aus den wie zum Kehraus geöffneten Lokalen strömte ein zäher Geruch nach zerkochten Kartoffeln, alten Kippen, nach Bier und Hochprozentigem. Eine alte Frau zog ihren Leiterwagen voll Brennholz gebückt hinter sich her, als sei es immer noch ihre letzte Habe, die sie durchs Berliner Flammenmeer retten wollte. Im Fensterrahmen, den schweren Leib auf ein Kissen gebettet, entdeckte ich ein garstiges Gesicht, Blinzeln aus kalten Augen. Die Menschen machten mir Angst.

Die Straßenbahn schoss über die Karl-Marx-Allee, wo sie entlang der Paraden immer alle brav Spalier standen; an einem Rondell mit späten, niedrigen Rosen stieg ich aus und ging hinter den hohen Prunkhäusern durch Seitenstraßen an parkenden Autos und Kinderwagen schiebenden Müttern vorbei in Richtung Alexanderplatz.

Je näher ich dem Herz der Stadt kam, umso lauter und größer die Spruchbänder: „Dein JA zur Verfassung". „Unverbrüchliche Freundschaft mit der Sowjetunion". Überall Baustellen, die sandige Erde aufgerissen in diesem zerteilten Narbengesicht namens Berlin. Das Hotel Stadt Berlin mit 122 Metern Höhe und 2000 Betten, das Haus der Elektroindustrie, die Zentralverwaltung für Statistik, das Betriebsgebäude des Bau- und Montagekombinats Ingenieurhochbau, ein Warenhaus, eine Mehrzweckgaststätte, ein Apartmenthaus, ein Wohnkomplex, das Betriebsgebäude VEB Maschinelles Rechnen, das Haus des Reisens, das Haus der Berliner Verlage, das Betriebsgebäude des ADN, der staatlichen Nachrichtenagentur, Parkdecks.

Berlin. Vor der Mokka-Milch-Eisbar neben dem Kino International wartete ich auf R. In der Mokka-Milch-Eisbar hat sie mich gesehn, in der Mokka-Milch-Eisbar, da ist es geschehn. Gleich kommt er, das

Tirili der Fahrradklingel, gleich springt er ab und sein Lachen sagt, was kostet die Welt. Um mich branden und brausen die Menschenwogen, bunte Einkaufsbeutel, zerfetztes Lachen, ein Kinoplakat mit Gojko Mitić als schöner Winnetou, Autos, die anfahren, ich kann R. nicht ausmachen. Ausweiskontrolle. Das Berlinverbot war in meinen blauen Ausweis gestempelt. In den Beinen Pudding, wie in den Träumen, wenn du nur noch wegrennen willst und kommst nicht von der Stelle. Die Füße im Morast, ich stürzte meterweit bergab in einem Höllentempo, tiefer, immer tiefer sank ich ein. Gelähmt vor Angst starrte ich in das sauber rasierte Gesicht eines Vopos. Es war kein Traum. R. habe ich nie wiedergesehen.

„Die Zusammensetzung und die Anzahl der Gruppen hat sich in der Vergangenheit ständig verändert." Auch die Mokka-Milch-Eisbar stand unter Observation der Staatssicherheit, vermutet wurde hier ein Treffpunkt aufsässiger Jugendlicher:

Man kann aber feststellen, dass ein gewisser Stamm von Jugendlichen jeweils bestehen blieb. Die in dieser Milchbar zusammentreffenden Jugendlichen kommen aus allen acht Stadtbezirken der Hauptstadt. Sie haben einen Altersdurchschnitt von 16 bis 17 Jahren. In diesem Jahr haben sich in der Mocca-Milch-Eis-Bar fünf Gruppen gebildet, deren Mitglieder untereinander und zu anderen Gruppierungen von Jugendlichen in der Hauptstadt einen guten Kontakt haben. Die beiden in der Milchbar verkehrenden Hauptgruppen haben eine Stärke von 30 bzw. 20 Mitgliedern. […] Die Jugendlichen der Hauptgruppe, die etwa 30 Personen umfasst, tragen überwiegend lange Haare. Sie sind fast alle mit „Parkern" (Kapuzenmänteln, Kutten) westdeutschen oder amerikanischen Ursprungs bekleidet. Ein Teil dieser Jugendlichen besucht polytechnische oder Erweiterte Oberschulen, andere sind Lehrlinge oder Facharbeiter. […] Fast alle Jugendlichen dieser Gruppierung haben eine negative Einstellung zu den gesellschaftlichen Verhältnissen in der DDR.[35]

D-Heim Stralau

Ich hab mich verlaufen, die Stadt ist so groß, die Mutti wird warten, wie find ich sie bloß? Der Volkspolizist, der es gut mit uns meint, der bringt mich nach Hause, er ist unser Freund! Das Auto umfuhr die gewaltig sprühende Fontäne am Strausberger Platz und nahm Fahrt auf in der Schnurgeraden der Frankfurter Allee. Warum brachten sie mich nicht zurück zum Bahnhof? Kräne rechter Hand deuteten Hafenanlagen an. Alle Kraft hatte mich verlassen. Ich fühlte mich vollkommen leergepumpt. Vorn saßen die Vopos wie ausgestopft. Hin und wieder warf einer einen Blick zu mir über den Rückspiegel.

Abfällig nannten sie mich Schulmädchen, weil ich ja immer noch meine Schultasche mit mir trug. Als wir vor einem mehrstöckigen roten Backsteingebäude mit vergitterten Fenstern ausstiegen, war alles draußen still. Auch die Männer warteten still nach dem Läuten der Klingel auf Einlass. Das Großstadtrauen lag fern. Ich umklammerte meinen Ranzen und hielt mich ganz sehr aufrecht. Aufrecht würde ich in dieses „fluchtsichere" Durchgangsheim einmarschieren, aufrecht wieder hinausgehen. Dreimal der Blitz, links, rechts im Profil, Stirnseite. Die Haare zurück! Sie konnten mich hier hinsetzen und abfotografieren wie ein Tier im Zoo. Alle Kleider ablegen, Anstaltskleidung anziehen, die nicht passte, und in die Zugangszelle. Wer würde mich vermissen? R., meine Eltern, die auf Konzertreise waren? Bestimmt nicht.

Wer konnte schon wissen, wo ich hingebracht wurde? Manchmal hielt ein leerer Linienbus stöhnend an einer Haltestelle und fuhr aufseufzend wieder fort durch den Herbst mit den nassen, schweren Blättern. Nach Stralau auf die Halbinsel in der Spree kamen Arbeiter für die Flaschenfabrik und die Werften und alte Omas und Opas, die auf dem Friedhof mit ihren Gießkannen die Gräber gossen. Ganz hinten auf der Halbinsel, mit Blick aufs Riesenrad, das mir R. versprochen hatte, sollte es eine Badestelle geben im Sommer, da war ick oft un jetzbinickhier, sagte mir ein Mädchen mit hochtoupiertem Haar und so etwas wie den Spuren von Lippenstift, als hätte sie sich mit Kompott angemalt. Ich wollte mit keiner sprechen, als ich abends ins Zimmer kam. Wir blickten durch vergitterte Fenster in das verwaschene Herbstgrau. Unten lagen Frachtkähne wie Klaviertasten aneinandergereiht. Trauer und Wut war ich. Außer mir war ich und durfte es nicht zeigen. Im Doppelstockbett unten biss ich nachts in meine Hand, bis sie blutete. Das Laken, das Nachthemd. Ärger wird es geben. Am nächsten Morgen lächelte mich das Mädchen von gestern an, mit verzogenen Mundwinkeln. Ich traute ihr nicht. Aber welcher hier konnte ich denn glauben. Nie habe ich eine gefunden, mit der ich mich über Bücher unterhalten konnte. Ich war immer fremd. Wo ich war, war ich fremd.

Ingrid, die Berlinerin, tat, als würde sie die Welt kennen. Dabei war sie höchstens 16. Sie sah aus, wie ich mir R.s Freundin vorstellte. Lange Haare, die sie in eine Frisur kriegte, hohe Brüste, steif und spitz. Zickig bis unter die Fußnägel. Na klar, sie hatte schon. Mit Männern geschlafen. Also mit *Männern*. Die älter waren. Ingrid lachte, was weißt du denn schon. Sollte sie doch lachen. Mein Sehnen war meines. Sie hatte keines, vielleicht, weil sie nicht leiden wollte. Sie hatte einen Freund gehabt, aber Illusionen, nein, die machte sie sich nicht. Vor Stralau hatte sie für so zwei Wochen nach Torgau gemusst zur Abschreckung. Weil sie zusammen mit einem anderen Mädchen aus irgendeinem Spezialheim ausgebrochen war. Im Speiseraum musste sie angekettet an der Heizung stehen, während die graue Armee der Mädchen mit den fahlen Gesichtern lautlos ihr Essen einnahm. Demnächst wieder zurück in den Geschlossenen, sagte Ingrid, dann gute Nacht. Danach siehst du keinen wieder. Und dich erkennst du auch nicht mehr. Ich hörte mir alles von ihr an, sie war wirklich ein Flittchen. Dachte ich. Und Torgau schien die Hölle zu sein. Aber vielleicht wollte sie sich auch nur wichtigmachen.

Flitzer, Flitzer, Flitzerin, sang sie und die Erzieherin verbot es sofort.

Im D-Heim waren fast alles Flitzer. Die sind immer wieder abgehauen aus dem Kinderheim im Nirgendwo, weil sie es nicht aushielten, eingesperrt zu sein, und wollten sich nicht bessern. Hier waren auch viele, die von zu Hause weggelaufen waren. Da würde man sich vielleicht um sie sorgen und sie kämen zurück und würden einen Neuanfang machen. Kinder, die in der Regel zwischen drei und 13 Jahren alt waren, landeten im D-Heim Stralau – ich war mit 15 Jahren eine der Ältesten hier –, elternlos oder abgehauen aus ihren zerkrachten Familien, Missbrauchsopfer, von der Polizei eingesammelte Streuner, Stricher und kleine Diebe, die für eine Tafel Schokolade aus der Schule, aus dem Leben geholt wurden. Dazu kamen von Grenzern an der Mauer aufgegriffene oder aus Kofferräumen gezerrte Kinder. Bis entschieden war, ob die Kinder zurück zu den Eltern kommen, ob sie in ein Heim oder in den Jugendwerkhof müssen, waren sie hier unter Verschluss. Für einen Tag, für Monate. Keiner von uns wusste es. Kinder, deren Eltern im Gefängnis saßen, malten oder schrieben Briefe. Die Erzieher sagten ihnen, dass sie die Bilder und Briefe den Eltern schicken würden. Das hilflose Versprechen konnte die Kinder nicht trösten.

Ich käme zurück zu Mutter und Hans-Jürgen in seiner hilflosen Erleichterung. Würde am Hafen sitzen und träumen. Wann hatte das letzte Mal jemand gefragt, wie es mir geht? Niemand sollte mir etwas anmerken, damit mir niemand mehr wehtun kann. Bald würde ich wieder nach Hause kommen und meine Freunde sehen und fragen, was war, was ist. Ich wusste doch, dass sie mich wieder nach Rostock bringen. Aber warum vertraute ich darauf?

Es gab auch ganz kleine Mädchen hier, eines war vielleicht sieben oder acht Jahre alt, immer hielt sie sich an sich selbst fest, die Arme vor dem Körper verschränkt. Sie hatte einen noch kleineren Bruder, für den sie manchmal eine Hand vom Körper nahm und ihn zu sich zog. Sonst gab es keine Jungs hier. Auf unserer Etage hing eine Voliere mit nervös schnellflatternden Wellensittichen darin. Federn flogen, aufgeregt kämpften die bunten kleinen Vögelchen umeinander, um ein bisschen Platz, und brachten den Käfig ins Taumeln. Ich konnte nicht hinsehen. Der Geruch des ungepflegten Käfigs setzte sich mir in der Kehle fest. Das kleine Mädchen hielt einen Finger in den Käfig und flüsterte beruhigend auf die Vögel ein. Sie wollte sie streicheln. Ich berührte sie zaghaft an der Schulter und sie wurde steif, war nur noch spitze Knochen. Das kleine Mädchen ließ sich von mir führen und ich setzte es auf meinen Schoß und flüsterte ihr das Märchen von der Frau Holle und den zwei Töchtern vor, wo die eine gemein und böse war und die andere alle schwere Arbeit machen und den ganzen Tag spinnen musste, bis sie blutige Finger bekam, und schließlich auf einer schönen Blumenwiese aufwachte, nachdem man sie gezwungen hatte, in einen dunklen tiefen Brunnen zu springen. Das kleine Mädchen saß warm auf meinen Knien, doch den Rücken hielt sie durchgedrückt. Sie war noch ein kleines Kind und so voller Angst. Ich wollte sie wiegen und hegen und in meinen Armen halten, aber ich blies ihr nur vorsichtig in den Nacken. Sie lächelte nicht einmal. Ich erzählte weiter und die Worte und der Klang meiner Stimme beruhigten uns beide, als wenn ich sie gleich zu Bett bringen würde. Ein Küsschen noch und alles ist gut.

Mehrmals am Tag hieß es antreten in einer Linie im Flur. Dann wieder waren wir uns selbst überlassen bis auf die Sporteinheiten im Hof. Kniebeugen, Taschenmesser, gestreckter Hochsprung. Hinten über der Mauer ist draußen. Es roch nach Herbst und reifem Obst wie von einer Gärtnerei oder als wären wir von Schrebergärten umgeben, es roch nach den letzten knallfarbenen Dahlien und den blauen Astern. Die Erde kam zur Ruhe, bald würde es kaum noch hell werden. Morgens lag überall Raureif und unser Atem verwehte in kleinen Wolken.

Mit welchem Recht sperrten sie uns hier ein? Selbst Stalins Tochter lebte jetzt in der Schweiz. Mir war klar, durch alles, was ich gelesen hatte, dass das unmenschlich und unnormal ist, was die mit uns machen. Ich wollte Freiheit. Locker und leger schlenderte ich zum Fernseher, und ehe die Erzieherin begriff, welche Untat ich begehen wollte, liefen die Westnachrichten. Das Berliner Ensemble tritt mit Brechts „Der aufhaltsame Aufstieg des Arturo Ui" erstmals in Westberlin auf. Der Schoß ist fruchtbar noch, aus dem das kroch. Ich wollte fragen, ich wollte unbequeme Sachen sagen dürfen, zweifeln, alles anzweifeln, ich wollte das tun, was ich wirklich wollte. Ich wollte mich ausprobieren, neu und anders, wie und wann und wo ich wollte, ohne Angst, ohne die Angst im Hinterkopf, die sie uns eingeimpft hatten. Die Fragen hämmerten durch meinen Kopf, sie wollten raus. Ich konnte sie nicht zurückhalten. Ich schrie sie aus mir.

In der grauen Einzelzelle im Keller herrschte Stille. Grabesruhe ließ alles Geschrei, ließ allen Kommandoton irreal werden. Niemand störte mich unten auf den Steinfliesen, ineinandergefügte Eisquader, ich saß im Iglu und dachte an R., wie er mit seinen langen Schritten zum Strand hoch auf mich zukam, Wasserperlen auf brauner Brust. Wie er wild und kurz den Kopf schüttelte und in hunderttausend silbrigen Funken ihn die Tröpfchen umsprühten und auf meine heiße Haut fielen. R. trug nur seine Turnhose. Er war schön, schlank und sehnig und er war nicht eitel. Ich legte meine eiskalten Hände zwischen die Beine in den Schritt und krümmte mich vor Sehnsucht und Lust. Tage und Nächte verwoben sich ineinander.

Seit 1961 galt die „Anordnung über die Durchgangseinrichtungen mit einer Anlage über Sicherheitsbestimmungen zur fluchtsicheren Unterbringung" mit der Forderung: „In jedem Durchgangsheim (-station) sind zur Unterbringung besonders schwieriger Kinder oder Jugendlicher Isolierzellen einzurichten."[36]

Pro Heim sollten mindestens vier Zellen mit vergitterten Fenstern, ohne von innen zugängliche Lichtschalter vorhanden sein. Die Unterbringung im Isolierzimmer dürfe nicht als Strafmaßnahme erfolgen, hieß es auf einer Arbeitstagung der Heimleiter, sondern die Voraussetzung dafür müsse die „Gefährdung des Personals" sein.[37]

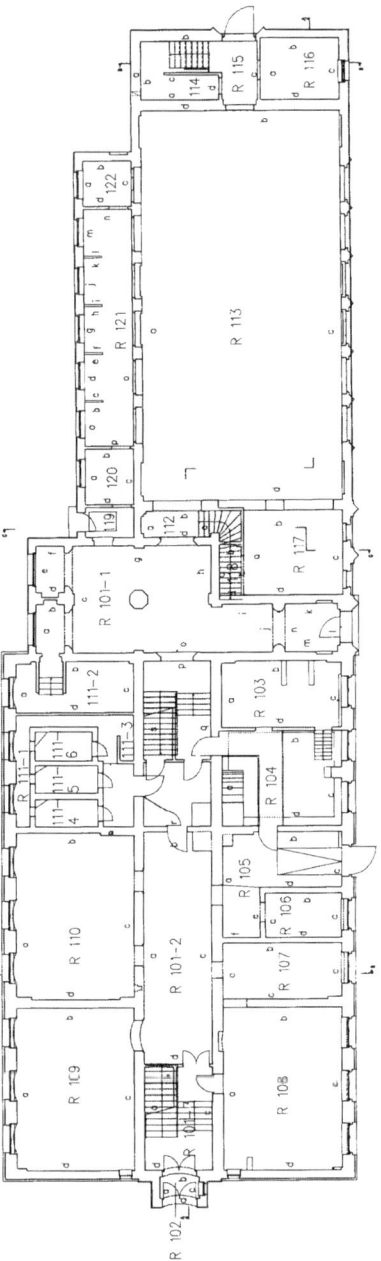

Durchgangsheim Berlin-Stralau (heute Thalia-Grundschule),
mittig die Isolierzellen (R 111–4 bis R 111–6)

Zurück

Eines Morgens, als die anderen Mädchen auf Lastwagen gedrängt zur Arbeit gekarrt wurden, setzten sie mich in einen Wartburg und zwei kettenrauchende Vopos fuhren mit mir über die Landstraßen und die Schlaglöcher und die spritzenden Pfützen in Richtung Norden. Am liebsten hätte ich bei Oma gesessen, in den Ohrensessel gekuschelt und ein Buch auf den Knien, bei Kerzenlichtern, Zimtsternen, bei warmem Milchreis mit Winterapfelmus. Aber das konnte ich ihr nicht antun, dass ich ankam wie verhaftet. Ich war zurück. Das Rostocker D-Heim in der Carl-Hopp-Straße 4 war schrecklich überbelegt, die 18-Tage-Frist, bis sie wieder nach Hause kamen oder bis zur Heimzuweisung, wurde bei den meisten Insassen überschritten. Tagsüber saßen wir Ankömmlinge jeder für sich in ganz kleinen Buden, einzeln eingesperrt.

Rostock war Küste, Hafenstadt, Tor zur Welt, nördlichster Grenzbezirk. Weniger als Hamburg und Lübeck, aber mehr als Wismar und Stralsund: Nach Rostock kamen viele Jugendliche, noch die Strandbilder vom Sommer im Kopf. Leiser, vom Sand geschluckter Tritt durch Kiefernwälder, dahinter lag glitzernd das Meer und das Versprechen von Freiheit.

Tag und Nacht rangierten die Güterzüge, endloses Rollen und Quietschen auf den Gleisen. Rostock-Bramow. Einschluss. Die Doppelbetten im Schlafraum waren überbelegt und eine widerliche, scharf nach Urin stinkende Matratze lag für mich auf dem Boden, das war's an Bettzeug. Und da saßest du nun, wiegtest dich und konntest nicht schlafen und im Kopf nagte die Frage, wie lange noch, wie lange noch. Wann komme ich hier raus und kann duschen. Endlich frische Sachen anziehen. In Stralau hatten sie die persönliche Habe in ein kleines, unbelüftetes Zimmer gesteckt und der Muff haftete an mir wie Spinnenstaub. Für alle Jugendlichen ab 14 Jahre hieß es vom zweiten Aufenthaltstag an eingliedern. In den Arbeitsprozess im Heim oder in einem sozialistischen Betrieb. Schuften in der Küche, in der Wäscherei. Schließlich kostete ich jeden Tag über zwei Mark, beim Abholen wird Mutter mir wieder Vorhaltungen machen über meinen Kuraufenthalt, den sie ja schließlich zu bezahlen hätte. Ihr war's doch egal, ob ich im Gefängnis saß oder in der Straßenbahn.

Die einen liefen morgens hinüber zur RoKoMa, die Früchte für die Marmeladenfabrik brachte die Bahn übers eigene Stichgleis nur für die Fabrik an. Tonnen von Kirschen und Pflaumen mussten entsteint werden, Johannisbeeren, Himbeeren sortiert und vom Grün befreit. Fruchtsäure fraß sich in die kleinsten Hautrisse. Die anderen, auch ich, machten Fischfarsch: den angetauten Fisch köpfen, ausweiden, waschen, Gräten ziehen, das Fischfleisch fein zerkleinern. Wir Mädchen unterschieden uns nicht von den Frauen mit den weißen Kopftüchern und den Kitteln, wir arbeiteten schnell wie die Fischarbeiterinnen auf die Pause hin. Der Fischgeruch durchdrang alles. Alles roch nach Fisch. Der Ekel stieg in mir auf, wenn meine Hand wieder nach dem glitschigen kleinen toten Körper greifen musste und das Messer durch Gräten und Fleisch drang. Ja, das war Rostocks Stolz neben den Werften, der VEB Fischkombinat. Unsere Fangflotte war mit 101 Schiffen nun größer als die von drüben in Fischtown Bremerhaven, und der Fisch kam aus Grönland, Neufundland, von den Färöern, der Fair Isle, den Shetlandinseln, der Biskaya, er kam von der Bäreninsel, von der norwegischen Küste, der Aberdeenbank in der Nordsee. Unsere Fischer waren draußen, auf Jagd nach Hering, Lachs, Thunfisch, Sardinen, Makrelen, und sie kamen nur an Land, um wieder aufs Meer hinauszuziehen.

„I was born in a crossfire hurricane": Ich kam zur Welt in einem Kreuzfeuerwirbelsturm, sang Mick Jagger, Jumpin' Jack Flash, über die Nächte, als deutsche Bomber ihre Angriffe über Kent, Sussex, London flogen, 1943, 44. Meinen 16. Geburtstag am 4. März feierte ich bei Bubi. Bubi, so nannte ich Hannes, denn eigentlich stand ich auf Diskussionen und auf Ältere. Aber er hatte die ganze Bude für sich allein, sein Alter war Kapitän und so gut wie nie daheim, und seine Mutter, na ja, sie ging gern aus. Der Kapitän hatte ein ordentliches Flaschendepot, Hannes bat mich inständig, bei ihm zu feiern, lud seine Freunde ein und ich sagte zu. Bis zehn Uhr in der Nacht hatte ich Ausgang. Meine Armbanduhr hatte ich beim Flaschendrehen als Erstes abgelegt. Wieder läutete es Sturm an der Tür, wieder die Nachbarn, weil die Musik so laut war? Nein, im Türrahmen stand wutschnaubend Mutter. Links und rechts klatschten die Ohrfeigen, ich duckte mich weg unter den Schlägen und sammelte meine Kleidungsstücke vom Boden. Meine Mutter: „Du bist die absolute Schande der Familie. Das ließ sich schon sehen auf diesem Foto am Strand, zwei Jahre warst du alt und hattest die Badekappe voll Wasser über mich gekippt. Damals schon, da konnte man schon sehen, dass du böse bist." Dass ihr das jetzt einfiel, mitten in der Nacht.

22 Jahre FDJ stand am 7. März 1968 an. Überlegt euch gemeinsam, was ihr zum FDJ-Geburtstag unternehmen wollt! Ich wollte nur noch weg. Statt Guten Tag sollten wir sagen: Sozialismus. Freundschaft. Das FDJ-Büchlein hatte ich dem Pionierleiter vor die Füße geschmissen. Geschämt hätte ich mich mit dem Blauhemd. Aber nein, so leicht ließen sie mich nicht davonkommen. Man kann nicht freiwillig aus der FDJ austreten. Sondern man kann nur ausgeschlossen werden. Ich wurde gefragt, ob ich meinen Antrag auf Austritt zurücknehmen würde. Das verneinte ich. Sie hielten mir vor, was man in den letzten Jahren alles über mich gesammelt hatte. Von allen Seiten hieß es, Stellung zu beziehen. Nach vorne treten. Ich habe zu diesen Angriffen nichts zu sagen. Ich weinte. Es wäre gut, wenn Sie weinend vor das Pult träten und erklärten, sich bessern zu wollen. Und sich verpflichten, der FDJ die Treue zu halten.

Wir hatten uns durch den Winter gefroren, und über allem schwärte der gelbliche Braunkohlenqualm aus den Schornsteinen, der sich

giftig auf die Bronchien legt. Wieder standen wir vor unserem Contergan-Brunnen mit den gedrungenen Vorbildern aus unserer deutschen demokratischen Lebenswelt. Gegenüber eilte die Bürgerin mit
ihrem müde wehenden Dederonbeutel zum Einholen ins Centrum
und wir äfften sie nach, wie sie tiptiptip die Stufen hinauflief mit ihren Pfennigabsätzen, links, rechts die wohlgenährten Wadenstrümpfe
ausschwenkend unter dem engen Rock, mit den Speckröllchen an der
Hüfte, rechtslinks. Manchmal lag ich wie ohnmächtig auf den Treppen
des Kaufhauses und wartete, die Lippen vor Lachen zusammengeknif-
fen, bis jemand glaubte, sich kümmern zu müssen. Dann verdrehte ich
die Augen, bis nur noch das Weiße sichtbar war, und flüsterte, schon
wieder gut, wieder gut, geht schon. Wir wollten sehen, ob sich die Menschen aus der Reserve locken lassen. Und dann schimpften wir lauthals
über das immergleiche Angebot und allen blieb der Mund offen stehen.
Rausgeschmissen wurden wir aus dem Kaufhaus, rausgeschmissen gehörten wir aus der Gesellschaft. Dann saßen wir eben wieder draußen
und haben gelacht. Unsere lässige Präsenz störte. Sie störte einfach die
noch nationalsozialistisch geprägte Wiederaufbaugeneration. Geht arbeiten, ihr Drückeberger, hieß es. Arbeiten? Sehn wir so aus? Wir spielten. Dass wir um unser Leben spielten, war uns nicht bewusst.

Wir saßen hier fest. We're not going to San Francisco, some flowers
in our hair. Wir planschten nachts und nackig im Schwanenteich. Der
Hippie Trail, Anitas Bar in Sant Carles, die Strände Ibizas, der Pudding-
Shop und das Heroin in Istanbul, Goa, das Kathmandu Guesthouse –
die Ferne war ein nichtiges Versprechen, davor lag die Staatsgrenze.
Drüben in der BRD skandierte noch 1966 Bundeskanzler Ludwig Er-
hard in einer Wahlkampfrede gegen die Gammler und Hippies, solan-
ge ich regiere, werde ich alles tun, um dieses Unwesen zu zerstören.
Und die NPD forderte „das ganze Problem radikal und im Sinne des
gesunden Volksempfindens zu lösen". In Johnny-Cash-Manier landete
Freddy Quinn drüben den Hit „Wir": „Wer will nicht mit Gammlern
verwechselt werden? Wir! Wer sorgt sich um den Frieden auf Erden?
Wir! Ihr lungert herum in Parks und in Gassen, wer kann eure sinnlose

Faulheit nicht fassen? Wir! Wir! Wir!" Das *Neue Deutschland* schrieb am 17. Oktober 1965 über uns, die „Amateurgammler": „Das sind junge Menschen, die Helden zu sein wähnen, indem sie die Gammler westdeutscher Prägung nachahmen, die dort auf Straßen und Plätzen herumlungern, herumpöbeln und herumrempeln. Ihr Anblick bringt das Blut vieler Bürger in Wallung: verwahrlost, lange, zottlige, dreckige Mähnen, zerlumpte Twist-Hosen. Sie stinken zehn Meter gegen den Wind. Denn Waschen haben sie ‚freiheitlich' aus ihrem Sprachschatz gestrichen. Und von einer geregelten Arbeit halten die meisten auch nichts." Dann war ich eben negativ-dekadent oder auch feindlich-negativ-dekadent, irgendwo in die kriminelle Ecke gerückt. Viel Feind, viel Ehr, davon wunschträumte das Ministerium für Staatsicherheit, das Schild und Schwert der Partei. Meine Freunde waren alle viel älter als ich, und das hat mir imponiert, dass die viel freier waren als ich, die ich in ihren Augen vielleicht immer die kleine Schwester blieb, die aus gutem Hause.

Der Beat trennte uns von unsren Eltern, er machte uns zu uns. Der Beat schaffte die Zusammengehörigkeit, wir waren es, die die gleiche Musik liebten, die Haare lang trugen und die unter der gleichen Verachtung litten, wenn wir es auch nicht zugeben wollten. Stell dir vor, einer reißt 'ne Fahne ab, ein Losungsbanner, da stellen sich doch gleich zwei daneben, die das Ding beschützen, und der Dritte zeigt dich an. Die Partei fürchtet uns, die Partei fürchtet die Jugend. Che Guevara, der Anschluss an die Welt ist uns verboten und Ulbricht trug wie immer täglich den Anflug seines säuerlichen Lächelns in die Klassenzimmer. Unser Leben, unser ganzes Sein ist Protest. Wir waren dagegen und das mit ganzer Kraft. Die Grundlagen der marxistisch-leninistischen Philosophie, im Papierkorb. In Prag fordern die Studenten den Rücktritt von Staatspräsident Novotný, weil er verantwortlich ist für die Säuberungen der Stalinzeit. Die wagten was, die wollten Aufklärung, die gingen auf die Straßen, wurden verprügelt und gaben nicht auf. Warum machen wir das nicht wie in der ČSSR, da würde der Spitzbart mit den schmalen Lippen mal sehen, wo er bleibt. Undenkbar bei uns. In Polen, in Warschau und in Krakau, liefern sich Studenten und Arbeiter Straßenschlachten mit der Polizei. Der Widerstand gegen die kommunistische Allmacht im Keim erstickt. Aber da, wenige hundert Kilometer südlich von uns, haben unsere Nachbarn die gleichen Probleme, doch da gibt es Bewegung, während wir in eisiger Erstarrung weiterleben werden. Dreitagereisen vom Deutschen Reisebüro nach Prag, Busfahrt, Essen, Stadtrundfahrt, Mitternachtsshow in der Alhambra, sind abgesagt und die Partei, Ulbricht, Honecker, Axen, Norden, Hager, sichert sich ab für die sozialistische Menschengemeinschaft in der besten aller Welten.

Im Frühjahr 1968 drängten die Nachrichten aus Prag bei uns politisch interessierten Schülern durch die Westsender. Wir glaubten, dass wir die Entwicklungen in der ČSSR offen ausdiskutieren sollten. Es waren doch unsere Ideale, Menschlichkeit, Demokratie, Gleichheit und Freiheit, Sozialismus wirklichen Fortschritts. Warum sollten wir nicht darüber sprechen, in der Schule, auf der Straße? Als konterrevolutionär geißelten die SED-Funktionäre die Entwicklungen in Prag.

Am 22. März musste in Prag Antonin Novotný gehen, der die ČSSR fast fünfzehn Jahre mit diktatorischer Hand gelenkt hatte. Doch wir merkten, dass etwas im Schwange war. Warum zerfurchten die sowjetischen Panzerketten die Rostocker Ausfallstraßen? Wohin fuhren sie? Was hatte das zu bedeuten? Panzerkommunismus. Manöver in Richtung Prag. Hast du durch die Stadt fahren sehen, die Russen. Wir wussten, wo sie hinsollten. Wenn sie die Tschechen jetzt knacken, dann sind wir noch schlimmer dran. Dann ist hier zappenduster.

„Am 6. ist die beste Tat dein Ja für unsern Friedensstaat." Die DDR-Führung unter Walter Ulbricht beeilte sich, im April 1968 die neue Verfassung durchzuboxen, ehe allzu viele Diskussionen über einen möglichen Reformkommunismus auch in der DDR mundtot gemacht werden mussten. Freie und geheime Wahlen sollte es für die zwölf Millionen DDR-Bürger geben. Vor angeblich 75 000 Menschen sprachen Erich Honecker, Mitglied des Politbüros, Sekretär des ZK, und Gerhard Götting, Vorsitzender der CDU und Stellvertreter des Vorsitzenden des Staatsrates, der meinte, „dass wir alle aus freiem Willen den Weg des Sozialismus und des Friedens eingeschlagen haben". Genosse Honecker gab sich launig: Jeder, der an der Verfassungsaussprache teilgenommen habe, könne mit Fug und Recht behaupten: „Auch ich habe diese Verfassung mitgeschrieben, sie ist meine Verfassung wie auch die DDR mein Staat ist." Nach den offiziellen Angaben der Kommission zur Ausarbeitung der neuen DDR-Verfassung nahmen an der sogenannten Volksaussprache vom 31. Januar bis zum 26. März elf Millionen Bürger teil, die 12 454 Änderungsvorschläge einreichten. Hochrufe, als Erich Honecker die Grüße des Staatsratsvorsitzenden Walter Ulbricht übermittelt. Die von der Herder-Oberschule reckten über ihren Köpfen ein Transparent mit der Mahnung des Staatsschriftstellers Johannes R. Becher: „Seid euch bewusst der Macht. Die Macht ist euch gegeben, dass ihr sie nie, nie mehr aus euren Händen gebt." Die von SED und FDJ organisierten Studenten, die ihre Ja-Schilder für die Verfassung durch die Innenstadt trugen, belächelten wir.

„Morgen ist ein großer Tag für unsere Republik – ein jeder sich entscheiden wird für Frieden, Wohlstand, Glück." Fragen brauchten wir nicht zu stellen, die stumm Wartenden vor den Geschäften sprachen für sich, und wer sich dagegen wandte, auch nur mürrisch wurde, dem wurde gesagt, dass das objektiv dem Gegner nütze. Über Argumente des Gegners wurde nicht diskutiert. Früh am Morgen des 6. April zogen FDJ-Spielzüge durch die Straßen, das Volk aufwecken zum Gang an die Urne. Das Fernsehen zeigte Bilder von Familien, die Kinder mit JA!-Fähnchen, beim Gang zur geheimen Stimmabgabe. Als wenn sie alle endlich dem Ja-Geschrei auf den Straßen und den Plakaten entkommen wollten, strebten die Menschen in ihren Haus- und Betriebsgemeinschaften, FDJ- und FDGB-Gruppen in die Wahllokale. Wir gehen falten. Kabinennutzung war keine Pflicht. Also. Wir gehen wählen, wir im Kollektiv. Wahlschlepper klingelten an den Türen der Säumigen und wem das einfach zu viel Stress war, der ging halt Zettel falten.

Ein Nein in der Wahlkabine war so gut wie unmöglich, mussten doch die meisten vor Kollegen, Nachbarn und Wahlvorstand offen ihre Stimme abgeben. Klar war uns, wie dieser Volksentscheid am 6. April 1968 ausgehen würde. Alle würden sie mit Ja stimmen, dabei war es auch möglich, Nein zu sagen. 94,54 Prozent für die Partei. Wahlbeteiligung 98,10 Prozent. Jubel auf den Straßen, ausgelassen tanzende Paare im Politrausch. Mir stellten sich die Härchen auf den Unterarmen auf, wie immer, wenn ich etwas besonders scheußlich fand. Ulbricht will den sozialistischen Idealstaat mit sozialistischen Menschen. Keinen Platz darin haben das Recht auf Meinungs- und Versammlungsfreiheit, die Freizügigkeit jedes Einzelnen. Keinen Platz darin haben wir. Das *Neue Deutschland* propagierte am 6. April 1968 auf der Frontseite: „Eine Million Bürger demonstrieren für unsere neue Verfassung." Nun hatten wir also eine neue Verfassung und wurden weiter von den alten Männern regiert. 5,46 Prozent der Wähler haben mit NEIN gestimmt, 1,9 Prozent der Wahlberechtigten sind erst gar nicht hingegangen. Wählen gehen konntest du sowieso nur, wenn du auf der Wählerliste standest; Missliebige waren hier nicht verzeichnet.

Mit der Ablösung der Nomenklatura in Prag keimte erstmals seit der blutigen Niederschlagung des Aufstandes am 17. Juni 1953 die Hoffnung auf mehr Demokratie, darauf, dass sich die Tür zur Freiheit einen kleinen Spalt auch für uns öffnet. Zum internationalen Jahr der Menschenrechte, ausgerufen von der UNO, hatten wir unsere 5-, 10- und 25-Pfennig-Briefmarken. Da saßen wir 1968 im Osten, während sie drüben nach Ho-Ho-Ho-Chi-Minh riefen und von Maos Parteifibel schwärmten. Martin Luther King war tot. Ermordet.

Mike, es war nicht sein richtiger Name, so viel wusste ich von ihm, wenn auch sonst nichts, hatte die Gitarre mitgebracht. An seiner Jeanskutte hatte er rechts die blau-weiß-rote Trikolore der ČSSR und links die Kanüle einer kleinen Spritze geklemmt. Wir lassen uns nichts einimpfen vom System. Mike stand auf französische Chansons. An die schönen Schallplatten mit den Covern von Françoise Hardy, Serge Gainsbourg, Johnny Hallyday kam er über Prag. Schon 1966/67 war Prag unser Sehnsuchtsziel. Auf dem Altstädter Ring fuhren keine Autos, dort traf sich die Jugend an dem immer blumengeschmückten

Denkmal für Jan Hus, der für die Wahrheit starb. In den großen Kaffee-
häusern, dem Savoy oder dem Louvre, konnte man unbehelligt ganze
Lesetage verbringen, die Zeitungen waren aktuell, bunt, voller Esprit
und allem, was neue Hoffnungen, neue Entwicklungen, neue Freiheiten
verhieß. Auf der Karlsbrücke besangen die Langhaarigen den Sonnen-
untergang. Hier durfte man auf der Straße sitzen, ohne gleich von der
VP gemaßregelt zu werden. Davon erzählte Mike. An der Grenze filz-
ten Zoll und Transportpolizei die Reisenden, damit auch ja kein Quänt-
chen des unbequemen Zeitgeistes herüberschwappen und zur Erosion
unserer sozialistischen Lebensumstände führen konnte: Konfisziert
wurde die *Prager Volkszeitung*, wurden „Beat-Material" und bunte An-
stecker. Die ČSSR ließ den doppelten Grenzzaun abtragen und hob das
Grenzgebiet von 500 Metern zur DDR auf.

Bevor er loslegte, fuhr sich Mike mit dem Finger über die Unter-
lippe wie Jean-Paul Belmondo. Irgendwie hatte er sich „Et moi, et moi,
et moi" von Jacques Dutronc beigebracht und wir skandierten: J'y pense
et puis j'oublie, c'est la, c'est la vie! So wie die Westdeutschen oder die in
England, Spanien, Frankreich mal einen Hut umdrehen und dann kommen sie schon, die Münzen, das war bei uns nicht. Geklaut haben wir
nicht. Gut, hatte ich fünf Bücher gekauft, ließ ich das sechste mitgehen.
Manchmal habe ich zu Hause Zigaretten genommen, Marke Orient. Sie
lagen plattgedrückt in einer ovalen Auffüllschachtel. Auch das Mund-
stück war oval. Echte Orient-Tabake versprach der VEB Jasmatzi Dresden. Auf der Packung war ein Felsgestein in Schlüssellochform zu sehen,
das Einblick in den Übergang zu einer anderen Welt, zu der des Orients,
gewährte. Die Präsentschachtel der Eltern hatte Zwischenlagen, aus jeder nahm ich mir, ein, zwei, drei. Von zu Hause mochte ich nicht gern
etwas mitnehmen. Ich wollte nicht mit einer Diebin gleichgesetzt werden, dafür musste ich mir schon genug anhören.

In den Tagen vor der Volksabstimmung trugen wir ein weißes Plakat durch die Straßen, ein wenig stolz war ich auf unsere, wie ich fand,
wunderbar absurde Idee. Denn wir hätten ja allen möglichen Unsinn
auf unser Plakat schreiben können – auf eine blanke Fläche ließ sich

alles projizieren. Dubček. War seit dem 5. Januar Parteivorsitzender der KPČ in der ČSSR und führte Wörter mit sich wie Wahrheit, Menschlichkeit und Freiheit. Wir hatten im Januar den Beschluss der Volkskammer zu schlucken, die einstimmig Strafverschärfung für politische Delikte beschlossen hatte, sei es nun „staatsfeindliche Hetze", „Zusammenrottung", „Nachrichtenübermittlung" oder auch „asoziales Verhalten". Die Verhaftungen in unserer Clique häuften sich nun.

„Zur Klärung eines Sachverhalts", und wieder war einer von uns verschwunden und keiner wusste, wo suchen, denn bis in die Elternhäuser reichte unser Kontakt nicht. Und ich wurde wieder einkassiert.

Mitten in Rostock auf dem Glatten Aal, der so hieß, weil sie hier im Mittelalter bei Festen mit bloßen Händen die zittrigen Aale aus dem Kaltwassertrog fingen, lag ein mehrstöckiges Gebäude, am Ernst-Thälmann-Platz, ehemals am Neuen Markt, gegenüber dem Backsteintrumm der Marienkirche. Der Glatte Aal diente wie der Neue Markt als Hinrichtungsstätte, und in der Hysterie der Hexenverfolgung mussten im Jahr 1584 17 Frauen und ein Mann auf dem Scheiterhaufen sterben.

Im Volksmund hieß das Heim mit den vergitterten Fenstern, in das sie mich brachten, Tripperburg. Mitten am Neuen Markt, die Straßenbahn rauschte vorbei, gleich in der Nähe vom Rathaus, von der Post. Jeder wusste, was es mit diesem knastähnlichen Gebäude und seinen Bewohnerinnen auf sich hatte. Hier wurden Frauen interniert, die als hwG, Personen mit häufig wechselndem Geschlechtsverkehr, galten. Das Kürzel stand hinten in ihrem Pass gedruckt, die Seite ließ sich nur noch herausreißen. Wer wollte denn zählen, wann und wo Frauen mit Männern schliefen? Prostitution war verboten; in der Messestadt Leipzig mit ihren Ausstellungskojen und der Hafenstadt Rostock mit den vielen Männern und der Heuer geduldet. Flaggen aller Länder, mit den Schiffen im Überseehafen rollten die Seeleute heran wie die Brecher auf See. Dollars gegen DDR-Mark.

Ich wurde zwangsuntersucht. Jungfrau. Wer dachte sich diese Strafmaßnahme aus, wer war verantwortlich dafür, dass ich vielleicht bei meinen Freunden auf der Straße als hwG gelten sollte? Schlampe. Mit

15 Jahren. 9. Klasse. Aus der Schande habe ich mir nichts gemacht. Die Maßnahme hat nicht gezogen. Rührend kümmerten sich die Frauen um mich, sie nahmen mich als ihr Ersatzkind unter ihre Fittiche. Natürlich hörte ich viele Geschichten, die ich nicht hätte hören sollen. Schwärmereien aus dem Storch, der Storchenbar an der Langen Straße, kurz bevor ein Schiff auslief, wie dann noch einmal gefeiert wurde, alle kamen sie ein letztes Mal runter von Bord und die Flaschen rollten überall umher, die Tanzfläche ein Leiberbersten, alle klatschten mit, und auch die Kellner sturzbesoffen. Wenn der Internationale Klub der Seeleute in der Altstadt um 22 Uhr die Schotten dicht machte, ging es hoch her im Storch. Die Griechen waren schöne Männer und spendabel und die Italiener erst, die Türken mit ihren Schnauzern ebenfalls, die Inder wackelten mit ihren Turbanen, Koreaner, Japaner, die Philies von den Philippinen sangen, alle kamen und wurden bedient. All you want, you get. Geschäftssprache im Storch war Englisch. Kannste mal sehen, was so 'ne Goldmuschi wert ist. Hinter all dem selbstbewussten Geprahle hörte ich die Verzweiflung in den Stimmen der Frauen. Aus dem Knast kommen und nicht wissen wohin. Erst mal in den Storch. Ehe futsch, Kinder im Heim, eins davon war ein Schokobaby, all this happens beim Landgang.

Die Tripperburg sollte Abschreckung, Demütigung sein, aber ich fühlte mich wohl unter den Frauen. Jede hatte ihre Geschichte zu erzählen. Für ganze vier Wochen war ich aus der Schule raus. Und ich hatte jetzt so viele Kontaktadressen, dass ich nur noch selten nach Hause zum Schlafen ging. Lieber saß ich am Hafen, manchmal ging ich zur Schule, manchmal nicht. Ich hatte mich daran gewöhnt, zwei Leben zu haben, eins zu Hause, eins auf der Straße.

Ostseewochenfieber

Jubiläumsbriefmarke 750 Jahre Rostock

frühjahr 68. wir wollten nicht, dass die russen in ihren panzern prag überrennen. aus westfernsehen und radio wussten wir bescheid. wir müssen was tun, es war mehr eine spaßgeschichte aus diesem diffusen wissen, es ist etwas nicht in ordnung.

Die Demonstrationen zum 1. Mai in Prag feierten den Erfolg für die neue Linie. Hier bei uns wagte sich niemand auf die Straße mit der Losung: *Pravda vítězí. Dubček vítězí.* Undenkbar. Unter Ausschluss der Tschechoslowakei trafen sich am 8. Mai in Moskau die Führungsspitzen der Sowjetunion, der DDR, Polens, Ungarns und Bulgariens. Albanien und Rumänien fehlten. Der Warschauer Pakt plante ein gemeinsames Militärmanöver in der ČSSR. Ulbricht und Polens Gomułka waren die entschiedensten Gegner der Prager Reformen, und Gomułka, der die Studentenproteste im eigenen Land niederschlagen ließ, warb für schnelle Schritte gegenüber dem tschechischen Brudervolk: „Wenn die konterrevolutionären Pläne in die Tat umgesetzt werden, kann man nicht gleichgültig zusehen: Sofortige Einmischung ist erforderlich."[38] Die *Norddeutschen Neuesten Nachrichten* brachten am 10. Mai 1968: „Würdiger Empfang für Gäste. 30.000 skandinavische Besucher kommen zur Ostseewoche 1968. Die Zeit eilt: Nur noch reichlich acht Wochen, dann sind die Straßen, Plätze, Gesellschaftshäuser unserer Stadt wieder von Zehntausenden in- und ausländischen Gästen der traditionellen Ostseewoche – in diesem Jahr mit dem 750-jährigen Stadtjubiläum verbunden – gefüllt. Ungezählte Hände rühren sich, um dieses Doppelfest vorzubereiten." Die Stadt vibrierte. Brieftauben sollten in den blauen Himmel flattern und aus dreitausend Kehlen „Von Rostock schallt ein Ruf übers Meer" klingen. Straßen wurden ausgebessert, Blumen angepflanzt, die Parkbänke erhielten ihren Neuanstrich. Im Stadtzentrum, in der Kröpeliner Straße und in der Breiten Straße hingen 14 Kilometer Lichterketten. Jeder eine gute Tat zum Geburtstag unserer Stadt, schöner unsere Städte und Gemeinden – mach mit! Ja, die Stadt lag wie im Fieber, wie jedes Jahr: Segelregatten, Fußballspiele, Motocross-Rennen, Leichtathletikwettkämpfe, internationales Schlagerfestival, überall in der Stadt Estraden- und Kulturgruppen, Theaterfesttage mit eigenen Premieren, Autorenlesungen, Ausstellungen des Kulturbundes. Tage der Werftarbeiter und Hochseefischer, Volksfest und zum Abschluss großes Feuerwerk in Walter Ulbrichts Lieblingsstadt Rostock. Was würde es nicht alles geben. Seit 1964 hielten die freundlichen Schriftstellerinnen und Schriftsteller Hof unter bunten Sonnenschirmen beim Buchbasar in der Langen Straße, wartend an einem langen Tisch in der Reihe und ein offenes Ohr für jede Frage, darauf freute ich mich. 1968, im Jubiläumsjahr im Juli, würde alles sein wie immer: „Kollege Lischke, Leiter des Antiquariats, hat sich dermaßen betrunken, dass er auf einem Tisch liegend eingeschlafen ist. Er musste aus dem Raum getragen werden. Der norwegische Schriftsteller Björenboe hat sich ebenfalls stark betrunken und geäußert: ‚Deutschland ist Europa – und Europa ist Deutschland.‘ Der Empfang war ungenügend vorbereitet, unsere Schriftsteller haben sich zu wenig um Kontakte mit ausländischen Schriftstellern bemüht. Der Schriftsteller Horst Bastian, DDR, war ebenfalls stark betrunken.“[39] Wir lebten in einem Leseland, in einem Leseschlaraffenland, in dem es nur die richtigen Bücher geben konnte, keine falschen.

Die Kofferheule hatten wir so aufgedreht, dass unter dem Knarzen der Lautsprecher im Wummern des Beats die Musik nur noch zu erahnen war. Time is on my side. Der Hitparade von Radio Luxemburg oder dem nächsten Beat-Club mit The Crazy World Of Arthur Brown, dem fieberten wir entgegen. Außerdem wollte ich nun Schauspielerin werden, weltfremd und traumverloren für Ibsens *Gespenster* auf der Bühne stehen … andererseits konnte ich es nicht leiden, von Blicken betatscht zu werden und nur fürs Aussehen bezahlt zu werden. Geführt und beordert von einem Regisseur, Seiltänzerin im Dunkeln, nein, das wäre mir zu wenig, auch wenn das Versprechen von Glanz mich hoch hinauf ziehen sollte oder der Abgesang in die Gosse treten würde, nein.

Am 15. Mai 1968 gab das SED-Zentralkomitee eine „Information zur gegenwärtigen Lage in der ČSSR“ heraus, Order für die Untergruppen: „Das offene Auftreten revisionistischer und konterrevolutionärer Kräfte am 1. Mai in Prag zeigte, dass sich die politische Lage in der ČSSR weiter verschärft hat. Die Kommunistische Partei der Tschechoslowakei verliert eine Position nach der anderen, während die revisionistischen und konterrevolutionären Kräfte die Oberhand gewinnen.“[40] Informationen lieferte vor allem der Botschafter der DDR in Prag, Peter Florin. Die SED-Oberen sind alarmiert, die Entwicklung wird mit dem Vorabend des konterrevolutionären Putsches 1956 in Ungarn verglichen, und Florin schreibt unter dem Titel „Zur gegenwärtigen Situation in der ČSSR – 10. März 1968“: „Es wird ein systematischer Angriff gegen die staatlichen Machtorgane, ihre Repräsentanten, gegen die Stützen der sozialistischen Gesellschaft und gegen Grundfragen des Sozialismus geführt. […] Führende csl. Genossen versuchen bis heute, die Tätigkeit der gegnerischen Kreise als extreme Erscheinungen zu bezeichnen. In Wirklichkeit jedoch haben wir es mit einer zentral gesteuerten und systematisch entwickelten Vorbereitung der Konterrevolution zu tun."[41]

Mutter nahm mich ins Gebet, einmal noch versuchte sie es: Sie habe da etwas gehört, woher sei wurscht, das ginge mich nichts an, es ginge um mich, ich dürfte mich nicht mehr auf der Straße herumtreiben. Mich dort nicht mehr sehen lassen. Das sei alles kein Umgang für mich. Wie ich denn herumliefe, verwaschene Jeans, die Haare in Strähnen im Gesicht. Immer musste ich ihr Kummer machen. Immer. Es sei nie anders gewesen. Von Anfang an. Ich und mein westliches Gerede. Ich solle mich von diesen Elementen trennen. Das sei nicht der Weg, den sie mir aufgewiesen habe. Herumgammeln, das könnten wir, mitten in der Stadt. Raus wollen wir!, schleuderte ich ihr ins Gesicht, wie die Menschen in der ČSSR wollen wir endlich die Freiheit haben, *Ich* zu sagen. Ich will. Oder ich will nicht. Mutters Zigarette verging zu einem Aschestäbchen, das sie unwirsch abstreifte. Egal, auf den Boden. Wem nützt das, was du sagst! Du kennst nicht die Folgen, sagte sie, plötzlich leise, zu ihren ruhig im Schoß gefalteten Händen.

Nachts konnte ich nicht einschlafen. Eine Angst kroch den Hals hoch. Sehr bald werde etwas geschehen, oh ja, sehr bald. Leise fügte sie noch hinzu, du bist nicht mehr meine Tochter. Ich habe kein Kind mehr.

Hinsichtlich der Entwicklungen in Prag war das MfS hoch alarmiert und mit dem Befehl 18 des Ministers für Inneres war „das Zusammenwirken der Kräfte des Ministeriums des Inneren, des Ministeriums für Staatssicherheit und des Ministeriums für Nationale Verteidigung bei der Aufklärung und Abwehr von Handlungen gegen die Staatsgrenze der Deutschen Demokratischen Republik"[42] beschlossene Sache.

Am nächsten Morgen weckte mich mein Schluchzen, das Kissen lag nass durchweicht unterm Kopf, als hätte ich schon seit Stunden geweint. Die Sehnsucht war so groß und so stark; die Sehnsucht wonach – das aber ließ sich nicht fassen. Ich fühlte mich so hilflos allein, dass wieder die Tränen kamen. Haut und Haar und Fleisch und Fasern, trockene Lippen, salzig benetzt, die Gedanken schwimmen davon. Gehen unter, verschwinden, bis wieder Bewusstsein kommt, Erinnerung. Ich lag den Tag im Bett und träumte fiebrig. Nachmittags trafen wir uns. „In Prag ist Pariser Kommune, sie lebt noch! / Die Revolution macht sich wieder frei / Marx selber und Lenin und Rosa und Trotzki / stehen den Kommunisten bei. // Der Kommunismus hält wieder im Arme / die Freiheit und macht ihr ein Kind, das lacht, / das leben wird ohne Büroelephanten / von Ausbeutung frei und Despotenmacht."[43] So dichtete der seit 1965 bei uns mit Auftrittsverbot belegte Wolf Biermann. „In Prag ist Pariser Kommune", schrieben wir mit blauem Kuli auf ein großes Plakat, auf eine Tapetenrolle, die wir auf vernageltes Sperrholz klebten. Es war fast unmöglich, das Plakat zu tragen, eine Quälerei wie der Kreuzgang Jesu, viel zu schwer und zu hoch angesetzt. Ich konnte es kaum senkrecht halten, bis einer der Jungs es sich schwankend auf die Schultern lud. „In Prag ist Pariser Kommune", summten wir und stellten unser Kreuz am Brunnen in der Langen Straße ab, rauchten Zigaretten und kassierten die mürrischen, missgünstigen Blicke der Vorbeieilenden. Allein unser Anblick konnte ja schon strafbar sein. Wie wir dort standen, nichts taten, das allein schrie schon nach Denunziation. Der Paragraf 217 beschreibt „Zusammenrottung": „(1) Wer sich an einer die öffentliche Ordnung und Sicherheit beeinträchtigenden Ansammlung von Personen beteiligt und sie nicht unverzüglich nach Aufforderung durch die Sicherheitsorgane oder andere zuständige Staatsorgane verlässt, wird mit Freiheitsstrafe bis zu zwei Jahren oder mit Verurteilung auf Bewährung, mit Haftstrafe oder mit Geldstrafe bestraft. (2) Wer eine Zusammenrottung organisiert oder anführt (Rädelsführer), wird mit Freiheitsstrafe von einem Jahr bis zu acht Jahren bestraft. (3) Der Versuch ist strafbar."

Panzerketten

Kleines politisches Wörterbuch, Berlin 1967, Seite 471: „Opposition gehört zum bürgerlichen politischen Leben: In sozialistischen Staaten existiert für eine Opposition gegen die herrschenden gesellschaftlichen und staatlichen Verhältnisse keine objektive oder soziale Grundlage. Da die sozialistische Staatsmacht die Interessen des Volkes verkörpert und seinen Willen verwirklicht, die Staatsmacht vom Volk ausgeht, der Erhaltung des Friedens, dem Aufbau des Sozialismus und damit der kontinuierlichen Entfaltung umfassender Demokratie sowie der ständig besseren Befriedigung der materiellen und ideellen Lebensbedürfnisse aller Werktätigen dient, richtet sich jegliche Opposition gegen die sozialistische Gesellschaftsordnung gegen die Werktätigen selbst."

Wir hatten den allmächtigen Herrschaftsanspruch der Partei innerhalb der von ihr dominierten Gesellschaft herausgefordert, indem wir Parka trugen, die Haare wachsen ließen und auseinander tanzten wie der Drainageleger Fredi Rohsmeisl aus Buckow in Biermanns Ballade: Und als er so wild auseinander tanzt / die Musik war heiß und das Bier war warm / da hatten ihn plötzlich zwei Kerle am Arm / und schmissen ihn auf die Taubengasse. / Und schmissen ihn über den Lattenzaun / und haben ihn in die Fresse gehaun / und er hatte noch nichts getan / und hatte den hellblauen Anzug an.

„Verdächtig ist schon derjenige, der auch nur den Anschein erweckt, als wollte er abseits bleiben." Wir standen im Abseits. Die Obrigkeit konnte über uns bestimmen. Tiefnachts, als uns die Stille weckte, hörten wir die sowjetischen Panzer in den Mainächten rollen, die Lastwagen, die Feldküchen, Panzer mit aufgepflanztem Maschinengewehr, ihre drohend gerichteten Geschützrohre, und sie fuhren und rasselten Richtung Süden. Fotoblitz, links, rechts, frontal, Fingerabdrücke. Taschen leeren, alles ausziehen, Leibesvisitation, Trainingsanzug aus der Effektenkammer. Manchmal kam ein Mann, manchmal war es eine Frau, die die Leibesdurchsuchung vornahm. Alles musste ich ablegen, auch den Slip. Jede Öffnung meines Körpers war verdächtig. Eine steile Treppe, davor ein Eisengitter. Stoß in den Rücken. Blut am Gitter, war's von mir? Die Hände auf dem Rücken mit Handschellen gefesselt, los, los, los, nicht so schüchtern, rauf mit dir. Die Nacht in der Zelle war endlos. Müdigkeit und Aufregung ließen mich gegen die zwei Pritschen taumeln. Grell brannte von der Decke das Licht, unerbittlich, weißlich und graugelb. Ab und an schnarrt wie ein dumpfer Warnruf ein Signalhorn durch das Darmgeschlängel der Gänge, hinunter durch den Lichtschacht, und verliert sich. Nebelhorn. Bei Nebel, wenn nichts mehr vor- und zurückging und die Langeweile bleiern wurde, legten die Männer auf dem Schiff Leber aus. Wie Aasgeier stürzten sich die Möwen herab und ließen sich von der Besatzung mit Eisenstangen erschlagen. Grölen und Lachen, wenn sich neue Möwen auf die verletzten Tiere stürzten, um sie zu zerfleischen, auszuweiden. Die Zeit tropft dahin. Dazwischen ein Raum in gleißendem Licht, Vernehmer in Zivil. Wie heißt du?, fing er sofort an zu fragen. Du wohnst? Ich kann dich doch duzen. Sind das deine, hast du das hier geschrieben. Was soll das? Was das soll, habe ich gefragt und auf eine Frage kommt eine Antwort! Wir sind hier nicht bei der Gestapo, aber Plog, ich warne dich. Staatsfeindliche Hetze. Mindestens ein Jahr! Wir haben Zeugen! Wer sind die Verantwortlichen? Was seid ihr für eine Bande? Rädelsführer! Mittäterschaft! Mitwissen! Draußen im Komponistenviertel hätten Jugendliche randaliert. *Russen raus* gebrüllt, Flaschen seien geflogen. Damit hatten wir doch nichts zu tun! Natürlich zogen wir von Club zu Club, aber wir randalierten nicht und schmissen nicht mit Flaschen. Dann setzte sich wieder der gutväterliche Typ hinzu, wohlmeinend, besser alles zugeben, die Lage sei schon schlimm, ich solle nicht alles noch schlimmer machen, er käme vom Land, sei Traktorist gewesen, wenn der Karren im Schlamm steckt, fräst er sich nur noch tiefer. Also Ruhe bewahren und auspacken. Die Untersuchungshaft würde dann auch auf die Haftzeit angerechnet. Welche Haftzeit? Angerechnet? Haft? Ich schwieg und sah zu Boden. Sie konnten mich anschreien, Ohrfeigen austeilen, dass der Kopf umflog, weil ich ihn nicht aufrichtete, sie konnten mich demütigen. Ich sah sie nicht an. Und wenn einer meinen Kopf wie in einer Schraubzwinge hielt, ich sah durch sie hindurch. Meine vollste Konzentration legte ich in das Verschwimmen des Fokus. Ein Wimpernschlag noch und alles versank in der Unschärfe. Die Vernehmungsprotokolle unterschrieben sie immer nach mir. Damit ich den Namen nicht lesen und ihn mir merken kann. Es gab keine Möglichkeit, sich zu rechtfertigen.

Wieder saß ich für Tage im Durchgangsheim Rostock-Bramow. War böse, bockig, trotzig. Alles, die ganze Behandlung empfand ich als absolut ungerecht. Immer lauter bin ich geworden. Gleich würden die Eltern, gleich würde Mutter kommen und musste mich abholen. Wie die drei oder vier Mal zuvor. Die anderen waren Kinder, die niemanden hatten, der sich um sie gekümmert hat. Das waren die meisten. Ich dachte, dass ich nach Hause kam, in die Schule zurück; es war wie ein Versehen. Sie kamen und nahmen mich mit.

Es ist der 21. Mai 1968 in Rostock. Handschriftlich notiert, mein Abtransport: „An die Heimleitung des Jugendwerkhofs Torgau: Anbei übersenden wir Ihnen die Ärztliche Bescheinigung von Sonja Plog sowie einen Brief an Monika J." Absender ist die Jugenddurchgangsstation 25, Rostock, Carl-Hopp-Str. 4. Ich kam weg.

1.1. Der geschlossene Jugendwerkhof ist eine Disziplinareinrichtung im System der Spezialheime der Jugendhilfe der DDR. Er untersteht direkt dem Ministerium für Volksbildung (Zentralstelle für Spezialheime), Abteilung Jugendhilfe, Sektor Heimerziehung. […] Die Einweisungen des Jugendlichen nimmt der Leiter des Sektors Heimerziehung (Zentralstelle für Spezialheime) vor. Dabei ist die Schriftform verbindlich.

1.2. Die Aufgabe des geschlossenen Jugendwerkhofes ist es, im Rahmen des entwickelten gesellschaftlichen Systems des Sozialismus im Sinne der sozialpädagogischen Aufgabenstellung gegenüber schwererziehbaren Jugendlichen pädagogisch wirksam zu werden. In dem geschlossenen Jugendwerkhof werden weibliche und männliche Jugendliche über 14 Jahre eingewiesen, bei denen die pädagogischen Bemühungen anderer Spezialeinrichtungen wirkungslos blieben und die sich in diesen Einrichtungen wiederholter absichtlicher schwerer Verfehlungen der Heimordnung schuldig gemacht haben, insbesondere sich

a. gegen die von den Jugendhilfeorganen festgesetzten Erziehungsmaßnahmen auflehnten,

b. durch ständige Flucht der erzieherischen Einwirkung entzogen haben.

Der Aufenthalt im geschlossenen Jugendwerkhof hat zum Ziel, die Erziehungsbereitschaft der Jugendlichen zu sichern und Grundlagen zu einer Motivationsveränderung für ihr Verhalten zu schaffen. Dabei steht die politisch-ideologische Bildung und Erziehung im Mittelpunkt der pädagogischen Tätigkeit der Erzieher.

Die Aufenthaltsdauer soll in der Regel 4 Monate nicht überschreiten, sie kann jedoch bis zu 6 Monaten verlängert werden. Die Entscheidung über die Dauer des Aufenthaltes trifft der Direktor des geschlossenen Jugendwerkhofes nach der Analyse des Verhaltens des Jugendlichen auf Vorschlag des Pädagogischen Aktivs.

a. Die Einweisung wird schriftlich vom Stammjugendwerkhof beim Ministerium für Volksbildung, Abteilung Jugendhilfe, Sektor Heimerziehung beantragt.

b. Der geschlossene Jugendwerkhof erhält wie der Stammjugendwerkhof eine Ausfertigung des Einweisungsbeschlusses, die vom Sektorenleiter Heimerziehung unterschrieben ist.

c. Der Stammjugendwerkhof vereinbart mit dem Direktor oder dem Leiter vom Dienst des geschlossenen Jugendwerkhofs den Zuführungstermin.

d. Das Heimreferat Jugendhilfe ist von dem geschlossenen Jugendwerkhof über die Zuführung des Jugendlichen zu verständigen. Das Heimreferat Jugendhilfe informiert die Erziehungsberechtigten bzw. die nächsten Angehörigen von der Einweisung.[44]

Die Arbeiterklasse der ČSSR musste vor der Konterrevolution bewahrt werden und die Sowjetarmee ließ unter dem Namen „Donau" die Truppen in Stellung bringen.

Für die Nationale Volksarmee plante der Oberkommandierende der Vereinten Streitkräfte des Warschauer Vertrages, Marschall der Sowjetunion Jakubowski, die Teilnahme von zwei Divisionen an der Übung „Donau": der 7. Panzerdivision aus Dresden und der 11. motorisierten Schützendivision aus Halle. Beide Divisionen unterstanden bereits seit dem 29. Juli 1968 dem sowjetischen Oberkommando im Süden der DDR. Die 7. Panzerdivision wurde im Raum Weißwasser–Nochten stationiert und die 11. motorisierte Schützendivision im Dreieck Eisenberg–Orlamünde–Weida. Starke Panzerverbände und Raketeneinheiten standen südlich der Linie Plauen–Zwickau–Chemnitz–Freiberg.

Alles vor aller Augen

es gab auch kein gespräch mit fürsorgern, das ist gelogen, es gab nur ein
gespräch mit dem kretzschmar nach der isolier-dunkelzelle u. danach
wusste ich nur, wo ich überhaupt bin u. sonst nix.

Eine Erzieherin folgte mir auf Fußtritt. Treppauf über die Gänge. Hinunter durch andere Schluchten. Alle Flure und Treppenhäuser waren mit Gittertüren versehen. Immer wieder würgte der Schlüssel eine neue Verriegelung auf. Wäre ich in der Manege, im Zirkus, alle hätten gelacht. Zu groß die klobigen Schuhe, die Hose rutscht, die Hände verschwunden in den blauen Ärmeln. Ein kahlrasiertes Äffchen im Strafanzug. Ein trauriger Clown. Ich ging mechanisch, wie aufgezogen. Die Frau Erzieherin klopfte an einer Tür, die sie, zögernd leise, die Hand auf der heruntergedrückten Klinke, vorsichtig öffnete. Sie schob mich hinein und schloss die Tür lautlos. Weiter stand sie hinter mir. Veratmete Luft. Kein Wort fiel. Im Sonnenstrahl tanzten Staubpartikel. Der leitende Erzieher mit Anwartschaft zur Leitung, Horst Kretzschmar, hüllte sich in eine Wolke von Zigarettenrauch. Mein Abschweifen in das kleingoldene Lichtfenster im Raum war ihm nicht entgangen. Haltung! Augen geradeaus. Rapport! Ich bin die Jugendliche Plog. Klar und deutlich den Namen nennen! Meinen Vornamen gab es hier nicht mehr. Die Plog. Den Grund sollte ich nennen, warum ich hier sei. Ich wusste es nicht. Nur dass ich etwas wirklich Schlimmes getan haben musste. Der Mann stellte sich nicht vor. Vor dem leitenden Erzieher

kuschten die anderen, gefürchtet war sein Jähzorn. Kretzschmar groß-
artig thronend hinter seinem Schreibtisch, darauf lagen blau einge-
bundene Akten in säuberlichen Stapeln. Strammstehen. In der einen
Hand hielt er die wenigen Aufzeichnungen über mein Leben. Mit der
anderen blätterte er vor, blätterte zurück, als wenn alles nichtig wäre,
alles nichts wert. Die Akte klatschte auf seine Schreibunterlage. Jugendliche Plog. Was denkst du eigentlich, wer du bist. Kretzschmar
schwieg. Das dünne Papier raschelte. Individualistisch. Unmoralisch.
Entweder ihr seid geisteskrank oder verseucht von westlichen Medien.
Plötzlich stand er auf. Die Masse straffte sich, reckte sich, der Mund
öffnete sich, die Explosion dröhnte, er bellte: Wenn einer hier meint,
die konterrevolutionären Bestrebungen in Prag verteidigen zu wollen, und die Maßnahmen unserer Regierung kritisiert, dem werde er
mit der bloßen Faust die Fresse polieren. Normalerweise würde es ja
drei Tage dauern, im Arrest, bis die Jugendlichen auf Spur seien, ich
hätte nun neun Tage gebraucht, dumm, manche sind einfach dumm.
Ich starrte gebannt auf seine himbeerrote Zunge, die wie ein glattes,
leuchtendes Organ in seine Mundwinkel fuhr. Wir haben hier also aus
Rostock einen Antrag auf Einweisung vorliegen. Volkspolizei nennt
Rowdytum, Widerstand gegen die Staatsgewalt. Meldung ans Ministerium für Volksbildung Abteilung Jugendhilfe, Sektor Heimerziehung
und Sonderschulwesen Berlin, Unter den Linden 69/73. Das sagte er
mehr zu sich. Vielleicht hatte er meine Anwesenheit vergessen und ich
konnte gehen. Ulbricht lächelte süffisant von der Wand. Gleich würde
er mir ein Bonbon geben, und alle winkten ihm freundlich zu.

Die Ziele, die jetzt, während meines Aufenthalts, in der Erziehung
erreicht werden sollten, flogen an mir vorüber, alle Pflichtverletzungen,
Disziplinverstöße, was passiert, wenn – vorbei, vorbei. Die Überreste
der aus dem Kapitalismus übernommenen Denk- und Verhaltenswei
sen sind äußerst zählebig. Sie verleiten zu strafbaren Handlungen. Und
ihr denkt, ihr könntet ideologische Diversion betreiben, den sozialistischen Aufbau stören und Provokationen gegen unseren Staat organisieren. Hier, hier wirst du das Arbeiten lernen! Eine Sekretärin, die Augen

flink wie ein Wiesel, erschien und stellte leise eine Tasse Kaffee auf dem Schreibtisch ab. Für den Chef. Sie verschwand lautlos, wie sie gekommen war, ein ehrerbietiges Wesen, dessen Frausein sich nicht mehr erahnen ließ. Zwei Stücke weißen Würfelzuckers versanken, aus ihrem Untergang bildeten sich kleine, auswerfende Kreise. Mechanisch zog der Löffel seine milchweißen Bahnen. Die Tasse mit den Händen umschlingen und die Wärme in den Körper saugen. Ich hatte das Gefühl, im Kino zu sein, mein Auge die Kamera, Blickwinkel hyperrealistisch. Mit jeder leichten Kopfdrehung hatte ich das Gefühl eines Zoom-In. Vielleicht war auch etwas in mir gestorben, als ich die letzten Tage in der Dunkelzelle hockte, als die Zeit verschwand. Das Bretterbett – Kissen, Matratze, Decke gab es nicht – wurde tagsüber hochgebunden, es gab keinen Hocker wie den in der Eingangsarrestzelle, auf dem ich die ersten drei Tage gesessen hatte, das Gesicht zum Spion gewandt, so war es Vorschrift.

Was hier zählt, ist die körperlich-produktive Leistung, ist die Ordnung am Arbeitsplatz, die Hilfe anderen gegenüber, dein politisch-moralisches Gesamtverhalten, deine politische Grundhaltung. Hier lernst du, was Ordnung und Sauberkeit heißt, persönlich und auf Station. Dein Verhalten gegenüber den Erwachsenen und den Jugendlichen zählt. Hier hast du die einmalige Gelegenheit, dein Fehlverhalten zu korrigieren. Besondere Auffälligkeiten werden vermerkt. Richtet der Jugendliche bei der Lösung von angeordneten Tätigkeiten Schaden an, zerstört er mutwillig Volkseigentum, erledigt er Aufgaben unvollkommen, verrichtet er sie betont nachlässig, versucht er, Aufträge bewusst zu umgehen oder verstößt er gegen die disziplinellen Forderungen der Werkhofordnung, so hat sich der Jugendliche mit dem Verwerflichen seines Handelns auseinanderzusetzen. Die Meldung geht sofort an die Leitung. Aufenthaltsverlängerungen werden vom Direktor beim Tagesappell ausgesprochen und sind in der Sonderakte festzuhalten. Es hinge also von mir ab, wie lange ich bleibe.

Ich fühlte mich wie angespuckt, immerfort. Jedes seiner Worte war Steinigung. Wer war dieser Mann, der mich zerquetschen wollte wie ein lästiges Ungeziefer, was wollte er von mir. Der Hungerschwindel ließ die Wände des Zimmers größer und enger werden, die Schreibtischplatte tanzte auf sanften Wellen auf und ab, und der bullige Mann, den ich in seinen Bewegungen doppelt wahrnahm, als wäre ich betrunken, brüllte wie ein wütender Stier in der Arena. Ich wünschte die Schwärze und die Ruhe der Ohnmacht herbei, früher war ich so oft ohnmächtig geworden, weil ich kein Blut sehen konnte, auch nicht mein eigenes Blut, das aus der Nase quoll. Kein Satz darüber, wo ich war, warum ich gefangen war, wie lange ich bleiben würde, nichts. Ich existierte nicht. Mir rann kalter Schweiß die Rippen und die Hüften hinab, brennend in die Wunden der langen eisernen Schlüssel. Der Schlüsselbund gehörte nicht nur zur Begrüßung, dass sie dir ihren Schlüsselbund in den Rücken, in die Hüfte, an den Kopf knallen, darauf musstest du jederzeit gefasst sein. Als hätte mich eine Tigerkatze angefallen, lag schorfiges, unter dem Bluterguss geschwollenes Fleisch und schmerzte bei jeder Bewegung. Seit sie mich aus der Schule heraus mitgenommen hatten, hatte ich mich nicht mehr waschen können. Seit Tagen verweigerte ich die Nahrung. Gutes Auskommen, zischelte Kretzschmar zuletzt. Es klang zynisch.

In dem großen Besucherraum durfte ich mich auf einen der sechs Stühle setzen. Eine Besuchserlaubnis musste im Ministerium für Volksbildung in Berlin erwirkt werden. Ungestört durfte man sich nicht unterhalten, keine Geschenke annehmen. Mit Bleistift sollte ich einen Brief schreiben. Unter Aufsicht. Auf einem linierten Blatt sollte ich mich selbst bezichtigen. Das war eben so, dass der Jugendliche einen Brief über die Gründe seiner Einweisung in den geschlossenen Jugendwerkhof an die nächsten Angehörigen schreibt. Torgau, 31. Mai 1968. Liebe Eltern, mir geht es gut, macht euch keine Sorgen. Die Finger gehorchten mir nicht, die Kälte unten im Keller in der Dunkelzelle hatte mich angefressen wie eine räudige Ratte. Ich erkannte meine Schrift nicht mehr, es war die Schrift einer alten Frau, fahrig, flüchtig. Meine Hand zitterte, die Buchstaben wollten nicht aus dem Kopf auf das Papier. Ich bin bald wieder zu Hause, wann, weiß ich aber noch nicht. Darüber durftest du nicht reden und nichts schreiben. Mit dicken, entschlossenen Strichen schwärzte die Erzieherin die Zeilen. Das kontrollierte Briefeschreiben gehörte zu den wenigen ruhigen Minuten in Torgau, an die ich mich erinnern kann.

Die Schwalben kreisten niedrig über den Hof, als schrien sie immerfort in ihren Flugbahnen nach Freiheit. Dann brachte mich die Erzieherin in den Speisesaal. Dort traf ich zum ersten Mal auf meine Gruppe. Kein Stuhl durfte rucken, kein Scharren war zu vernehmen. Niemand sprach. Erst aßen die Mädchen, dann die Jungen. Die Geschlechter waren strikt getrennt. Schon ein flüchtiger Blick zwischen Jungen und Mädchen zog Strafen nach sich. Die Gesamtkapazität des geschlossenen Jugendwerkhofes sah eine Belegung mit 45 Jungen und 15 Mädchen vor. Am 31. Mai 1968 saßen 14 Mädchen im Speisesaal, 32 Jungen warteten aufs Essenfassen. Es gab zwei Zugewiesene und eine noch nicht Zugeführte. Das war ich. Kahlrasierte Mädchenköpfe beugten sich über ihre Teller, als ich in der Tür des Speisesaals stand. Es gilt die Speisesaalordnung: Platznehmen und Aufstehen wird vom Erzieher angeordnet, nur der Tischdienst hat das Recht, seinen Platz zu verlassen. Es hat unbedingte Ruhe zu herrschen. Essen auf Kommando, eine Viertelstunde war Zeit.

Wir saßen vor einem Teller mit dem Klecks Margarine, einem Zipfelchen Wurst und zwei Scheiben Brot. Große Kannen Tee standen bereit und später erfuhr ich, dass sie den Tee Hängolin nannten, weil vermutet wurde, dass der Tee mit Psychopharmaka versetzt war, um den Sexualtrieb zu dämmen. Aufschauen war nicht erlaubt. Ich setzte mich in der gleichen gebückten Haltung. Ein hungriger, kalter Zwerg. Ja, das war hier ein Abendbrot, ein ganz normales wie überall in Deutschland, mit einem stumpfen Messer, das sich anfassen, mit Margarine, die sich auf ein Graubrot streichen ließ, und darauf ein wenig Leberwurst. Ich gewann den Kampf gegen die Tränen und würgte gegen den Kloß im Hals. Wann hatte ich mir zuletzt ein Brot geschmiert? Es lag so lange zurück. Das Brot hatte eine braune Rinde, deren Süße plötzlich den Mund füllte. Das Brot wuchs und wuchs, ein Zwerg war ich doch am Tische eines Riesen, am Tisch einer Sklavenmühle. Mein Magen rumorte und schrie nach mehr. Vorsichtig biss ich mit Hasenzähnchen weiter hinein in das Brot. Der Mund schien mir plötzlich proppenvoll und das Brot zerkrümelte wie Styropor, der Hunger wuchs aus mir heraus in übergroßer Gier, und dennoch konnte ich nur ganz langsam essen, als müsste ich es neu erlernen. Jugendliche Plog! Essen fassen! Knuff mit Faustfingern, Kopfnuss. Ein Mädchen, dessen stoppelige Haare nicht mehr ganz so kurz waren wie meine frisch geschorenen, lächelte mir mit einem sekundenschnellen Hochziehen eines Mundwinkels zu. Von der Heyden, Augen aufs Essen! Wie ein Körper rückten wir alle unseren Stuhl zurück und standen auf. Wie ein Körper standen wir auf dem Gang. Durchzählen! Als wenn eine verloren gegangen sein könnte. Fertig machen in Vierergruppen! Wer muss pinkeln, vortreten. Wer muss, geht jetzt! Abkommandiert zum Pipimachen. Marsch, Marsch, im Laufschritt, Marsch! Es blieb keine Zeit, sich zu schämen. Kacken unter Aufsicht. Alles vor aller Augen. Ein offener Raum, keine Sichtblenden. Toilette stand neben Toilette, drei Kloschüsseln ohne Trennwand nebeneinander, die gleiche Reihe gegenüber. Da hockten wir. Dreimal am Tag. Alles lief nach Regeln, sogar die Darmentleerung und der Urinfluss hatten sich zu unterwerfen, nichts blieb einem mehr für sich allein.

Wir kamen auf Station und gingen als Erstes in den Umkleideraum. Fertig machen zur Nachtruhe. Schrankkontrolle. Irgendetwas stimmte nicht mit der Erzieherin. Irgendetwas ließ sie vor Wut beben. Für die meisten, die hier als unsere Betreuer auftraten, die Kollegen, war das ein Aushilfsjob wie jeder andere, nur hieß der „Erziehung zur sozialistischen Persönlichkeit". Zack, mit dem Arm das Regal ausgefegt, zack, zack, zack, Kleiderhaufen, Mullbinden, Taschentücher, Strümpfe. Ordnen! Ordnung ist das halbe Leben, den Rest könnt ihr euch abschreiben! Ich stand dort mit meinem Kleiderbündel Anstaltskleidung, gestapelt auf dem genauestens auf Eck gefalteten Bettzeug. Die Mädchen bückten sich flink und hoben Stück für Stück auf, strichen glatt, falteten, strichen glatt, legten Tuch an Tuch wie in einer Geometrieübung. Nein.

Es war nicht gut genug. Wieder von vorne. Mit ungeschickten Kinder-händen versuchte ein kindliches Mädchen, das aussah wie zwölf, keine Brüste, keine Hüften, nichts, endlich das gestapelte Quadrat zu erschaffen. In allen vier Ecken. Soll Liebe drin stecken.

Lady. Ein Mädchen mit der Statur einer Erwachsenen stellte sich auf und nahm Haltung an. Sie war der Boss hier, mit 18 Jahren die Brigade-älteste: „Bekleidungsstücke, die weggekommen sind: 17 Stück Taschen-tücher, ein Stück Turnhose, drei Paar Turnschuhe, ein Paar Hosenträger, drei Paar Strümpfe, ein Stück Schlüpfer, ein Stück Arbeitshose, ein Stück Arbeitsjacke, ein Stück Hausbluse, ein Stück Hausjacke Sommer, ein Paar Hausschuhe." Für die abhandengekommenen Kleidungsstücke mussten wir bezahlen, wurden wir Jugendlichen regresspflichtig ge-macht. Gut, ein Taschentuch ging mal verloren, aber die Wäschestücke waren schlichtweg Lumpen, die zerfielen. Dann Ausfüllen eines Schuld-anerkenntnisses: „Beim Wäschetausch am … fehlten mir … Die Forde-rung des JWH Torgau für Ersatzbeschaffung der in Verlust geratenen Sachen erkenne ich an. Torgau, den …" Freitag, Tag der Wechselwäsche, einmal in der Woche; alle drei Wochen bekamen wir ein frisches Nacht-hemd. Turnhose und Turnhemd nicht zu vergessen.

Plog, Bettenbau! Die dunkelblau-weißen Karos hatten aufeinander zu passen. Oberbett und Kissen so ausgerichtet, dass sie mit dem Li-neal abzumessen waren. Davon wusste ich nichts. Das Mädchen, das mir beim Abendbrot zugelächelt hatte, durfte mich unterweisen. Die Erzieherin hatte sich an den Regalen im Umkleideraum abreagiert. Hannelore, flüsterte das Mädchen und sah geradeaus aufs Bett. Ich musste mit jemandem reden, endlich, doch es war verboten; wurde mit Strafsport geahndet und war sinnlos. Das hatte ich einzusehen. Sonja, murmelte ich in Richtung Bettzeug. Ich durfte sie nicht anse-hen. Hanne meinte es gut, ich helf dir. Diese eine Geste, wo die andere Hoffnung schöpfen kann, wurde durch die Gruppe nicht gut aufge-fasst. Die Mädels benahmen sich untereinander wie Schweine, die sich gegenseitig aus Gier vor dem Futtertrog zerbissen. Betten auf Kante. Die Oberdecke mit Zeitungspapier verfestigen, sonst findest du keine

Gnade und darfst das hundertmal machen, flüsterte Hanne. Sie schob mir ein fest gefaltetes Stück Zeitungspapier zu. Die Zeitungen mopsten sie aus dem Tagesraum, dem Erzieherzimmer. Macht hier jede. Kriegst es sonst anders nicht hin.

Antreten zur Ämtererledigung! Eigentlich sollte jede einmal an der Reihe sein. Aber hier galt eben: Nix soli, alle haben sich gegenseitig verpetzt, um Punkte auf der Bestentafel zu bekommen. Du konntest niemandem vertrauen. In der Hierarchie, in der Hackordnung untereinander, sollte die Erziehung der Gefangenen durch sie selbst erfolgen. Alles geschah im Kollektiv.

Nie war ich so einsam. Die ständige Wachsamkeit, ja keine Schwäche zu zeigen, zerrte jedem Mädchen an den Nerven. Ein übles System. Nun war ich dran. Weil ich die Neue war: Entleerung der Kübel und mit Chlor versehen, Lüften der Räume, Ausfegen, Bohnern, Staubwischen, Wischen der Toiletten und des Tagesraumes, Wischen des Schlafraumes. Atapulver und Wurzelbürste. Wenn ich schon auf den Boden soll zum Arbeiten, sagte ich mir, dann setze ich mich eben. Da saß ich und kratzte ein wenig mit der Bürste kreisförmig um mich herum. Der Gang musste gescheuert werden, bis die Finger bluten, das Scheuerpulver brennt, aber weiter, weiter, keine Müdigkeit vorschützen, wollen doch mal sehen, ob du weißt, was sauber ist, du Dreckschlampe. Unsere Erzieherin, sie hieß Frau Bernecker, trug eine Kittelschürze à la saubere Hausfrau. Schließlich zog sie ihr Taschentuch aus ihrer Kitteltasche und tupfte damit entlang der Fußleisten. Du bleibst hier und putzt, bis alles, aber auch alles sauber ist! Wie oft schrubbte ich den Gang, die Knie schmerzten auf den kalten, weißen Fliesen, und wenn endlich der gescheuerte Flur dort lag, schickten die Erzieher eine Brigade Mädchen in Arbeitsschuhen hinüber und die schwarzen Riffe der Gummisohlen stempelten den Flur von neuem.

Wie jeden Abend musste eine von uns aus dem geschwärzten Zentralorgan der SED, dem *Neuen Deutschland,* oder aus der *Jungen Welt* berichten. Eine Viertelstunde hatte jede, um zu lesen, dann sollte referiert werden. Die allerwenigsten schafften es in dieser Zeit, überhaupt nur einen kurzen Zeitungsartikel zu lesen, geschweige denn ihn so zu begreifen, dass sie ihn wiedergeben konnten. Das *Neue Deutschland* titelte für den letzten Tag im Mai 1968: „Frankreich: Streikfront der zehn Millionen gewinnt an Kraft und Entschlossenheit. Klassenkampfsituation hat sich außerordentlich verschärft / de Gaulle löst Parlament auf / Politbüro der Französischen Kommunistischen Partei: Dem Regime gemeinsam eine Niederlage bereiten". In Frankreich brannten die Barrikaden, in Frankreich, West-Berlin, Frankfurt am Main, in Prag, in Warschau. In Torgau war es still. Auf der Titelseite vom 31. Mai 1968 vermerkte das *ND* noch Nachrichten aus meiner Heimat: „Höchste Anforderungen vom ersten Tage an, Genosse Kurt Hager besuchte Universität Rostock". Die sozialistische Hochschulreform stand an: „Kurt Hager bezeichnete die Durchführung der Hochschulreform als ein Stück Verwirklichung unserer sozialistischen Verfassung. Es sei unerlässlich, alle Angehörigen der Universität mit Wesen, Sinn und Ziel der Hochschulreform vertraut zu machen. […] Als eine wesentliche der künftigen Ausbildungen an unseren Hochschulen bezeichnete Genosse Hager die wissenschaftlich-produktive Tätigkeit der Studenten im Erziehungsprozess." Nun, das war sicherlich ein großer Tag für Mutter.

Der Freitag war der Duschtag. Mit kaltem Wasser. Ich hatte keine Seife. Keine Zahnpasta. Keine Zahnbürste. Keinen Zahnbecher, keinen Kamm. Keine Seifendose, keinen Seifenlappen, Stück 94 Pfennig. War ja noch nicht arbeiten gegangen im Jugendwerkhof, konnte mir nichts leisten. Und ein Paket von meinen Eltern kam nicht.

Ich knallte mit der Schulter gegen das Steinwaschbecken. Der Lady sei gedankt. Sag's! Los, sag's. Sonst. Ich stürzte mich auf sie. Lady, dass ich nicht lache. Wir reißen uns an den Ohren, drücken auf die Kehlen, boxen, treten, sind viehisch, erbittert. Feinde bis in den Tod. Männerhände schlagen auf die Liegenden ein, trennen unser nacktes Fleisch voneinander.

Vier Mädchen stehen auf jeder Seite an den viereckigen Steintrogbecken. Du musst gucken, dass du so schnell wie möglich fertig wirst, denn wenn du zu spät zum Appell kommst, ist wieder was fällig. Immer wurden gleich alle bestraft, das machte die anderen Mädchen so wütend, so hemmungslos. Die Gruppe, die die beste war, durfte nach der Aktuellen Kamera noch den Film gucken. Welch sagenhafte Belohnung. 20.40 Uhr, Antreten zum Tagesabschlussappell. Ein Wiedersehen mit Kretzschmar, der die Arreststrafen verkündete. Arrest gab es für „Selbstverstümmelungen, Tätowierungen, Vorbereitung zur Flucht, Beschädigung von Volkseigentum und Diebstahl, terroristische Handlungen, tätliche Beleidigungen und Angriffe, Verbindungen zu den Arrestanten, Rauchen, Störung der Nachtruhe, Betrug in der Produktion, Verhalten zu Jugendlichen (Prügelei, Misshandlung, Nötigung, Drohung), Verstöße gegen die Arrestordnung, faschistische Symbole, Zweiteinweisungen, Verbindung jeweils zu den Jungen oder den Mädchen, Verstöße gegen die Werkhofordnung, Aufwiegelei, Belügen des Erziehers, Staatsverleumdung und Morddrohung, Aufenthaltsverlängerungen, Verweigerungen, Widerrede, Betrug, ungebührliches Verhalten.“[45]

Vor dem Einschluss zur Nachtruhe um 20.50 Uhr war wieder Lady dran mit Durchzählen, ordnungsgemäß Meldung machen vor der Erzieherin Frau Bernecker. Den obersten Knopf des ausgefransten Nachthemds hatte ich vergessen zu schließen. Von irgendwoher traf mich ein Rumms in die Brust, dass ich nach hinten flog und mit dem Kopf am eisernen Bettpfosten eines Doppelstockbettes aufschlug. Da lag ich, keuchend vor Schmerz und alarmiert. Schlüssel, Riegel, ab 21 Uhr herrscht Nachtruhe. Das Licht wurde von außen geregelt, drinnen muss der Kübel für die Exkremente der 14 Mädchen reichen.

Torgau ist Knast. Die Sprache dort ist Knastsprache. Abkanzeln, kleinmachen. Fertigmachen. Bis du kriechst und bettelst. Fotze. Schlampe. Die Mädchen dort sind böse. Was ihnen blieb, war, böse zu sein. Als Neuling musst du allen gleich klarmachen, leg dich nicht mit mir an. Was ist das Schlimmste, was man hier machen kann, hatte ich die Mädchen gefragt. Tätowieren. Nachts. Drei verbogene Nähnadeln mit Faden umwickelt, um sie zu einer zu machen. Tinte aus verbrannten Streichhölzern. Verrührt mit Wasser und noch ein bisschen Creme dazu. Hannes, mein King. Seinen Namen und eine Krone ritzte ich oben in den linken Fuß. Den Spitznamen Bubi ließ ich weg. Sah cool aus im Dämmerlicht des schwindenden letzten Maientages. Lady ließ noch ein Streichholz zischen. Ich musste fertig werden. Jeden Moment konnte die Klappe des Türspions gehen, jeden Moment konnte ein Erzieher in der Tür stehen. Ich hatte mich in eine Ecke verkrochen, die hoffentlich auch von den verdeckt in die Wand eingelassenen Sichtspionen aus nicht einsehbar war. Der Schmerz fraß sich noch so heftig in meine Hüfte, dass ich die kratzenden Nadeln im Fleisch kaum wahrnahm. Hanne. Ihr Name zierte meinen rechten Fuß. Schließlich hatte mir Hanne gleich zu Anfang gezeigt, ich stelle mich auf deine Seite. Es ging ganz leicht jetzt. Den ganzen Körper könnte ich mir ritzen im Schmerzensrausch. Alle Knochen umranden. Mit meinem Tattoo hatte ich allen alles bewiesen. Weil ich Respekt haben wollte. Wenn ich hier nur einmal eine Schwäche zeige, darf ich für alle die Betten machen und die Toiletten schrubben. Von Anfang an sollte gelten: mit mir nicht, Mädels. Es hat gewirkt. Ich kann sehr hart sein. Das habe ich dort in Torgau gelernt. Es blieb einem nichts anderes übrig, als sich selbst hart zu machen. Mich hat keine mehr angegriffen, keine hat es gewagt, mich zu missbrauchen, mir an die Wäsche zu gehen.

Es gab viele Mädels, die sich eine Freundin gehalten haben und mit ihr in einem Bett geschlafen haben. Und ich hab gedacht, die sitzen nur da, um zu tuscheln. Wie konnte es Liebe sein in Torgau. Hier gab es nur Unterwerfung. Während der Nachtruhe herrschte strengstes Sprechverbot. Über dem Schlafraum mit den vergitterten Fenstern lag wie eine muffige Decke das Flüstern, Zappeln, Wälzen, lagen drückend der Nachtschweiß, die Angst und die Sehnsucht. Nach Einschluss huschten die Mädchen wie schwarze Schatten von Bett zu Bett. Schattenboxen. Wer Lust hatte, hat geschlagen. Es war die Hölle in den Schlafräumen. Wir, unter uns. Zahnpastaspülung. Wenn eine müde wurde und sowieso als schwach galt, schmierten die anderen ihr den Zahnpastaschleim in die Nasenlöcher. Ein grausamer Spaß hieß Fahrradfahren. Da wurden kleine Zeitungsblättchen zwischen die

Zehen der Schlafenden gesteckt und angezündet. Viermal sollte der Kontrollgang in der Nacht erfolgen, aber mir kam es vor, als würde die Wärterin jede Stunde ihren Schlüsselbund gegen die Tür werfen, und ich schreckte hoch. In Torgau habe ich keine Nacht durchgeschlafen. Immer wieder ging die Sirene. Falscher Alarm. Oder brannte es tatsächlich und sie holten uns nicht, ließen uns hier verrecken wie Vieh in einem brennenden Verschlag?

Mädchenstation Bernecker

es traf immer die ganze gruppe, das war ja das prinzip, damit keine freundschaften entstehen, damit sich keiner zusammentat u. geschlossen randaliert wurde.

Wochenende im geschlossenen Jugendwerkhof. Heute dürfen wir eine halbe Stunde länger schlafen anstatt wie jeden Tag um fünf Uhr auf den Beinen zu sein, um bei Erscheinen der Erzieherin um 5.30 Uhr fertig im Turnzeug am Kopfende der Doppelstockbetten zu stehen. Ordentlich war die Bettdecke, das Kissen einschließlich Laken über den hinteren Bettgiebel zu hängen, das Nachthemd gehörte zusammengefaltet aufs Bett. Absolutes Sprechverbot. Antreten. Augen links. Durchzählen. Wie jeden Tag. Im Gleichschritt laufend zum Frühsportdrill. Im Gleichschritt zum Frühstück. Im Gleichschritt zur Arbeit. Nur, dass heute keine Arbeit anstand, sondern Revierputzen. Innen und außen. Wo kämen wir denn hin, trällerten in den Morgen hinein? Die Sonne geht auf und der Tag beginnt. Alle aufgepasst! Frisch mit angefasst! Hallo! Kommt her!

Das Turnhemd lässt bei jeder Bewegung die Brustwarzen hervorpieken und in kurzer Hose geht es im Laufschritt mit angewinkelten Armen treppab. Auf den Küchenkarren liegen alte Kartoffelschalen zuckrig mit Raureif überzogen. Grelles Scheinwerferlicht zerschneidet den Morgen. Wir durften uns warm laufen, immer entlang der hohen Mauern. 25 Hofrunden, 20 Hockstrecksprünge, 20 Liegestütze, 20 Kniebeugen, dann wieder rennen. Euch werd ich schleifen. Die Berne-

cker bläst fröstelnd in ihre Hände. Weit entfernt liegt der Schloss-
turm mit den goldglänzenden Zeigern der Uhr, auf der Rückrunde
der schwarze Gasturm mit düsterem Gruß vor einem strahlend blau-
en Himmel. Der erste Juni 1968. Keine von uns wusste, wie lange für
sie die Verurteilung gelten würde. Keine wusste, ob es Winter werden
würde und wir weiter unsere Runden im Trillerpfeifendiktat drehen
müssten. Oder in anderen Knästen der DDR für immer verschwanden.

Blick aus dem vergitterten Fenster auf den Hof mit der Eskaladierwand

Wütend bellten die Schäferhunde im Zwinger, für sie sind wir Jagd-
beute, zerfetztes Fleisch, ausgeweidet, Blutorgie. Noch heute habe
ich höllische Angst vor Hunden, vor der herausgebellten Aggressi-
on. Wahrscheinlich behandelten sie die Hunde besser als uns. Der
Hof, die Sturmbahn ist unser Exerzierplatz. Eins, zwo, drei, vier, im
Gleichschritt, Marsch! Betonter Schritt, Meldung! Den Neuzugang an
die Startlinie! Lady stellt sich hinzu. Ich gegen die Lady. Sie hat dral-
le Muskeln, ist durchtrainiert nach monatelangem Torgausport. Die

Trillerpfeife gellt über den Hof. Lady zieht weg vom Start, sie sprengt voran, für einen ihrer Schritte muss ich zweimal trippeln. Natürlich wird Lady gewinnen, Siegesblitzen in den Augen, aber es macht mir nichts aus. Ich will nur noch, dass alles vorbei ist. Aber nichts ist vorbei, wir müssen über die Eskaladierwand klettern, und wer es nicht schafft, muss es wieder und wieder versuchen. Einander helfen durften wir nicht. Wie beim Militär hatten wir durch den Schlamm zu robben. Frau Bernecker trägt ein in ihr Kontrollbuch: „Schwerpunkt Kommandogebung durch die Gruppenleiterin, Marsch- und Antreteübungen, Gleichschritt, betonter Schritt, Meldungen, Lauf, Gymnastik mit und ohne Hanteln, Krebsfußball, Fußball mit kleinem Medizinball."

Oben im Fensterrahmen entdeckte ich die massige Gestalt von Kretzschmar. Vielleicht machte es ihn zufrieden zu sehen, wie wir uns über die Sturmbahn quälten. Von seiner Privatwohnung aus hatte er Einblick in den Mädchen- wie in den Jungenhof und ein großes Fenster führte nach vorne hinaus in Richtung der Stadt. Er kann dort oben sitzen, Zigaretten rauchen und Kaffee trinken und zusehen, wie die Neuankömmlinge aus dem Auto steigen, ungläubig die Schleuse, die hohen Mauern, den Stacheldraht, die Wachtürme mustern. Es hieß, dass Kretzschmar sich nachts Mädchen kommen ließ. Die Erzieherin brachte sie und holte sie wieder ab über einen geheimen Gang auf dem Dachboden.

Noch nie im Leben hatte ich Hanteln gehoben. Das Eisen stemmt sich zwischen die Schulterblätter, niemals werde ich mich aufrichten können, niemals, und Frau Bernecker steht neben mir und gellend böse pfeift sie auf ihrer Trillerpfeife, ab in die Knie, und hoch! Kein Wort fällt, bis auf die militärisch kurzen Befehle der Bernecker hinein in das Weinen und Schluchzen. Ich schaffe es nicht, ich schaffe es nicht, doch weinen werde ich nicht. Meine Tränen sind aus Eis. Ich drückte und stemmte, bis mir die Augäpfel hervortraten. Für mein Versagen erntete ich fünfzig Liegestütze. Die beste Bodenturnerin der ganzen Schule bei allen Spartakiaden war ich, die furchtlose Turmspringerin, und ich hasste den Drill auf Kommando draußen unter den hohen Mauern. Alle blicken dich böse an, wenn du nicht spurst, und wenn ein Mädchen zurückfällt, hagelt es noch weitere Runden, Strafrunden für die gesamte Gruppe der vierzehn Mädchen. Nachts hatten die anderen die Kleine, Kindliche, wehrlos unter ihrer Decke gefangen gehalten und verprügelt. Das alles, weil sie der Erzieherin Bernecker zu langsam lief. Ich habe ihr nicht geholfen. Weder in der vergangenen noch in einer anderen Nacht. Nachdem sie endlich von ihr abgelassen hatten, wimmerte das Mädchen und schluchzte wie ein Kleinkind, allein und geprügelt lag sie in der Schwärze des Zischelns, der Seufzer, des Stöhnens. Nach dem Morgensport war der Bettenbau an der Reihe. Ich konnte es der Bernecker nicht recht machen. Wieder und wieder riss sie das Bettzeug herunter. Mit provozierender Langsamkeit begann ich von neuem. Unbeeindruckt von ihrem Schlüsselbundrasseln. Das Frühstück mit 200 Gramm Brot, 30 Gramm Margarine, mit 5 Gramm Marmelade und der einen Tasse Kaffee würde ich wohl verpassen. Mein Pech. Nichts gelernt. Du Nutte. Ich durfte nicht aufsehen. Den Kopf nicht in ihre Richtung wenden, denn mit einem Blick, das wusste sie, das wusste ich, würde ich sie entlarven. Ihre ganze kleingeistige Herrschsucht, ihre ganze Borniertheit, die sich hinter ihren Befehlen verschanzte. Die anderen trabten nach nochmaligem Durchzählen mit Lady an der Spitze zum Speisesaal. Dieses Durchzählen kam mir vor wie eine Marotte, vielleicht war die Bernecker so schusselig, dass sie sich immer wieder die Zahl ihrer Gefangenen ins Gedächtnis rufen musste. Als wenn eine von uns durch die Gitterstäbe davonfliegen könnte.

Ich durfte mich nicht wehren. Der Bernecker den Schlüsselbund entreißen, an die Schläfe schleudern, dass sie hinüber war. Weg, nur weg, rennen, bis alles hinter mir lag, das ganze Land, die ganze beschissene Zukunft in diesem Land.

Nie wurden wir satt. Nach den paramilitärischen Übungen stand für Sonnabend um 9.30 Uhr die Gruppenstunde mit Erste-Hilfe-Maßnahmen an. Die Elitetruppe aus Torgau, diszipliniert bis in die letzte Faser, brutale Härte gegen sich und andere gewohnt, wäre zur Stelle im Ernstfall. Ob Mund-zu-Mund-Beatmung oder durch Schützengräben robben, mit wenig Essen, mit wenig Schlaf auskommen, keine Eigenheiten kennen: Zäh wie Kruppstahl, das waren die Torgauer Jugendlichen, die in den Räumen lebten, schliefen, aßen, arbeiteten, in denen die Wehrmacht während des Zweiten Weltkrieges ihre Gefangenen gehalten hatte. In Einzelhaft mit Hand- und Fußfesseln; später diente der ehemalige Schirrhof der kaiserlichen Kaserne im Fischerdörfchen am westlichen Elbufer den Sowjets als Gebietsgefängnis des NKWD-Operativsektors Sachsen-Anhalt. Nun waren eben wir an der Reihe. Von 10.45 Uhr bis 11.30 Uhr ging es wieder zum Sport auf die Sturmbahn, von 11.30 bis 12 Uhr hieß es, Reinigungsgeräte für die Revierreinigung fertig machen, Punkt 12 dann Mittagessen. Keine Sekunde Leerlauf, keine Sekunde zum Nachdenken, keine Sekunde, um zu sich zu kommen, das war Plan. Immer wieder notierte die Bernecker in ihrem Berichtsbuch, dass ich nicht auf ihren Kommandodrill ansprang. „Schwerpunkt: exakte Ausführungen der gegebenen Kommandos, bes. Jgdl. Plog."

Meist gab es Eintopf, und ich hasse Eintöpfe, mit Graupen oder Linsen, mit fettem Schweinebauch oder Grützwurst, in einer Kartoffel-Zwiebel-Pansche. „Das esse ich nicht." Die Neue ist mäkelig, petzte unsere Number One. Die Bernecker stand hinter mir. Aufessen! Die ewige Anschnauzerei machte mich stumpf. Soll sie mir ihre Schlüssel einzeln in den Rücken rammen. Ich esse das nicht. Egal, ob einer hinter mir steht und mit dem Schlüsselbund rasselt. Ich esse das nicht. Da wurde so lange gewartet, bis die Mädchen ihr Erbrochenes aßen. Ich esse das nicht.

Dafür würde ich gleich wieder in den Bunker wandern. Ich geh ja schon, ich nehm das Ticket für unten. Der Gang in den Arrest ließ sich ganz einfach provozieren. Eine freche Antwort, und schon ging es ab in den Arrest. Auch mit der Weigerung, das Klo sauber zu machen, oder wenn du dreimal das Bett nicht richtig gemacht hattest, ab in den Arrest. Alles, was nicht in der Norm lag, wurde bestraft. Das Essen wurde in die Zelle geschoben, du wurdest angebellt, dass du gerade stehen sollst. Irgendetwas haben sie immer gefunden. Mich hat das Dasein in der Gruppe zermürbt. Diese Mädchen waren mit allen Knastwassern gewaschen. Im Keller des Hauses, wo oben die Geschundenen hetzten und einander triezten, hatte ich meine Ruhe. Wenn nicht nebenan in der Arrestzelle eine durchdrehte und in den Fuchsbau verfrachtet wurde. Der Fuchsbau war ein Schacht, gemauert im Zweiten Weltkrieg. So sollten die Eingeschlossenen in den Kellerräumen mit ein wenig Licht und Luft überleben, wenn die Bomben und die Trümmer den Weg versperrten. In den Fuchsbau kamst du, wenn du dich im normalen Arrest nicht richtig verhalten hast. Wenn du gesungen, geschrien, an die Tür gehämmert hast. Im Fuchsbau unten im Keller neben den Arrestzellen konntest du nicht stehen, es gab keine Pritsche, es gab den Kübel und sonst nichts. Keine Decke, nichts. Nur die feuchten Mauern, der kalte Stein, darauf der zusammengerollte Körper. Das Gute war dort unten, dass die Tränen endlich fließen konnten.

Hier im Arrest konnte ich meine Bücher lesen und in meine Erinnerungen steigen, durch Farben und Wege gleiten, die es in Torgau nicht gab. Fliegen summten, das Gras zirpte, Käfer kletterten auf Grashalme, gleißendes Licht versetzte mich in ein Bilderrauschen. Die Sonne knallte auf meine geschlossenen Lider, und ich lag, die Beine und Arme weit ausgebreitet, allein im Gras. Draußen war Sommer.

Der Torgauer Dreier

über die sturmbahn mussten wir, auch über die eskaladierwand. wie bei den soldaten. dann ging's durch gitter, durch den schlamm auf allen vieren, und wieder laufen. der sport fand immer draußen statt. bei wind und wetter. wenn ich an torgau denke, friere ich. die dicken mauern, vergitterte fenster und glasbausteine, die das licht nur ahnen ließen. in torgau hab ich immer gefroren, trotz des sports.

Unten im Arrest waren die Mauern kalt und feucht, als schwitzten sie, als wären hier die offenen Poren für das, was oben geschah. Das Elbwasser drückte in den Kellerboden hoch und von den feuchten Wänden tropfte es. Mezumroka – der alte Name für das Land zwischen den Flüssen, zwischen Elbe und Elster, die häufig über die Ufer traten. Als ich morgens frierend und zitternd auf der Pritsche aufwachte, stand das Wasser knöcheltief. Egal, der Riegel geht, Grundstellung einnehmen, Name, Dauer des Arrests, Grund des Arrests nennen, die schon verbüßte Zeit. Der Uringestank aus dem Kübel klebte an mir. Heraus zum Arrestantensport. Endlich Licht sehen, Luft atmen. Die Bernecker hatte dienstfrei. Vielleicht bewohnte sie ein Zimmer, das sie sich ganz gemütlich gemacht hatte in Torgau, hatte einen Freund mit Urlaub von der NVA und sie bummelten an Pfingsten über das Kuhschwanzfest weit weg von diesen aufsässigen Jugendlichen, die ihre Chancen vertun.

Zwei fünf Kilogramm schwere Hanteln verpasste mir der Sämisch, den alle Hämisch nannten, und hieß mich Runden drehen. Vorbei an der großen Aufschrift an der Wand des Produktionsgebäudes: „Wenn Du willst, dann helfen wir Dir! Was Du nicht kannst, das lernst Du! Aber wenn Du nicht willst, dann zwingen wir Dich!" Von den anderen sah und hörte ich nichts, nur das Schmatzen meiner Schuhe, mit denen ich mich durch den Morast auf dem Hof vorankämpfte, schneller, schneller, vorbei am Hämisch, ohne Schlagstock traute er sich wohl nicht, auf mich aufzupassen. Hoch sauste sein Schlagstock, nieder, als wollte der Sämisch einen Hund verprügeln. Ich wusste, ich durfte nicht zusammenbrechen. Der Gummiknüppel mit dem Stahlkern, mit dem sie in die Weichteile schlugen, weil dort nicht gleich Brüche zu verzeichnen sind. Nicht zusammenbrechen, wiederholte ich die Silben stockend in Gedanken. An nichts anderes war zu denken, nicht zusammenbrechen, und plötzlich flogen die Hanteln den Händen davon, dem Sämisch ans Schienbein, und ich fiel auf die Knie, die Hände schützend über den Kopf, und dann kamen die Schläge, du Simulantin, hassverzerrt die Worte. Die Schläge prasselten auf meinen Rücken, auf die Hüften, ich krümmte mich und wand mich, den Schlägen auszuweichen, vergeblich. Der prügelt dich tot, der hört nicht auf. Hier ist keiner auf dem Hof, hier hört keiner meine Schreie und Sämisch haut immer wilder und so treibt er mich hoch in den Torgauer Dreier: Liegestütz, Kniebeuge, Hockstrecksprung, fünfzigmal. Arrestantensport war verschärfter Sport.

Geprügelt wurde, wahllos und ohne Ankündigung, du musstest immer auf Prügel gefasst sein. Beim Antreten nicht gerade genug stehend, den Laufschritt einen Tick zu langsam, schon konntest du den Stock spüren. Solche Sadisten wie der Hämisch gehörten zu Torgau. Das war ihr Spielplatz, hier fühlten sie sich zu Hause, keinem Rechenschaft schuldig. Man hat uns immer daran erinnert, dass wir dort überhaupt nichts äußern dürfen, dass sie mit uns machen können, was sie wollen. Wir waren keine Menschen, wir hatten keine Gesichter, wir waren alle gleich. Wir hatten nichts zu wollen, nichts. Nichts! Wir mussten machen, was sie sagten, und sonst gar nichts. Wir wussten nie, was uns erwartete, welche Strafe, welche neue Demütigung.

Sämisch brachte mich wieder hinunter in den Keller. Jetzt sollte ich den Fuchsbau kennenlernen. Ich hätte in die Krankenstation gehört. So grün und blau geprügelt musste ich mich unten ausziehen zur Leibesvisitation und Sämisch konnte sein Werk bewundern. Ohne Ausziehen und Abtasten der unteren Körperöffnungen mit den Gummihandschuhen ließen sie dich hier unten nicht allein, denn du könntest ja etwas gefunden haben zum Ritzen, um aus dieser Welt mit ihrem Ziel der Umerziehung zu verschwinden. Alles, jede Bewegung, war Schmerz. Zusammengekauert lag ich in der Schwärze der Mauern wie ein waidwund geschossenes Tier in seiner Sterbehöhle. Ich wollte nicht mehr. Wenn sie mich nur wenigstens sterben ließen. Oma und Opa saßen im Garten, droschen Skat, unter übervollen Bäumen mit leuchtend roten Kirschen. Ich driftete fort in die Träume.

Sie hatten Hanne hier heruntergebracht. Nicht Hanne, dachte ich, nicht Hanne, die zarte Feingliedrige, die nach Hause wollte zu ihrer Mutter. Ihre Mutter musste sie finden, sie hatten sie weggebracht, den Kopf schonend mit der Hand unters Autodach gedrückt, und waren mit ihr davongefahren. Zu Hanne kein Wort. Hanne kam ins Kinderheim, und sie lief weg, nach Hause. Dort wollte sie warten, bis die Mutti kommt. Denn wenn die Mutti kommt und ich bin nicht da, weiß sie ja gar nicht, wo ich bin. Die Wohnung lag versiegelt. Hanne hatte niemanden, zu dem sie gehen konnte, und die Polizei brachte sie zurück ins Heim. Dann folgte die Einweisung ins Spezialheim, wieder wurde sie als Flitzerin aufgegriffen, und jetzt eben Torgau. Hanne war anders als die anderen Mädchen, die brutal untereinander ums eigene Fortkommen und Überleben rangelten.

Immer wieder kam es vor, dass Mädchen beim samstäglichen Fensterputzen um Hilfe schrien nach draußen. Hallo, Hilfe, ich bin unschuldig, unschuldig eingesperrt, helfen Sie mir! Wenn da vorne, wo es von der Elbe zur Stadt ging, der samstägliche Einkauf wartete, wenn einmal jemand dort stand, einmal wirklich jemand stehen blieb und uns hörte, dann war es schon aus mit der Hoffnung. Uns konnte keiner helfen. Kopfschütteln, Schulterzucken, Weitergehen. Wir sahen ja so aus und alle Menschen in Torgau dachten, das sind Kriminelle; richtig, dass die zum Putzen eingeteilt sind. Gut, dass die arbeiten müssen. Und auch Hanne hatte da auf dem Fenstersims gestanden und durch die Gitterstäbe gebrüllt.

Die Sekunden dehnten sich zu Minuten, die Minuten schoben sich zu endlosen Stunden, bis endlich die Pritsche heruntergeklappt würde. Mit allen Fasern wach, mit allen Sinnen gespannt, hockten Hanne und ich nebeneinander in den durch die dicken Kellerwände getrennten Zellen. Um uns zu verständigen, hätten wir schreien müssen. Ich sorgte mich um Hanne.

So verpassten wir das weitere Programm für den Samstagnachmittag. 13 bis 17 Uhr Revierreinigung, vier Stunden in Akkordhetze, hinzu kommt eine halbe Stunde der Abnahme durch den Erziehungsleiter, wenn notwendig, heißt es nacharbeiten. Gänge, Toiletten, Arbeitsräume, alles musste geschrubbt werden.

Am Sonntag ging es für die anderen um 9.30 Uhr weiter mit der Hofreinigung, 10.30 Uhr Erledigung der Nebenämter und Wäsche einweichen. Zellen, Produktionsraum, Erzieherzellen, wieder musste alles geschrubbt werden mit Kernseife oder Ata, 11.30 bis 12 Uhr stand Sport auf der Tagesordnung, 13.45 bis 15.15 Uhr die Grundausbildung, also Marschübungen, Wenden im Stand, Antreteübungen, Meldeübungen. 16 bis 17.30 Uhr gehörte der organisierten Freizeit, die Aktuelle Kamera im Fernsehen, 18 bis 19.30 Uhr hieß es Strümpfe stopfen, 19.30 bis 20 Uhr Sport auf dem Hof. Einschluss zur Nachtruhe.

Nie ließen uns die Erzieher vergessen, dass sie die Schlüsselgewalt hatten. Das Scheppern des Schlüsselbunds begleitete uns treppauf, treppab von Stockwerk zu Stockwerk, wenn die Erzieher den Schlüsselbund an den Eisenstangen des vergitterten Treppenhauses entlang klingen ließen.

Montag war der Unterrichtstag für die Mädchengruppe. 7 bis 8.30 Uhr Staatsbürgerkunde, 8.45 bis 10.15 Uhr Mathematik, Deutsch 10.30 bis 12.00 Uhr, 13 bis 14.30 Uhr Lehrunterweisung

Gestellt vom Jugendwerkhof wurden drei Schreibhefte, zwei Rechenhefte, Lineal, Bleistift, Zirkel und Winkelmesser. Der Schultag war mir immer eine willkommene Abwechslung vom Drill und von der Normerfüllung in der Produktion. Die Themen in Staatsbürgerkunde kauten wir auch jeden Abend vor dem Schlafengehen durch: Der Sinn des Sozialismus. Das Bündnis mit der SU als entscheidender Faktor für die Gesamtentwicklung der DDR. Das Gerede im Westen von der sogenannten Einheit der Nation. Die neue Taktik des Imperialismus, die sogenannten innerdeutschen Beziehungen und die nationale Frage – Begriff Nation, die weitere Festigung der Arbeiter- und Bauernmacht, die Entwicklung der sozialistischen Demokratie, die Arbeiterklasse und ihre Bündnispartner. Seht, was aus uns geworden ist. Entwicklung der sozialistischen Menschengemeinschaft an Beispielen aus Betrieb, LPG, Wohngebiet, Familie. Das wahre deutsche Wunder. Die DDR in der sozialistischen Staatengemeinschaft. Rostock, ein Beispiel des sozialistischen Aufbaus der DDR.

Aus dem Arrest wurden Hanne und ich am nächsten Tag zu den Produktionsstätten im ersten Stock gebracht. Vom Lohn gingen die Heimkosten, für die an sich die Eltern aufkamen, Shampoo, Seife, Zahnpasta, das Schulmaterial und die Rücktransportkosten ab. Die Jungs durften für den VEB Landmaschinenbau Torgau oder den VEB Elektroschaltgeräte Rochlitz schuften und in der Teilausbildung Schlosser lernen. Als Mädchen warst du Hilfsmonteur für elektrische Geräte mit einer Prüfung jeweils zum Ende des Aufenthalts. Wir sollten Paketnockenschalter zusammensetzen.

Der Produktionsleiter war ein Mann von außerhalb. So hager wie eine Vogelscheuche auf einem Sonnenblumenfeld, hob er den Arm, um seine Uhr hervorzuschütteln, und sein dunkelblauer Kittel flatterte auf. Ein Paketnockenschalter kann so gestaltet sein, dass er den Vorschriften des Explosionsschutzes genügt. Hierzu reicht es im Wesentlichen aus, die Wandstärke der Wände, die die Schalterkammer begrenzen, an das Schalterkammervolumen anzupassen und den Schalterstößel zusammen mit der Bohrung so zu gestalten, dass sich ein Exspalt, das heißt ein zünddurchschlagssicherer Spalt ergibt. Die Schalterkammer ist damit druckfest gekapselt. Der Produktionsleiter verstand sein Handwerk. Es ging um Gewindeherstellung, um das exakte Messen und Prüfen in der Metallverarbeitung, um Plasten und ihre Verwendung. Dass 14 unwillige Mädchen mit mürrischen, bösen Gesichtern vor den Werkbänken standen, entging der Vogelscheuche. Der Produktionsleiter war Elektriker, kein Erzieher. Spannung, Leistung, Widerstand, das war seine Welt. Und in seiner Welt, in seiner Welt der Arbeit, gab es ein Einzelklo. Wir übertrieben es nicht, aber ab und an durfte eine allein auf die Toilette. Die Tür musste angelehnt bleiben, dennoch war dieser kurze Augenblick ein Fest. Friedlich scheißen zu dürfen war ein Fest.

„Anweisungen an die Hundeführer: Der Einsatz mit den Hunden beginnt täglich im großen Hof bei Aufnahme der Arbeit in der Produktion. Damit muss gewährleistet sein, dass ein gewaltsames oder unbemerktes Entweichen der Jugendlichen rechtzeitig verhindert wird. Während der Dauer der Arbeitszeit von 7.15 bis 16.15 Uhr ist der Hund gegenüber der Taucherei an die Laufkette zu legen. […] Beim Vorliegen einer Notwehr ist der Hundeführer berechtigt, den Angreifer mit Hilfe des Diensthundes abzuwehren. Die Abwehr ist so lange durchzuführen, bis der Angreifer von seinem Vorhaben ablässt.“[46]

Zum zweiten Frühstück von 9.15 bis 9.30 Uhr war uns eine Viertelstunde Pause im Maschinenraum gestattet. Wir erhielten dünne Scheiben Graubrot von insgesamt 200 Gramm, darauf 30 Gramm Schmalz, dazu eine Tasse Kaffee. Frühstück! 15 Minuten! Jede war konzentriert beschäftigt, so viel in sich hineinzustopfen, um für die kommenden Stunden gewappnet zu sein.

Die Normvorgabe sah vor, dass wir von 7.35 bis 15.30 Uhr zur Arbeit eingewiesen wurden und arbeiten. Von 15.30 bis 16.15 Uhr war Arbeitsschluss, das heißt, das Säubern der Arbeitsräume stand an, und die Arbeitsergebnisse wurden täglich ausgewertet. Hast du die Norm geschafft, gut, wenn nicht, hatte die ganze Gruppe zu leiden durch Strafsport. Für jedes Vergehen wurde die gesamte Gruppe bestraft, das war Plan, dass man niemandem vertrauen konnte, weil klar war, es werden alle bestraft, also werden sich auch alle rächen. Jeden Tag wurde eine Note auf der Arbeitskarte vermerkt.

Wer es schaffte, Schrauben oder Drähte zu schmuggeln, meist in den Schuhen, hoffte. Hoffte in aller Verzweiflung darauf, dass die spitzen Schrauben die Speiseröhre, den Magen, den Darm zerrissen, hoffte auf innere Blutungen und langsames Verrecken. Immer wurde die Schraubenfresserin verpetzt. Auf die Selbstjustiz innerhalb der Gruppe war Verlass. Keine kam auf die Krankenstation. Stattdessen saßen sie zu den Mahlzeiten jeweils vor einem Kilo Sauberkraut, so hieß hier scherzhaft das kalte Sauerkraut. Über die Schraubenfresserinnen lachte Horst Weber, der Arzt, der einmal in der Woche zur Sprechstunde kam. Als ich ihm meine tätowierten Füße zeigen musste, meinte er, da sei zu wenig Fleisch, da könne er nicht schneiden, und schickte mich fort.

Im Juni 1968, so verzeichnet es das Berichtsbuch der Kollegin Bernecker, konnte ich mir doch schon etwas leisten: ein Stück Seife für 70 Pfennige und Zahnpasta für 80 Pfennige, einmal Shampoo für eine Haarwäsche, 20 Pfennige, zwei Hefte für je 20 Pfennige für den einen Schultag in der Woche, einen Block für 70 Pfennige, vier Umschläge für je 4 Pfennige, drei Briefmarken, 60 Pfennige. 3 Mark und 56 Pfennige insgesamt wurde ich am völlig überteuerten Torgauer Kiosk los, vor dem wir strammstehend unsere Wünsche kundzutun hatten. Alles verzeichnete die Bernecker in Tabellenform sauber in ihrem Buch. Für den nächsten Monat hätte ich den Friseur mit einer Mark und 15 Pfennigen einzurechnen. Die Haare durften nicht über ihre Stoppellänge von zwei Zentimetern hinauswachsen. Den Bindengürtel und die Albazell, zwei Stück zu 1,94 Mark, sparte ich mir, denn wenn „der Iwan im Keller" war, saugten diese Klotzbinden sowieso nichts richtig auf, wir behalfen uns mit Toilettenpapier, und das Blut lief mir die Beine hinunter und trocknete kalt in der Arbeitshose. Morgens nach dem Aufstehen produzierte ich regelmäßig eine Blutlache, und wenn ich sowieso am Wischen war, konnte ich Schlafraum und Flur gleich mitputzen.

Anfang Juli stand fest, dass ich nicht mehr nach Hause kommen würde. Davon wusste ich nichts. Adressiert wurde an das Aufnahmeheim (Spezialkinderheim) Ernst Schneller, Eilenburg, Rödgener Landstraße 15 am 3.7.1968 die Zuweisung von Werkhofplätzen: „In

der Anlage übersenden wir Ihnen die Protokolle der Festlegungsge-
spräche der Jugendlichen Plog, Sonja, geb. 4. 3. 52 und V., Jutta, geboren am 10. 2. 53. Wir bitten um Zuweisung von Werkhofplätzen für
die genannten Termine. Das Protokoll des Festlegungsgespräches der
Jugendlichen J., Monika, geb. am 2. 8. 52, wird nachgereicht. Richter,
komm. Direktor".[47]

Abends, wenn wir müde und ausgelaugt von Arbeit und Sport nur
noch ins Bett wollten, stand staatspolitischer Unterricht mit Themen
wie „Wie entstand das sozialistische Weltsystem?" zur Erörterung an.
Mindestens einmal in der Woche war ich dran, um aus dem *Neuen
Deutschland* zu referieren, und ich durfte einen Leserbrief vorlesen mit
dem Titel „Offenes Wort unter Freunden":

In zahlreichen Zuschriften an die Redaktion geben Bürger der
DDR ihrer Zustimmung zum gemeinsamen Brief an das ZK der
KPC Ausdruck. Aus dem Herzen gesprochen: Willi Holze, Schlosser im VEB Leuna-Werke Walter Ulbricht: Beim Lesen des gemeinsamen Briefes habe ich an jener Stelle innegehalten, wo es heißt:
„Sehen denn diese Gefahr nicht die Genossen?" Das ist mir aus
dem Herzen gesprochen. Aus eigenem Erleben kann ich sagen,
dass die Werktätigen der DDR ein sauberes, in Treue verbundenes
Verhältnis zu unseren sozialistischen Kampfgefährten in der ČSSR
haben. Ich möchte auch gleich ausführen, dass wir bei uns gleich
nach 1945 in offener, geistiger Auseinandersetzung darangingen,
die Köpfe frei zu machen für ein sozialistisches Miteinander. Wenn
man einen Kampfgefährten in Gefahr sieht, so denke ich, dann
muss man ihm helfen.[48]

Die Kommission

als ich wusste, dass sich meine eltern von mir losgesagt haben, sie waren
zu einem gespräch mit kretzschmar da und er berichtete mir davon – da
kam ich mir so entwurzelt vor, als wenn ich nirgendwo hingehöre u. mich
keiner will, weil ich ja die große fresse, das lose mundwerk habe.

Das Verhältnis zwischen Jugendlichen und Erziehern ist gekenn-
zeichnet durch den im geschl. JWH vorherrschenden autoritären
Führungsstil, der zur Durchsetzung der straffen Lebensordnung
notwendig ist. Bald nach der Gewöhnung der Jugendlichen an die
Forderungen erleben weder sie noch die Erzieher die damit ver-
bundene Distanz als etwas das Vertrauensverhältnis Störendes.
Abweichungen von dieser Regel gibt es a) durch die Besorgnis des
Erziehers, dass durch zu enge Kontakte mit Jugendlichen die Disziplin leiden würde, b) durch verhärtete Einstellungen von Jugendlichen gegen alle Erwachsenen, die auf sie erzieherischen Einfluss
nehmen. Auf das Entstehen eines Vertrauensverhältnisses wirken
sich einige übertriebene (sinnlose?) Disziplinarmaßnahmen stö-
rend aus (das ständige Melden der Jugendlichen, die Anrede „Herr
Erzieher" bzw. „Frau Erzieherin").[49]

Zwei Tage lang, vom 10. bis zum 12. Juli 1968, liefen Fremde durch die
Stationen des Jugendwerkhofs. Wir bestaunten die Männer in ihren An-
zügen mit ihren Arbeitsmappen, die sie aufschlugen, uns ansahen, etwas

notierten. Sie kamen von draußen, aus der normalen Welt mit Guten Tag, wie geht es Ihnen, lieber Genosse, mit sozialistischem Gruß. Sahen Sie nicht, dass wir Angst hatten? Dass unsere Augen vor ihnen flohen, dass wir sie nicht aufschlugen, vor Angst, sie könnten den Hass darin entdecken? Sie waren überall anzutreffen, in der Produktion, auf den Stationen, beim Sport im Hof und auch, wenn wir im Entengang dreißigmal die Treppenaufgänge hinauf bis in den dritten Stock zu den Erzieherzimmern und hinab gescheucht wurden, bis die Muskeln zerreißen wollten. Treppenkarussell nannten das die Erzieher. Immer im Kollektiv, immer waren alle dran, weil eine in der Schaltermontage, in der Gütekontrolle, am Messpult zu langsam war oder weil ich die militärischen Übungen nicht exakt genug ausführte, sondern tänzerisch, wie ich es kannte. Weit entfernt lag unsere Mädchengruppe von der Auszeichnung „Wochenbester" an der Tafel im Treppenhaus, an der jeder vorbeigehen musste und sehen konnte, wo welche Gruppe steht. Niemals würden wir es schaffen, dreimal hintereinander wochenbeste Gruppe zu werden. Eine Torte aus der Stadt sollte es dann geben und es klang wie eine Verheißung aus einem Märchen, das böse ausgeht. Wir gierten nach Süßem. Manchmal kaufte ich mir statt Shampoo ein Tütchen Kakao, und Hanne und ich steckten die Spuckefinger hinein und lutschten alles vergessend diese Torgauer Spezialität. Von zu Hause bekam ich kein Paket.

Im Abschlussbericht der Kommission, vorgelegt Margot Honecker im Ministerium für Volksbildung, wird die staatsbürgerliche Erziehung im Jugendwerkhof begrüßt.

Der straff organisierte und fließende Tagesablauf lässt kaum ein Ausweichen zu. Das, neben der explosiven Wirkung der Aufnahme mit sofortiger Isolierung und einem System von Ansporn und Strafe, ist als Grund dafür zu sehen, dass es im geschl. JWH auch bei vorher stark renitenten Jugendlichen nur wenige Fälle von Aufsässigkeit gibt. […] In der geschlossenen Einrichtung muss die Erziehung zwangsläufig weitgehend isoliert vom Leben in unserer Gesellschaft verlaufen. Daraus resultieren wahrscheinlich gewisse

Schwierigkeiten, die die Jugendlichen haben, wenn sie sich wieder in das normale Leben eingliedern sollen und dort den vielfältigen Einflüssen ausgesetzt sind, ohne dass ihre Lebensführung so kanalisiert wird, wie das im geschl. Jugendwerkhof geschieht. Manche Jugendliche (besonders Mädchen) haben Sorge, dass sie, wenn sie aus dem geschl. Jugendwerkhof entlassen sind, nicht wieder als vollwertige Menschen gelten. Einige negative Ausdrücke im Jugendwerkhof lassen sie daran zweifeln:

a. Ausdrücke, die ihnen gegenüber gebraucht werden (Schlampe usw.).

b. Der Haarschnitt der Mädchen, der zwar kurz, aber besonders im Nacken besser geschnitten sein sollte.

c. Die Kleidung (Arbeitsanzüge, Hausröcke, Blusen, Leibwäsche für den Tag und für die Nacht) sollte so sein, dass sich die Jugendlichen nicht als deklassierte Menschen fühlen., d. h. die hohen Schnürstiefel sind für die Arbeit der Mädchen nicht erforderlich, sie könnten gut durch die auch vorhandenen derben Halbschuhe ersetzt werden.

d. [...]

e. Das Schrubben der Fliesenfußböden mit Kernseife, statt mit Scheuersand, wird als Schikane empfunden.[50]

Der harte Sport werde von uns nur in den ersten Tagen als Überforderung wahrgenommen und er stelle für die Mädchen einen guten Ausgleich für unsere bewegungsarme Arbeit dar. Empfohlen wird, sich „durch einen Sportmediziner und einen Sportmethodiker von der DHfK Leipzig beraten zu lassen, damit der Sport als ein wichtiges Erziehungsmittel wissenschaftlich fundiert und hygienisch unanfechtbar gestaltet werden kann". Dann die Schubkarrenfahrten, mit Eisenbahnschwellen beladen, rundenweise um die Sturmbahn. Der Torgauer Dreier mit Liegestütz, Hocke und Hockstrecksprung. 100 bis 200 Dreier waren ganz normal. Aus purer Angst schaffst du das. Aus Angst ums Überleben. Vielleicht behalten sie dich hier für zehn Jahre. Nach mir fragt doch keiner. Trotzdem, ich konnte mich nicht zusammenrei-ßen, ich wollte es auch nicht. Schleppend las jeden Abend eine von uns todmüde aus dem *Neuen Deutschland* vor. Manche hatten solche Schwierigkeiten, die Buchsta-ben aneinanderzureihen, dass das Zuhören unmöglich wurde und ich einschlief. Doch dann kam in beißender Schärfe der Ruf: Jugendliche Plog! Hier wird nicht am Tisch geschlafen! Hundertmal Hockstreck-sprung! Die politische Macht in der BRD? Liegt in den Händen des Monokapitals, das Hitler groß werden ließ. Das geschwärzte *Neue Deutschland* lag aus. Am Sonnabend, 17. August 1968, lasen wir Be-richte von Truppenmanövern in Ungarn. „Nachrichteneinheiten der ungarischen und der sowjetischen Armee halten auf dem Gebiet der Ungarischen Volksrepublik gemeinsame Manöver ab. Während der Übung werden bestimmte Stäbe und Einheiten der ungarischen Ar-mee und der zeitweilig in Ungarn stationierten sowjetischen Truppen ihre Kenntnisse bei der Anwendung moderner Kampfmittel unter komplizierten Bedingungen weiterentwickeln und damit zusammen-hängende Aufgaben lösen."

Die Bernecker versuchte sich in einem politischen Kommentar. Gemeinsam, im Kollektiv, müsse den Brüdern in der ČSSR geholfen werden, sonst würden kleinbürgerlicher Individualismus, mangelndes Klassenbewusstsein, bürgerliche Überheblichkeit siegen. Anschlie-ßend sollten wir über die Frage aus dem letztwöchentlichen Staats-bürgerkundeunterricht nachdenken: Ist Westdeutschland das Land meiner Träume? Mein Lachkrampf beschleunigte meine Sehnsucht nach dem Alleinsein. Ein kurzer Telefonanruf im hauseigenen Netz bei Kretzschmar, ist gut, wird gemacht, und die Bernecker ließ mich durch Herrn Weinberger abführen. Bei uns, im Schlafraum 29, wurde darüber geredet, dass „Kollege Weinberger in der Produktion Mäd-chen betatscht".[51] Weinberger brachte mich nach unten und durch-suchte mich. Ob ich schrie, mich wehrte, er konnte hier unten mit mir tun, was er wollte.

Aktion Genesung

Wieder drei Tage Arrest unten in der Dunkelzelle. Meine Erziehungsbereitschaft wollte sich immer noch nicht einstellen. Draußen mussten sie mitten in den Sommerferien sein. Wenn die Sonne das Haar bleichte und der Ostseesand zuckrig zwischen den Fingern rann. Wenn die Berliner kamen und ich als einziges Mädchen mit R. und den anderen endlos die Strände entlangwanderte, weg von den beaufsichtigten Massen im Planschebad. Hitze und Zigaretten, wenn die Jungs die Jeans hochgekrempelt trugen, den Oberkörper nackt, Lachen, Schubsen, Wasserklatscher. Wir gingen, bis der Strand immer wilder wurde, wo die entwurzelten, umgestürzten Bäume lagen, die wie skelettierte weiße Knochen in den Wind ragten. Dort hinten kurz über die Düne lag verlassen ein altes, niedriges Fischerhäuschen. Hier hausten die Berliner Jungs. Die meldeten sich nicht auf einem Campingplatz an. Im Windschatten des Häuschens schürten wir das Feuer aus den trockenen Ästen vom Strand und an einer gefährlich schwankenden Konstruktion aus alten Türeisen ließen sich die Konservendosen erwärmen, die die Jungs in ihren Rucksäcken mit sich schleppten.

Raus, raus, Meldung! Jugendliche Plog meldet, drei Tage Arrest wegen Widerworten. Wieder der Hämisch-Sämisch, wir kennen uns schon, gut genug, oh ja, er kennt mich, meinen Körper hier unten, seine Öffnungen. Im Laufschritt hinauf, wie blind ertastete ich den Tunnel der Kellertreppe, hoch, raus, Aufschluss, 50 Runden Sturmbahn, ich allein und der Sämisch, los, Heizungen aufgeladen. Warum sollte ich eine alte Heizung auf einer Schubkarre über die Sturmbahn schieben? Die Rippenheizung schlug blechern bei jedem Laufschritt in der Schubkarre auf, gleich würde sie mir hinunterrutschen, das schwere Ding konnte ich unmöglich auffangen. Weiter, keine Müdigkeit vortäuschen. Es ist noch nicht aller Tage Abend. Was du heute kannst besorgen, das verschiebe nicht auf morgen. Schließlich ist Polen noch nicht verloren.

Oben waren sie jetzt beim Bettenbauen. Weiter, in die Kurve und dann die lange Gerade zurück. In der Wende verdreht sich die Schubkarre wie ein bockendes Pferd, buckelt, schlägt ihre Handgriffe hoch und die Heizung rutscht und rutscht. Ich kann sie nicht aufhalten. Ich konnte nicht mehr. Kurz vor dem Zusammenbruch. Auffangen wollte ich sie mit beiden Händen und hochschieben, sonst muss ich noch mehr Runden dranhängen. Reißender Schmerz, das Blut spritzt pulsierend hervor. Mein Finger! Mein Finger, mein Finger, höre ich mich schreien. Hämisch tut was für seinen Ruf und lässt mich weitere Runden laufen. Ohne Schubkarre. Das Blut läuft mir warm in den Ärmel, der Stoff der Trainingsjacke ist dicht und hält. Ein Unglück ist passiert, schrien sie oben aus den Fenstern. Sämisch ließ keine Hilfe zu. Torkelnd über die Sturmbahn, praller Ärmel, blutrot gefüllt. Sollen sie mich doch sterben lassen, es wäre mir so leicht.

Nein, beim Sterben helfen sie nicht und der Sämisch setzte mich in den Jugendwerkhofwagen, fuhr mich gefesselt mit Hand- und Fußschellen, die Schuhe ohne Schnürsenkel, ins Städtische Krankenhaus.[52]

Verletzt beim Strafsport. Personalien. Mit den Fußfesseln kam ich nur Trittchen für Trittchen tippelnd voran. Die Wartenden mit ihren Sorgen blickten mich an, als hätten sie dem Verbrechen, als hätten sie einer Mörderin ins Gesicht gesehen. Kahlgeschoren. Der letzte Abschaum. Ausschuss der Gesellschaft.

Keiner sprach mit mir, es gab kein mitfühlendes Wort, keinen Stuhl zum Ausruhen. Stehen, warten und den Arm hochgehievt halten, damit das Blut nicht auf das Krankenhauslinoleum spritzt. Das Handtuch, das das Blut auffangen sollte, war nass vor Blut. Der Arzt sah mich nicht an. Völlig ungerührt stillte er die Blutung, indem er mir mit einer Aderpresse das Handgelenk abband, nahm Nadel und Faden, murmelte etwas von Indianern, die keinen Schmerz kennen, und nähte mit unschönen Stichen die Fingerkuppe wieder an. Als ich wieder zu mir kam, trug ich einen weißen Verband, lag gefesselt auf einem Krankenbett, an dessen Fußende der Sämisch saß und sich ärgerte, dass er hier nicht rauchen durfte.

Das Krankenzimmer im Fischerdörfchen hatte vergitterte Fenster und eine gepolsterte Tür. Die Vorteile gegenüber der dunklen Kellerzelle waren das Morgenlicht und dass ich vom Sport, von der Arbeit ausgenommen war und einen nicht ganz so verdreckten Kübel für mich hatte. In der Isolation leben heißt, ohne einen menschlichen Laut leben. Kein Geräusch. Kein Gespräch. Nichts. Keine Berührung. Und nicht wissen wie lange noch. Bleierne Müdigkeit in den Gliedern und im Kopf, alle Bewegung ist schwer wie in Zeitlupe und der Schwindel des Blutverlusts drückt mich aufs Bett. Als ich nach Tagen zurück auf Station komme, spüre ich die verhohlenen Blicke. Schön Urlaub gemacht. Ausgeruht, die Dame? Hanne ist fort, entlassen in ihren Stammjugendwerkhof.

Dienstag, 20. August 1968, in der Abenddämmerung des Prager Flughafens landet eine Militärmaschine. Sie bringt Sowjetsoldaten nach Prag, die sofort den Tower besetzen. Durch die Nacht rollten die Panzer auf die tschechische Hauptstadt zu. Am nächsten Morgen hielt die Welt den Atem an. Der „Prager Frühling" wurde gewaltsam beendet. Am 21. August 1968, einem schwül-heißen Sommermorgen, hieß es im Radio, „an alle Bürger der DDR: Die Völker der ČSSR haben es nicht verdient, dass sie von prinzipienlosen Politikern in eine solche Gefahr gebracht worden sind. Der Einmarsch erfolgte auf Wunsch der dem Sozialismus treu ergebenen Menschen in Partei und Gesellschaft der ČSSR."

In mir knackte etwas, eine eiserne Hand umspannte mein Herz. Die Reformen in Prag, unsere Vision, unser Frühlingsgedanke, der uns beseelt hat. Nur eine romantische Illusion. Meinungsfreiheit, eine unabhängige Presse, alles, was sich die Tschechen erkämpft hatten, dahin.

Plattgefahren mit Panzern in einer brüderlichen Hilfsaktion. Die ganze Welt sah zu, niemand wollte den Tschechen zeigen, wir lassen euch nicht allein. Der Westen rührte sich nicht. So fangen Kriege an, alles ist verhärtet, und der Kalte Krieg wurde noch eisiger. Die USA steckten im mörderischen Schlamassel in Vietnam, Robert Kennedy und Martin Luther King ermordet. Und doch gab es weiter Proteste in der Bevölkerung, so dass Mielke hinsichtlich des Einmarsches, zynisch genannt „Aktion Genesung", konstatierte: „Wir haben keinerlei Grund zur Selbstzufriedenheit, zumal eine große Anzahl – über 2700 – dieser angeführten Handlungen noch unaufgeklärt sind, darunter solche Delikte wie Anbringen von Hetzlosungen, 469 Fälle, und Verbreitung von Hetzschriften, 332 Fälle."[53]

Das *Neue Deutschland* brachte am Mittwoch, 21. August 1968, eine Mitteilung des sowjetischen Nachrichtendienstes TASS zur „Hilfsaktion der Warschauer Vertragsstaaten in der ČSSR im August 1968", so die offizielle Bezeichnung des SED-Organs für die Niederschlagung:

TASS ist bevollmächtigt zu erklären, dass sich Persönlichkeiten der Partei und des Staates der Tschechoslowakischen Sozialistischen Republik an die Sowjetunion und die anderen verbündeten Staaten mit der Bitte gewandt haben, dem tschechoslowakischen Brudervolk dringend Hilfe, einschließlich der Hilfe durch bewaffnete Kräfte, zu gewähren. Dieser Appell wurde ausgelöst, weil die in der Verfassung festgelegte sozialistische Staatsordnung durch konterrevolutionäre Kräfte gefährdet wurde, die mit den dem Sozialismus feindlichen äußeren Kräften in eine Verschwörung getreten sind. […]

An alle Bürgerinnen und Bürger der Deutschen Demokratischen Republik!
Wie durch Rundfunk und Fernsehen bekannt geworden, haben dem Sozialismus treu ergebene Persönlichkeiten der Partei und des Staates der ČSSR am 20. August offen den Kampf zum Schutz

der sozialistischen Staatsordnung, gegen die konterrevolutionären Umtriebe aufgenommen. Dies wurde notwendig, nachdem durch einen verschärften Rechtskurs einer Gruppe in der Führung der KPC und die erhöhte Aktivität der antisozialistischen Kräfte eine akute politische Krise der ČSSR ausgelöst worden war.

[…] Für jeden Bürger der DDR wird beim Blick auf die Landkarte verständlich, dass für unsere Republik und für die anderen sozialistischen Bruderländer eine unerträgliche Lage geschaffen worden wäre, wenn die insbesondere vom westdeutschen Imperialismus inspirierten antisozialistischen Kräfte vom Süden, also von unserer Flanke her, ihre konterrevolutionäre Tätigkeit hätten betreiben können.[54]

Unterzeichnet vom ZK der SED, dem Staatsrat der DDR, dem Ministerrat der DDR. Die sowjetischen, bulgarischen, polnischen und DDR-Truppen gaben ein leuchtendes Beispiel proletarischen Internationalismus.

Die Schleuse

durch torgau bin ich richtig wütend geworden. und geblieben. vorher war da ein gefühl, ein gefühl, dass es hier keine gerechtigkeit gibt. aber dass man so etwas mit ganz normalen jugendlichen machen kann, das ist unmöglich, selbst für die ddr.

24. September 1968. Bald wird Torgau hinter mir liegen, ich konnte es nicht glauben, doch ich dreh mich nicht um. Ich fühlte mich stark. Der Regen glitzerte. Ich bin dort gewesen. Wo wir uns gegenseitig fertigmachen. Musste noch unterschreiben, dass ich niemandem von dort erzählen würde. Dass ich mit keinem über diese vier Monate sprechen würde, musste ich vor Kretzschmar und einem zweiten Typen unterschreiben, der war bestimmt von der Stasi. Wieder saß ich in dem verrauchten Büro des Direktors und hatte stehend Auskunft zu geben über meinen Weg im Kollektiv, in der Produktion, in der Schule. Schlussfolgerungen für die Zukunft. Zunächst ginge es um das nächste Vierteljahr, ich würde aus dem Jugendwerkhof Crimmitschau über meine Arbeitsergebnisse, über meine Lernleistungen und mein Gesamtverhalten Bericht erstatten nach Torgau. Bis zu meinem 21. Lebensjahr konnten sie mich zurückholen.

Das Gebrüll, das Schrillen der Alarmglocke in der Nacht, die Angst vor den Strafen saßen mir in den Knochen. Ich war so gründlich davongekommen, dass mich nichts mehr anging. Etwas würde zurückbleiben. Ein Teil von mir trug Torgau mit sich, schmutzig, gemein, entgrenzt.

„Verfügung: Während der Dauer des Aufenthalts der Minderjährigen Sonja Plog, geb. am 4. 3. 1952 in einem Heim der Jugendhilfe hat Herr Hans-Jürgen Plog 150 MDN monatlich ab 1. 9. 1968 zu zahlen."[55] Absender ist der Rat der Stadt Rostock, Referat Jugendhilfe, Abteilung Volksbildung. Die Verfügung verweist auf ein Urteil des Kreisgerichts Rostock. Das Urteil oder die Urteilsbegründung habe ich nie gesehen. Wann, wohin, warum, wusste ich nicht, es war nur klar, dass ich auf Transport ging. Ich trug meine Hose, mein silbernes Kettchen, meine Halbschuhe und Bluse und Pulli, so, wie sie mich aus der Schule heraus mitgenommen hatten. Hellblaue Bluse, dunkelblauer Pulli, eine Jeans, die mir zu weit geworden war. Ich blickte an mir herab wie an einem fremden Menschen. Die Farben kamen mir unwirklich vor. Das gehörte mir, das hatte ich an. Das hatte ich einmal geschenkt bekommen. Ein Auto stand im Hof, und die Bernecker sagte, viel Glück als neuer Mensch, die individualistischen Bestrebungen sollte ich besser lassen, und dass es nach Crimmitschau gehen würde. Forbämmbln, verwöhnen, würden sie mich in Crimmitschau schon nicht. Ich erhoffte mir nichts. Nur, dass ich diese Hölle hinter mir lassen würde. Mit seinem quietschenden Ächzen rollte das Schleusentor auf.

Crimmitschau

Dass ich aus Torgau kam, sahen die Mädchen in Crimmitschau sofort an meinen Stoppelhaaren. Und an meinen Augen. Keine wagte, mich anzusprechen. Sie umschlichen mich wie lauernde Katzen, die auf den richtigen Moment warteten, um mit der Krallenpfote auszuteilen. Da kommt die Neue. Auch hier waren alle unbarmherzig zueinander. Immer wurde die gesamte Gruppe zur Rechenschaft gezogen, immer musste die ganze Gruppe leiden. Hier herrschte das gleiche Prinzip wie in Torgau, nur nicht mit solch extremen Strafen. Jede war sich selbst die Nächste, jede hatte damit vollauf zu tun, irgendwie durch den Tag zu kommen. Fürsorge, Mitleid, Vertrauen, Partnerschaft, Gleichberechtigung, Aufrichtigkeit hatten hier keine Chance. Aber nach Torgau sollte mich nichts mehr wirklich schrecken.

Untergebracht waren wir in einem ehemaligen Spinnereigebäude in Doppelstockbetten. In den Räumen hing abgestanden der Muff aus Traurigkeit und Einsamkeit. Draußen auf den Gleisen kreischten die Bremsen der Güterzüge, Tag und Nacht. In Crimmitschau, Bezirk Karl-Marx-Stadt, Stadt der hundert Schornsteine, hatten einst die meisten Millionäre Deutschlands gewohnt, auf dem Westberg, damit sie nicht, wie wir im Osten der Stadt, im Chemiegestank leben mussten. Das Geld wurde mit den Tuchfabriken gemacht und die Pleiße war ein verseuchtes Flüsschen, das jeden Frühling und Herbst stinkend über seine Ufer trat. Der Jugendwerkhof „Clara Zetkin" in der Talstraße 1 war ein ganz normaler Jugendwerkhof. Es gab keine vergitterten Fenster, keine

169

Wachhunde. Abgesehen von der blauen Arbeitskleidung trugen wir in Crimmitschau unsere Alltagskleidung. Ich brauchte Pullover, Unterwäsche, eine Jacke, eine zweite Hose und schrieb an Mutter. Zehn Tage später kam ein Paket aus Rostock ohne jeden Gruß.

Blick aus dem Fenster des Jugendwerkhofs in Crimmitschau

Direktor Häber trug das Parteiabzeichen am Revers, die Hand hatte er auf das Telefon gelegt, als erwarte er sofort einen Anruf aus Berlin vom Ministerium für Volksbildung. „Du bist in ein Heim gekommen, das in einer wunderschönen Lage liegt, ein sehr großes Heim mit bald 160 Mädchen. An dir wird es liegen, wie schnell du brauchst, dich hier zurechtzufinden. Du musst dir nur über eins klar sein: Mit dem heutigen Tag beginnt für dich ein völlig neuer Lebensabschnitt." Mit seinen unpersönlichen Standardsätzen teilte er mir mit, dass ich bis zum Ende meines 18. Lebensjahrs im Jugendwerkhof würde bleiben müssen. „Keine Chance, früher entlassen zu werden, auch bei guter Führung nicht", sagte mir der Direx im Eingangsgespräch. „Mit dem Hintergrund Torgau – nichts zu machen." Nach Crimmitschau wurden

Mädchen eingewiesen, „die in anderen Heimen nicht tragbar waren –
Ausreißer und Störenfriede". Ich war 16 Jahre alt und die Zeit bis 18
schien mir endlos und bleiern. Hier klauten sie uns unsere Jugend! Und
wir mussten das hinnehmen. Ich hätte hier die Möglichkeit, einen Teil-
facharbeiterbrief zu machen, etwa Wirtschaftspflege. Eingesetzt als Küchenhilfe, mit Arbeiten in der Nähstube, auch die Hausreinigung wäre
Teil, später könne ich in Gaststätten oder in Sozialeinrichtungen in der
Küche arbeiten oder, wenn ich die andere Richtung beim Wirtschafts-
pfleger einschlüge, als Reinigungskraft in Sozialeinrichtungen oder in
Dienstleistungseinrichtungen arbeiten. Alternativ konnte ich Textilrei-
niger in der Wäscherei werden. Ich entschloss mich für die Wäscherei.

Jedes Aufbegehren konnte für mich bedeuten: zurück nach Torgau. Wer einmal zu viel weglief oder mehrfach die Arbeit verweigerte,
kam nach Torgau. Torgau war die angedrohte Strafe, die über uns allen
schwebte. Die Flitzerinnen, die schon einmal das Wagnis der Flucht
eingegangen waren, waren gleich zu erkennen. Weiter Rock, weite Bluse. Damit konntest du dich nicht auf die Straße wagen.

Im Gegensatz zum geschlossenen Jugendwerkhof gab es hier keine
Jungs wie in Torgau, zu denen einige ihre kleinen Briefchen schmug-
gelten. Manches Mädchen in Torgau träumte von ihrem Freund, den
sie nie gesehen hatte und nie kennenlernen würde. Dafür gab es auch
hier Pärchen, du konntest sofort sehen, welche von den beiden der
Mann war, der besitzergreifend den Arm um die Schultern seiner Frau
legte. Wir durften uns schminken, sofern wir uns durch Bewährung
in der Produktion denn Kajal oder Lippenstift leisten konnten. Ein
Hauch von Individualität. Zumindest musste man keine Angst haben
wie in Torgau, dass die Erzieher oder Schließer im Essensraum einen
entdecken mit schwarzdunkel von Streichholzasche umrandeten Augen, dass sie den Schlüsselbund zubeißen ließen und einen in den Ar
rest schickten.

Was du für Wünsche, welche Träume du hattest, das war egal. Bloß
nicht auffallen. Die Kleidung gefaltet aufs Format der *Jungen Welt*.
Die guten Mädchen kamen in die Spinnerei, Drei-Schicht-System für

den VEB Volltuchwerke. Die bösen kamen in die Großwäscherei nach Glauchau und die ganz bösen in den Arrest. In Crimmitschau lag die Arrestzelle gegenüber dem Dienstzimmer des Direktors. Durch das Fenster ging der Blick hinaus auf den Zugang zum Jugendwerkhof, einzige Ablenkung im Arrest war das Kommen und Gehen der Mädchen in blauer Arbeitskleidung. Die Fenster im Arrest seien nicht ausbruchsicher, bemängelte Horst Kretzschmar. Der Leiter des geschlossenen Jugendwerkhofs Torgau war vom Ministerium für Volksbildung als Fachmann für Sicherheit und als Strafexperte zu einer Rundreise durch alle Jugendwerkhöfe der Republik beauftragt worden, um den Zustand der Arrestzellen zu überprüfen.[56]

Die Freiheit für den Arrest durfte ich mir nicht zu häufig leisten, sonst ging es zurück in den Geschlossenen. Aber ich konnte nicht anders als frech sein. Ganz, ganz leise hatte ich Kasper gesagt zum Klassenlehrer. Wiederhole, was hast du gesagt. Geflüstert, nur Kasper. Drohend kam er in gebückter Haltung näher, als wolle er sein Ohr an meinen Mund pressen. Kasper. Alle saßen hungrig im Speisesaal und wollten endlich zulangen. Ich musste stehend die Schimpftirade des Direktors über mich ergehen lassen. „Du bist von deiner Funktion entbunden. Du bist für Ordnung und Sauberkeit verantwortlich, auch für Ruhe solltest du sorgen, und trittst heute als Schülerin in einer solchen frechen, anmaßenden Art auf, erklär mir das mal." Was hat sie gesagt, fragte er in den Raum, „zu feige, um zu sagen, was sie gesagt hat. Stellt sich zu ihrem Klassenlehrer und sagt Kasper. Eine Schweinerei, eine bodenlose Schweinerei. Wir wissen alle, wo du herkommst. Torgau ist nicht weit von hier. In dieser Frage bist du leider schon sehr oft aufgefallen. Es läuft ein Disziplinarverfahren gegen dich. Ich spreche eine Rüge aus. Eine lebt hier in ihrer Gruppe, die dieser ständig, aber auch ständig Sorgen macht." Ich murmelte etwas von Schlussstrich drunter ziehen und erst mal an die Gruppe anpassen, den Voraussetzungen nachkommen. „Nichts glaube ich dir mehr", zischelte der Direx böse.

Für das erste halbe Jahr war ich in „strenge Patenschaft" eingeteilt. Das hieß, ich war die Magd für eine, die schon länger hier war als ich.

Sie musste ich fragen, wenn ich zur Toilette wollte. Sie bestimmte, welches Buch ich lesen sollte. Anton S. Makarenko, *Flaggen auf den Türmen*, da geht es um Normerfüllung, um Siege an der Produktionsfront der sozialistischen Zukunft und wie sich aus Jugendlichen der ideale Sowjetmensch formen lässt. Ideallektüre im Jugendwerkhof.

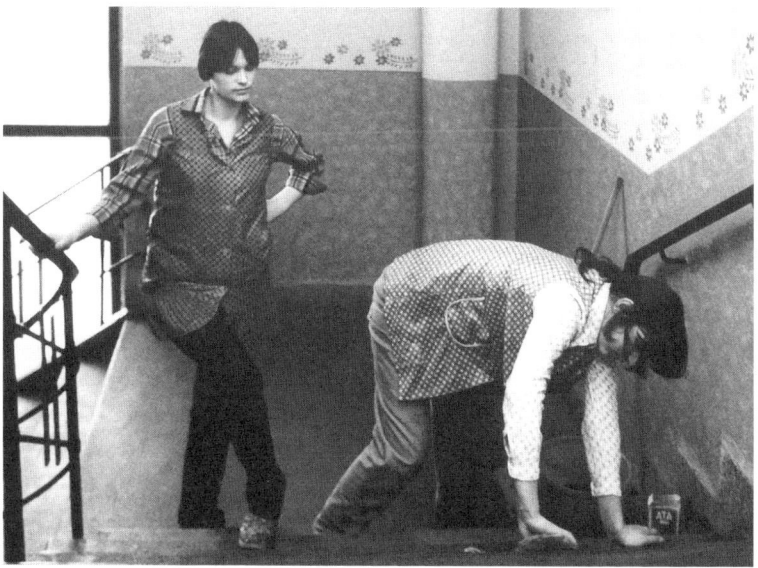

Strenge Patenschaft im Jugendwerkhof Crimmitschau

Nicht rauchen, keinen Kaffee trinken, nichts Süßes und kein Fernsehen. Wenn die anderen im Tagesraum vor der Mattscheibe saßen, musste ich mit dem Rücken zum Fernseher Platz nehmen. Brigitte wollte, dass ich sie Brischitt nenne, und sie wollte noch mehr von mir; aber ich blieb dabei, sie alte Titte statt Brigitte zu nennen. Dafür verpasste sie mir Ohrfeigen, denen ich geschickt auswich. Von so einer ließ ich mir schon gar nichts sagen, die nun oben im hierarchischen System schwamm und dies reichlich ausnutzte. Wenn sie mich zur Putzorgie mit dem Schneepäckchen Ata verdonnerte. Sie, die grüne Banderole am Arm als Brigadeführerin, die Hände arrogant in die Hüften gestützt, ich mit bloßen Händen und Wurzelbürste die Treppe schrubbend. Über meine strenge Patenschaft wachte die Patenverantwortliche, die die Schlüsselgewalt über alle anderen Mädchen der Gruppe hatte.

Weihnachten in Crimmitschau, da musstest du durch. Viele der Mädchen hatten Urlaub vom Jugendwerkhof, hatten doch Familie oder irgendjemanden, der sie aufnahm. Hatten einen Zufluchtsort für die wenigen Tage, bevor es zurück ging in den Jugendwerkhof. Auf einem Plasteteller lag ein dünnes Stück Stollen, auf den Tischen stand vereinzelt Weihnachtsschmuck mit ein paar Tannenzweigen, und jede der Übriggebliebenen wandte sich betreten von der anderen ab, weil alle Tränen in den Augen hatten und nicht weich werden wollten. 1968 durfte ich überraschend am ersten Weihnachtstag zu Oma und Opa nach Leipzig fahren. Oma und Opa taten mir leid, hilflos standen sie vor mir, der Eingeknasteten, und ich schämte mich. Weihnachten war verabredet, dass wir Punkt acht Uhr die Kerzen im Fenster anzünden. Meine Tante drüben tat das auch. Es gab Beerenkompott, Kekse, und ich lümmelte mich im Herrenzimmer in einen der riesigen Sessel, ein Buch in der Hand. Früher hatte Oma immer fremde Gäste während der Leipziger Messe, Einquartierung. Es kamen die Italiener mit viel Schokolade und Obst. Die Schokolade bekam ich zum Geburtstag und verschenkte sie vier Tage später an Mutter zum Frauentag.

Das Jahr endete mit dem Blick in die sich endlos drehenden Waschtrommeln und es begann wieder mit dem Ziehen der schweren Stoffe aus den hohen Waschmaschinen, die ich nur mit einem Fußhocker erreichen konnte. Die klatschnassen Stoffe mussten in eine Lore geworfen werden, von den Waschmaschinen rollerte ich die Lore gebückt wie im Bergwerk zu den Schleudern. Wieder musste der triefend nasse Stoff angehoben werden, um in die Schleudern gestopft zu werden, damit die Wäsche für die Heißmangel vorbereitet wurde. Seit ich 16 Jahre alt war, musste ich richtig hart arbeiten. In Torgau die Paketnockenschalter im Akkord zusammenschrauben, in Crimmitschau in der Wäscherei. Eigene Gedanken, eigene Gefühle waren fehl am Platz. Was zählte, war das tägliche Funktionieren. Morgens um fünf Uhr fuhr unser Bus aus Crimmitschau ab. Wenn er uns nachmittags wieder ausspuckte, waren wir hundemüde und mussten noch die Pflichten im Jugendwerkhof erfüllen. Hinzu kamen die Zeitungsschau, die Aktuelle Kamera, das Referieren der Floskeln aus dem *Neuen Deutschland*. An Entweichen war nicht zu denken. In den Westen hätte ich es doch nicht geschafft, so ohne jede Unterstützung. Sie hätten mich geschnappt und zurück nach Torgau gebracht. Ich hatte aufgehört, die Tage bis zum 4. März 1970 zu zählen. Bis zur Volljährigkeit wird sich das Hamsterrad jeden Tag drehen, werde ich eingesperrt bleiben.

In der Spinnerei arbeiteten auch ganz normale Frauen und ein Mann als Vorarbeiter. Sie hatten oft Mitleid mit den Mädchen, steckten ihnen etwas zu, Zigaretten, einen Riegel Schokolade oder ein paar Stullen. Überall, wo wir den Menschen von draußen im Arbeitsalltag begegneten, merkten wir, dass wir ihnen leidgetan haben. Sie haben ja gesehen, wie es uns ging. In der Wäscherei gab es nur uns, die Werkhofmädchen. Ab und an ließ sich der Arbeitserzieher blicken, und überprüfte, ob wir auch ja die Normvorgabe einhielten. Die Haut an den Händen und bis hoch unter die Arme juckte und löste sich ab. Von der feuchten, chemievergifteten Luft der Imprägniermittel und Spülbäder holte ich mir ein bleibendes Asthmakeuchen.

Wenn eine die Vergünstigung hatte, als Küchenhilfe eingesetzt zu werden, dann setzte Brischitt sie unter Druck, damit sie eine Teekanne aus der Küche oder dem Gruppenraum schmuggelte, das Brot und den Hefewürfel mitbrachte. Damit wir Brotwein ansetzen konnten aus dem Frühstücksschwarzbrot mit Marmelade drauf. Fast eine Woche dauerte es, bis die Gärung einsetzte. Jeden Tag stellten wir die Kanne in einen anderen Schrank. Meistens ahnten wir, wann eine Durchsuchung kommt, wenn die Erzieherin schlechte Laune hatte, dann fliegt alles raus aus den Schränken, Die Kanne wurde nicht entdeckt. Ich trank mit, um nicht als Petze zu gelten. Zum Fasching verkleidete ich mich als strenge Gouvernante, trug einen langen, schwarzen, engen Rock und ließ einen Rohrstock durch die Luft zischen. Wie ich darauf kam, ließe sich küchenpsychologisch mit der Verarbeitung der Wirklichkeit im Rollenspiel erklären. Obwohl wir Musik hören und tanzen durften, war die Faschingsfeier noch trauriger als die Weihnachtsfeier, weil wir lustig sein wollten.

Manchmal ging unsere Gruppe mit dem Namen „Junge Garde", begleitet von Frau Zöllner, in die Stadt. Frau Zöllner war ganz jung, kaum älter als wir. Manchmal lächelte sie und steckte mir ein Buch aus ihrem Privatbestand zu, weil sie wusste, wie gern ich las. Die Stadt lag grau und trostlos und jeder, dem wir begegneten, guckte neugierig oder wandte die Augen ab: Wir waren die Mädchen aus dem Jugendwerkhof. Im Sommer durften wir sonntags ein Eis essen. Einmal durften wir sogar mit Frau Zöllner ins Kino. Tanzen gehen durften wir natürlich nicht.

Ganz plötzlich war es am 15. August 1969 so weit: vorzeitige Entlassung! So willkürlich wie ich in die Mühlen hineingeraten war, so willkürlich erschien meine Entlassung. Keine Doppelstockbetten mehr, keine keifenden Mädchen, die im Lagerkoller untereinander austeilten, keine Strafarbeiten, keinen Strafsport mehr. Und nie wieder Torgau. Jetzt war ich 17 Jahre alt, mit der begonnenen Berufsausbildung Wäschereifacharbeiter. Der letzte Scheißjob. Was half mir das alles; ich war sowieso gebrandmarkt, falls jemand erfuhr, wo ich herkam. „Wenn du keinen anständigen Mann findest, gehst du unter", sagte mir Frau Zöllner zum Abschied.

Ich ging durch die Straßen den langen Weg mit dem Koffer allein zum Bahnhof und der Blick wanderte an den Häusern hinauf zur Dachrinne, zum First, zu hoch gelegenen Treppenflurfenstern. Wenn ich von dort oben hinabstürze, kann nichts mehr schiefgehen. Dann bin ich tot.

Entleerte Jahre

DEUTSCHE DEMOKRATISCHE REPUBLIK

20 JAHRE

10

ROSTOCK

Briefmarke 20 Jahre DDR, Haus der Schiffahrt, Hotel Warnow, Rostock

Ich war frei. Die Farben und die Schriften schrien mir grell in die Augen, als hätte ich lange Zeit in abgeschotteter Dunkelheit verbracht. Auf dem Bahnhof in Rostock warteten Mutter und Hans-Jürgen auf mich. Nicht, dass sie sich gefreut hätten. Mutter musterte mich von oben bis unten. Ihr Sträflingssklavenkind hatte einen bösen Blick bekommen. Alles an mir war böse und sie nahm das Böse mit zu sich nach Hause. Hier stand alles an seinem Platz. Das Sofa, der abschließbare Bücherschrank, die vielen bunten Flaschen unterschiedlichen alkoholischen Inhalts in der Vitrine. In meinem Eckchen die Kofferheule und ein kleiner Stapel mit Pflichtbriefen aus Torgau, aus Crimmitschau an die Eltern.

Pünktlich um 18 Uhr wurde schweigend zu Abend gegessen, während die Westnachrichten im Radio liefen. Akkurat schneidet das Messer in der Rechten das Graubrot, Gabel führt Bissen zum Mund. Aufstehen und schreien. Den Tisch umhauen, die Teekanne mit dem roten Früchtetee an die Wand knallen, die Gläser der Eltern weg, weg, weg, weg, nur fort. Mutter bewacht die Wohnungstür, kaut noch, schwer atmend. Lass mich raus! Lass mich! Es ist doch alles Mutters Schuld, durchfährt es mich. Für sie war es doch nur ein Anruf, dass ich wegkomme. Mutter, wie sie dort steht, in ihrer Selbstgerechtigkeit über den Frieden ihrer Häuslichkeit wachend. Du bist schuld! Das schrie ich ihr ins Gesicht. Ihr habt euch von mir losgesagt! Als ich in Torgau war! Plötzlich öffnete Mutter die Tür. Geh. Du bist nicht mehr meine Tochter. An dir mache ich mir doch nicht meine Hände schmutzig.

In langen Eilschritten flog ich hinunter zur Langen Straße, zur von Ulbricht erbauten Magistrale des Sozialismus. Am Brunnen standen Jungs, die ich nicht kannte. Ein Mädchen grüßte mich flüchtig mit den Augen. Alle anderen sind wegkassiert, sagte sie. Auf dem Kanonsberg hauste der Wind. Unten glitzerte das Wasser in der Abendsonne und ich glaubte, in meinem Zustand der permanenten Schlaflosigkeit – denn wenn ich schlafe, kommt todsicher die Angst mit den Träumen – irgendjemand Bekanntes zu sehen. Längere Zeit glaubte ich Mike zu folgen, der größer war als alle anderen Passanten, von der Langen in die Breite Straße, und als ich meine Schritte beschleunigte, um ihn endlich einzuholen und am Arm zu fassen, da bog er ab in den Klosterhof. Die Konturen der Bilder und Menschen, die ich festzuhalten suchte, zerfielen, die Gedanken zerfielen, bevor mir bewusst wurde, dass ich sie gehabt hatte. Ich rettete mich in Hauseingänge und Unterführungen, die Finger krallten sich in zementene Wände und der Schwindel und das Tosen in meinem Kopf wollten keine Ruhe geben. Die ziellose Suche durch die Stadt nach den anderen ließ mich auf Parkbänken, die schöne Aussichten boten, ließ mich in vollen Gaststätten, irgendwo im Eck einer wie immer gut besuchten Wirtschaft, in einen ohnmachtsähnlichen Minutenschlaf nicken. Oben auf dem Kanonsberg kristallisierte sich aus den Halluzinationen eine Gruppe junger Männer, von denen ich einige flüchtig kannte. Misstrauisch aus den Augenwinkeln blitzten die Blicke der Jungs, bis einer mir gönnerisch eine Zigarette anbot. Alles schien sich verändert zu haben, die Umrisse der Stadt hatten nicht mehr das gleiche Format. Die Häuser blickten anders aus ihren Fensteraugen. Alles Vertraute dahin. Ich war eine andere.

Im Zusammenhang mit dem Einmarsch in Prag hatte die Rostocker Bezirksleitung der SED am 11. September 1968 insgesamt 74 Straftaten Jugendlicher, genannt „mündliche Hetze", verzeichnet, darunter „Antisowjethetze, gegen die DDR u. ihre Repräsent., gegen die Maßn. der 5 soz. Länder, sonstige".[57] Auch 143 „Arbeiter/Gen. Bauern" wetterten gegen den Einmarsch, und von den „Angeh. der Intellig." fanden sich 14 im passiven Widerstand mit der „Nichtunterzeichnung v. Willenserklärungen, Verweigerung von Beitragszahlungen". Bedeckt hielten sich leitende Angestellte, Handwerker und Gewerbetreibende.

Ohnmacht und Isolation herrschten auch in der DDR, doch in die bewachte Stille des Landes waren vor allem die Jugendlichen nachts losgezogen, mit Pinseln und einem Eimer Farbe, oder mit handgeschriebenen Flugblättern. Dem Zentralkomitee der SED präsentierte der Generalstaatsanwalt im Oktober 1968 eine Liste Straffälliger in Zusammenhang mit der gewaltsamen Besetzung der ČSSR und der Wiederherstellung der alten Machtverhältnisse durch die sowjetischen Panzer: 1189 Männer und Frauen wurden gestellt, die meisten zwischen 16 und 30 Jahren alt.[58] Geblieben war vom Aufwind des Prager Frühlings, von der Hoffnung auf ein Ende der SED-Diktatur nur ein lahmer Witz: Iwan ist Sowjetsoldat und in Prag stationiert. Liebe Mama, ich erfülle meine Pflicht sehr gut. Und wenn ich sie noch besser erfülle, darf ich im nächsten Jahr nach Rumänien. Rumänien war das einzige Land, das die Okkupation verurteilte.

Anfang Oktober 1969 lag die gesamte Republik im Feierrausch. In Rostock fanden die Flottenparaden zum zwanzigsten Jahrestag der Republik vor weit mehr als 100 000 Zuschauern statt. Redakteure des FDJ-Blattes *Junge Welt* suchten und fanden alle 616 DDR-Bürger, die am 7. Oktober mit der Republik ihren zwanzigsten Geburtstag feierten, entdeckten unter ihnen einen Kaiser, zwei Könige, einen Herzog und machten daraus die Meldung: „Der Kaiser ist Soldat, der Herzog Schlosser." Unsere Republik, sie ist das „Land des Lernens", das „Land der Jugend", das „Land des Sports", der „Staat erfüllter Menschenrechte", eben ein Stück vom Erdenrund, wo die „Sieger der Geschichte" leben, die „Retter des deutschen Volkes", wo „ein alter Menschheitstraum" seine Erfüllung fand.[59]

Am 16. Oktober 1969 beschloss der Rat der Stadt Rostock eine Verfügung in der Familienrechtssache der minderjährigen Sonja Plog mit der Begründung:

Die Jugendliche schloss im Jugendwerkhof erfolgreich die Grundausbildung für den Beruf des Wäschereifacharbeiters ab. Die bisherige Heimerziehung hatte sich positiv auf die Persönlichkeitsentwicklung der Jugendlichen ausgewirkt. Um Sonja eine weitere berufliche und schulische Perspektive zu sichern, wurde am 15. 8. 1969 die Heimerziehung zur Bewährung für die Dauer von sechs Monaten ausgesetzt.

Die Jugendliche wurde in ein starkes Lehrlingskollektiv des VEB „Fortschritt" Rostock aufgenommen. Die Lehrlingsausbilderin, gleichzeitig Mitglied eines Jugendhilfeausschusses, kümmerte sich schwerpunktmäßig um sie. In einer gründlichen Aussprache erhielten die Eltern bereits vor der Entlassung ihrer Tochter alle notwendigen Erziehungshinweise. Auch Sonja selbst wurde die Verfügung vom 21. 8. 1969 allumfassend erläutert.

Die ersten vier Wochen verliefen auch ohne Beanstandungen. Doch dann nutzte sie die Abwesenheit ihrer Eltern aus, um drei Tage die Berufsschule und die Arbeit im Betrieb zu bummeln. Sie erhielt eine ernsthafte Verwarnung mit dem Hinweis, dass im Wiederholungsfall die erneute Einweisung in den Jugendwerkhof erfolgen würde. Gleichzeitig hatte sie sich im Betrieb wegen ihres falschen Verhaltens zu entschuldigen und die Tage nachzuarbeiten. Sie versprach, künftig nicht wieder zu Beanstandungen Anlass zu geben. Als sie jedoch kurz danach erneut Kontakt zu einem Jugendlichen ihres früheren negativen Umganges aufnahm, der der Jugendhilfe ebenfalls wegen seines leichtfertigen Lebenswandels bekannt ist, ging es mit ihr wieder rapide abwärts.

Während der Zeit, als sie krankgeschrieben war, ging sie mehrmals abends zum Tanz. Sie fuhr außerdem mit ihrem Freund nach Schwerin, um sich zu amüsieren. Mehrmals belog sie ihre Eltern, indem sie ihnen sagte, sie hätte Versammlungen. Das Geld für die Volkshochschule gab sie heimlich für sich aus. Mehrere Tage blieb sie dem Elternhaus fern und nächtigte bei ihrem Bekannten. Sie bummelte wiederum die Arbeit. Auf Vorhalt der Eltern reagierte sie heftig und oppositionell. Sie ist der Meinung, dass sie tun und lassen könne, ohne dass ihr jemand etwas zu sagen habe.

In der letzten gemeinsamen Aussprache kamen die Eltern, die Vertreterin des Betriebes, die Jugendhilfekommission und wir zu der Ansicht, dass die schnelle Wiedereinweisung der Jugendlichen in den Jugendwerkhof die einzig noch mögliche Maßnahme ist, um sie zu einer ordentlichen Lebensweise bis zu ihrer Volljährigkeit und danach zu bewegen.

Sonja hat bewusst sämtliche in der Verfügung enthaltenen Weisungen ignoriert. Wir mussten aber auch feststellen, dass das Elternhaus die Pflichten, die sich für sie aus der Wiedereingliederung der Tochter in ihren Haushalt ergaben, unterschätzt hatte. Sonst hätte es nicht vorkommen dürfen, dass beide dienstlich ins Ausland verreisten, ohne den Betrieb und das Ref. Jugendhilfe rechtzeitig und ausführlich zu informieren, bei wem die Tochter sich während dieser Zeit aufhalten würde.[60]

Auf meiner Heimkarteikarte ist als Tag der wiederholten Einweisung der 17. Oktober 1969 angegeben. Als Gründe der Heimeinweisung werden genannt: „Arbeitsbummelei, Diebstahl, Herumtreiberei." Letzte Arbeitsstelle: Küchenhilfe in Krippen und Heimen. Als Tellerwäscherin. Zur Familiensituation wird vermerkt: „Die Mutter war bereits verheiratet. Sonja wurde von Hans-Jürgen Plog adoptiert. Die materielle Lage ist ausgezeichnet. S. wurde von den Eltern verwöhnt." Der Leiter des DDR-Ministeriums für Staatssicherheit, Erich Mielke, ließ den Befehl Nr. 11/66 zur Bekämpfung der Jugendkriminalität ergehen, mit einer Passage zur sogenannten Arbeitsbummelei:

6. Ausgehend von der Einschätzung der politisch-operativen Situation sind nachstehend aufgeführte Personenkategorien schwerpunktmäßig unter operative Kontrolle zu nehmen. […] c. Arbeitsbummelei: Arbeitsscheue Elemente und Arbeitsbummelanten bilden u. a. eine Basis für staatsfeindliche und kriminelle Handlungen. Sie sind z. T. Verbreiter und Träger westlicher Unkultur, Dekadenz und Lebensauffassungen und waren in einer Vielzahl bekannter negativer und feindlicher Gruppierungen führend beteiligt. Die Linien VII, XVIII, XIX, XX sowie die Kreisdienststellen haben in ihrem Verantwortungsbereich in den staatlichen Organen und gesellschaftlichen Organisationen eine lückenlose Erfassung derartiger Personen, eine differenzierte Anwendung des Beschlusses des Ministerrates vom 24. 8. 1961 (Arbeitserziehung), die Wiedereingliederung in den Arbeitsprozess sowie ständige und wirksame operative Kontrolle dieser Personenkreise zu gewährleisten.[61]

Also hatte mich die Zöllner in Crimmitschau wieder. Das Ziel hätte auch Torgau sein können. Wieder stand ich vor den Industriewaschmaschinen. Wir haben alles gewaschen und gekocht, für Krankenhäuser, für die NVA. Wieder die klatschnasse Wäsche aus der Trommel zerren, in die Lore und zur Schleuder geschoben. Gleichmäßig die Wäsche verteilen, die Schleuder läuft sonst nicht rund, der Betonsockel wackelt, die Schleuder kommt runter! Gegen die Waschmittelallergie sollte ich mir die Hände mit teerartigem Sirup beschmieren, es half nichts, lauter kleine Bläschen, die juckten wie verrückt, bis sie aufplatzten, und darunter die wahnsinnig empfindliche neue Haut.

Oktober, November, Dezember 1969, Januar, Februar 1970. Vor der Volljährigkeit kommst du hier nicht raus. Der habe ich kaum noch entgegengefiebert. Ich wusste ja, dass mich nichts Schönes erwartet. Dass die Freunde weg sind. Zu den Leuten, zu meiner Gang, meiner Gruppe, hatte ich Kontaktsperre. Zwei haben sich umgebracht, drei wurden freigekauft, vom Rest weiß ich nichts. Ich habe keinen wiedergefunden.

In meinem Abgangszeugnis aus Crimmitschau, Theorie gut, Praxis gut, Hausarbeit mit dem Titel „Die Arbeit am Trommeltrockner", hieß es: „Sonja ist eine Schülerin mit guten geistigen Anlagen. Sie kann logisch denken und sprachlich gut formulieren. Ihr fiel das Lernen leicht. Im Klassenverband gehörte sie zur Leistungsspitze. Leider fand die Jugendliche nicht immer den richtigen Umgangston gegenüber Erwachsenen. Dadurch wurde der positive Gesamteindruck gemindert. In der Produktion arbeitete sie ordentlich und zuverlässig. Hier wurde ihr Verhalten besonders seit Oktober vergangenen Jahres mehrfach gelobt. Die Schülerin hat die Prüfung GA-I/70 bestanden!"

Lenin. So stand es auf meinem Qualifikationsnachweis aus Crimmitschau: „Die Arbeitsproduktivität ist in letzter Instanz das Allerwichtigste, das Ausschlaggebende für den Sieg der neuen Gesellschaftsordnung. Der Kapitalismus hat eine Arbeitsproduktivität geschaffen, wie sie unter dem Feudalismus unbekannt war. Der Kapitalismus kann endgültig beseitigt werden und wird dadurch endgültig beseitigt werden, dass der Sozialismus eine neue, weit höhere Arbeitsproduktivität schafft."

Zwei Tage vor meinem 18. Geburtstag wurde ich entlassen.

Recht auf Arbeit

wenn es heute an der tür klingelt, und ich nicht weiß, wer kommt, ist alles wieder da. dadurch, dass ich so oft abgeholt wurde.

Von der Abteilung Inneres der Polizei bekam ich die Auflage, mich wöchentlich zu melden. Jede Woche hatte ich Rapport zu machen beim Abschnittsbevollmächtigten oder er stand einfach unangemeldet vor der Tür. Jedes Mal schrak ich zusammen. Vielleicht kamen sie mich wieder holen und ich verschwand, wusste nicht, wo ich war und warum. Ich lebte in einem immer wiederkehrenden Albtraum. Arbeitsplatz und Wohnung durfte ich nicht ohne Erlaubnis wechseln, hatte ordnungsgemäß, ohne Fehl- oder Bummelstunden zu arbeiten. Alle vier Wochen sollte ich einer Kommission erklären, welche Fortschritte ich gemacht hatte. Nach einer mehrstündigen Aussprache unterschrieb ich alle Punkte, die sie von mir wollten. Auch, dass ich die Verpflichtung eingehe, eine fachliche und politische Qualifizierung anzustreben und wahrzunehmen, dass ich mich bereiterkläre, Arbeitsscheue oder Arbeitsbummelanten zu meiden. Gedroht wurde mir mit dem § 249. Ich sei nun volljährig und für mich selbst verantwortlich. Ich fühlte mich wie zerrissen. Von allen Seiten umzingelt, gegängelt. Wie ein Tier in der Falle, dem das Zappeln nichts mehr nutzt.

Die Wohnung Leninallee 104 war kein Ort, um nach Hause zu kommen. Hier hatten sie mir eine Kammer unterm Dach zugewiesen, in der ein Bett und ein Tisch und ein Stuhl standen, fernab der

Brandungsgeräusche der Verkehrsströme. Gewaschen habe ich mich in der Spüle. Das Wasser erwärmte ich auf der Herdplatte. Im Sommer drückte die Sonne die Hitze unters Dach und im Winter blieb es eiskalt. Die Kohlen im Kanonenofen verpufften und morgens hatte mein nächtlicher Atem sich als eine feine Eisschicht über die Bettdecke gelegt. Die Toilette eine Treppe abwärts, in einer fremden Wohnung bei einer fremden Familie. Wenn ich mal musste, hatte ich zu klingeln und höflich zu fragen. Die Dachkammer mit ihrer Schräge war durch eine dünne Wand geteilt, nebenan hauste seit Kriegsende eine betagte alte Frau aus Ostpreußen, die fluchte wie ein Scheunendrescher, wenn Besuch zum Skatspielen kam und die leeren Flaschen über die Dielen rollten. Die Alte und ich waren Gerümpel, das keiner mehr brauchte, das man irgendwo auf dem Dachboden versteckte. Vor der Luke des Dachfensters gurrten die Tauben und scharrten, als wollten sie hinein. Ich ekelte mich vor ihren starren Pupillen, mit denen sie mich kalt ansahen. Zu den Eltern hatte ich keinen Kontakt. Als wäre es nicht mein Rostock; ich kannte niemanden, mich kannte niemand mehr. Ausgebürgert in der Heimatstadt. Die Leninallee 104 lag vielleicht fünf Minuten fußläufig zu Mutters Wohnung. Von Mutter sah und hörte ich nichts.

Eingestellt war ich als Küchenhilfe. Einschließlich der Mittagspause waren es gewöhnlich neuneinhalb Stunden, die jeder auf Arbeit zu verbringen hatte. Seit 1967 war jeder zweite Sonnabend frei. Für die Arbeit musste ich zusehen, dass ich um vier Uhr morgens aus dem Bett fand. Ich fand nur nicht hinein. Im späten Sommer dunkelte es schon merklich früher und ich ließ mich treiben, auf der Suche nach den Freunden. Vom Saarplatz in den Lindenpark, hoch zum Kirchenplatz, wohin das Bahnhofsgesindel geschwemmt wurde, wo sich die Alkis an ihren Fuselflaschen festhielten und die Jungen kästenweise Bier vom Kiosk wegschleppten. In den Wallanlagen keiner von uns, nur Spinner, die von sich gaben, die Juden hätten unter Hitler noch nicht genug gehabt und mir wollten sie es auch besorgen. In den Jugendclubs DT 64 und Arthur Becker war Stimmung wie immer, ich fühlte die Blicke, weil ich allein hier war und es nicht lange bleiben sollte, und die Stunden drifteten davon auf der Tanzfläche. Die Arme ausgebreitet, die Augen geschlossen sang ich mit. This is the dawning of the age of Aquarius, the age of Aquarius, Aquarius! Harmony and understanding, sympathy and trust abounding, no more falsehoods or derisions, golden living, dreams of visions, mystic christal revelation, and the mind's true liberation, Aquarius!

Manchmal schlief ich gar nicht und wartete auf den Bus zum Hauptbahnhof, von dort ging es weiter in die Heime, davon gab es ja genug. Gab ja genug Kinder, die ins Heim mussten, weil die Eltern nicht für sie da waren, soffen oder in den Westen gingen, ohne dass sie die Kinder mitnehmen konnten. Auf dem Rückweg füllte ich meinen Beutel mit Obst aus den Kleingartenanlagen. Ich pirschte heran, geduckt hinter Hecken, konnte ja immer sein, dass die fleißigen Kleingärtner in ihrem zweiten Zuhause waren und so ein negativ-dekadentes Subjekt wie ich käme ihnen gerade recht für eine empörte Schimpftirade aus vollem Doppelrippunterhemdherzen. In den Geruch der reifen Äpfel mischte sich der scharfe Tiergestank des Rostocker Zoos. Das einzig Gute an meinem neuen Leben war das Kino. Hätte es das Kino nicht gegeben mit den Pärchen, die sich befummelten, hätte es das Kino nicht gegeben mit Filmen wie *Das Birkenwäldchen* von Andrzej Wajda, ich hätte nicht mehr gewusst, woher ich Hoffnung nehmen sollte. Obwohl ja alles fast nichts kostete, reichte das Geld vorn und hinten nicht. Ende des Monats habe ich meine guten Westklamotten versetzt im Trödel, und die letzte Woche gab es nur Brot mit Senf.

Die Arbeit hasste ich. Morgens in aller Frühe Berge von Kartoffeln schälen, den Zentner Kartoffeln waschen, in den Topf, der halb so groß war wie ich. Das Küchenpersonal hatte weiße Häubchen zu tragen. Aus den Kitteln der Frauen wuchsen fleischige Arme, die ein Leben lang hart mit anpacken mussten. Sie wussten, wenn so eine Junge wie ich kam, taugt sie meist doch nichts und sie meckerten und keiften und trieben mich vorwärts, mach, los, stell dich nicht so an, gleich vom ersten Tag an. Kruse Hoor und krusen Sinn, sitt de Dübel dree mol in! Krause Haare, krauser Sinn, sitzt der Teufel dreimal drin! Mäkens, de dor fleit, un Höhner, de dor kreit, sünd wert, dat man jem den Hals umdreiht! Mädchen, die da pfeifen, und Hühner, die da krähen, sind wert, dass man ihnen den Hals umdreht! Wie oft bin ich in der Zigarettenpause eingeschlafen, aber da war längst noch nicht alle Arbeit getan, nein, denn die Küche musste gescheuert und geputzt werden. Die Stahlkessel mussten glänzen, der Boden musste geschrubbt werden, dass es warm und feucht würde wie in der Großwäscherei.

Eines Tages kaufte ich mir Papier und bewarb mich in schönster Schülerinnenschrift bei der Post als Signalwärterin. Ein Bekannter hatte mir erzählt, dass man hier seine Ruhe hatte. Und so war es. Mehr wollte ich nicht. Einfach meine Ruhe haben. Freiwillig übernahm ich die ungeliebten Nachtschichten, weil ich dort im Fernmeldeamt für mich war und in Ruhe lesen konnte. Nachts war ich die Herrin über die Telefonrelais von ganz Rostock, und so manches Mal nahm ich den Einsteckhörer, mit dem ich mich in alle Gespräche einklinken konnte, ohne dass die Telefonierenden es gemerkt hätten. Ein Knopfdruck, und ich mischte mich ein. Streitet nicht, habt euch lieb, flötete ich und die Menschen an den anderen Enden der Leitung hielten inne vor Schreck und haben aufgelegt. Da ich einfach die Arbeitsstelle gewechselt hatte, ohne zu fragen, kam ich wieder weg. Weil ich meine Auflagen nicht beachtet habe.

Am 21. August 1970 nahm mich der Abschnittsbevollmächtigte der Volkspolizei auf der Straße fest, draußen vor der Leninallee 104, und brachte mich in die Untersuchungshaftanstalt in Rostock. Da saß ich nun. Zum ersten Mal im Leben im Knast. Unglaublich. Niemals hätte ich mir vorstellen können, im Erwachsenenknast zu landen. Ich war achtzehn Jahre alt. Splitternackt ausziehen und auf einen Spiegel stellen. Desinfektionsdusche und Haftkleidung entgegennehmen. Warum sie mich einsperrten, wie lange, dieses langsame Zermürben, Tag für Tag, Nacht für Nacht. Der Schlaf wollte nicht kommen. Flirrend hielten mich die Erinnerungen wach. Einmal war ich in diesem Sommer zum Meer gefahren, allein. In Warnemünde oben am Strand nahe der Westmole hatte ich Langhaarige getroffen. Sie arbeiteten im

Osthafen, auf der Warnow-Werft, und prahlten vor mir, sie wären diesen Sommer kaum zur Schicht erschienen. Den Sommer über lieber gammeln. Es war fast wie früher, wir waren uns fremd und kannten uns doch, weil wir zur Familie gehörten. Zur Familie, die den Beat im Herzen hatte. Wir saßen am Strand, die Sonne gab ein wunderbares postertaugliches Farbspiel und das Leuchtfeuer der Westmole glimmte in regelmäßigen Abständen auf. Wir aßen getrocknete kleine Pilze mit spitzen Kegeln, Psilos aus Ungarn, psilocybinhaltige Pilze, und wir lachten und die Lichter glitzerten und wir tanzten übers Wasser und flogen über den Strand. Niemand dachte an morgen. Das Glück war stark und durchleuchtete mich und die Gedanken daran machten mich rasend und wütend hier in meiner Gefangenschaft.

Die Holzpritsche hatte eine hochgeklappte, festgenagelte Nackenschräge, auf der sollte geruht werden, auf dem Rücken, die Hände über der Decke. Zusammengerollt, die Decke über den Kopf gezogen wie damals bei den alten KZ-Leutchen, so schlief ich eigentlich. Auf dem Gang die Patrouille. Ging von Zellentür zu Zellentür. Immer wieder näherten sich langsam und unaufhaltsam die in den schweren Arbeitsschuhen tappenden Schritte des Schließers zur Kontrolle. Mechanisches Klacken beim Umlegen des Lichtschalters, Summen, das grelle Licht unerbittlich, der Sichtschutz am Spion umgeklappt, der Riegel geht. In der Tür steht der Schließer, und du liegst auf der Holzpritsche, grell angestrahlt, wehrlos. Die ersten Nächte verbrachte ich in Einzelhaft. Der Normalfall waren zwei Gefangene in einer Zelle, die nicht Zelle, sondern Verwahrraum genannt wurde. Und dabei wusste ich, am nächsten Tag ging es weiter. Wen ich wann wo kennengelernt hätte. Dass ich Schmutz- und Schundliteratur aus Westdeutschland bezogen hätte. In großen Paketen. Und dass ich mit diesen lebensgroßen, zusammenklappbaren Bildern von irgendwelchen Stars gehandelt hätte. Sie wollten mir etwas in die Schuhe schieben, sie wollten etwas finden und mich auf bestimmte Aussagen festnageln. Wenn ich einschlief, hagelte es Ohrfeigen.

Nach sechs Wochen U-Haft, am 3. November 1970, wurde ich in Abwesenheit vor dem Kreisgericht Rostock aufgrund der „Gefährdung

d. öffentl. Ordnung durch asoz. Verhalten, Vergehen gem. § 249 Abs. 1 StGB zur staatlichen Kontroll- und Erziehungsaufsicht" verurteilt. Zwei Jahre Arbeitserziehungskommando. So hieß nun das Arbeitslager. Gerade ein halbes Jahr hatte ich die deutsche demokratische Freiheit genießen dürfen. Aus der U-Haft verlegten sie mich am 9. Dezember 1970 in die Strafvollzugsanstalt in Halle. Ende der Strafart: 20. August 1972.

Dass der § 249 der Asozialenparagraf ist, dass hauptsächlich junge Menschen wie ich im Alter von 18 bis 25 Jahren verurteilt wurden, wusste ich nicht. „Wer das gesellschaftliche Zusammenleben der Bürger oder die öffentliche Ordnung dadurch gefährdet, dass er sich aus Arbeitsscheu einer geregelten Arbeit hartnäckig entzieht, obwohl er arbeitsfähig ist, oder wer der Prostitution nachgeht oder wer sich auf andere unlautere Weise Mittel zum Unterhalt verschafft, wird mit Verurteilung auf Bewährung oder mit Haftstrafe, Arbeitserziehung bis zu zwei Jahren bestraft. Zusätzlich kann auf staatliche Kontroll- und Erziehungsaufsicht erkannt werden."[62]

Niemals hätte ich geglaubt, dass ich einmal zusammen mit wirklich Kriminellen, mit Frauen, die schlugen, mit Frauen, die Mordversuche begangen haben, sitzen müsste. Unten im Hof des Rostocker Untersuchungshaftgefängnisses hatten sich etwa zehn Frauen in Zweierreihen aufzustellen. Jede wurde mit Handschellen und einer Knebelkette an die andere gebunden, dann hieß es einsteigen und wir wurden zum Rostocker Hauptbahnhof gebracht. Vorne schnauzte einer unserer Bewacher, dass wir nun zum Bahnsteig gehen würden, aber dalli. In Sträflingskleidung aus altem NVA-Zeug, die Augen zu Boden gerichtet, aneinander gefesselt. Ausbruchversuch zwecklos, sagte er und wies mit den Augen auf die Hunde und seine mit Maschinenpistolen scharf bewaffneten Kollegen. Es regnete in kalten Schauern und wir standen auf dem unbedachten Teil des Bahnsteigs vor einem dunkelgrünen Waggon mit Milchglasscheiben. Die anderen Reisenden sahen weg. Die Männer mit den Aktentaschen richteten ihre Kragen hoch und die Frauen sorgten dafür, dass die Kinder nicht zu uns hinübersahen.

An einem normalen Personenzug hingen hinten die grünen Waggons. Die zusammengefesselten Frauenpaare mussten versuchen, gleichzeitig einzusteigen. Eine zog die andere hinter sich hoch. Zu viert saßen wir in einer winzigen Zelle, aneinander gekettet auf schmalen, herunterzuklappenden Sitzschalen, und merkten, wie die Luft immer knapper wurde. Das kleine Milchglasfenster durfte nicht geöffnet werden, durfte nicht einmal auf Kipp stehen. Wir hätten ja unser Elend hinausrufen können. Vier Frauen auf anderthalb Quadratmetern über Stunden zusammengepfercht. Es herrschte Sprechverbot. Wir kamen auf Transport.

Zelle 23, Roter Ochse

ich wusste einfach nichts, wie lange, ich wusste nichts über das urteil, das war teil der strategie. sie ließen einen im unklaren, damit du dich wirklich fürchtest. und in halle hab ich eisen gefeilt. wozu ist das nur gut. von den drei mark achtzig im monat durftest du dir shampoo kaufen im knast.

Der „Grotewohl-Express", benannt nach dem ersten Ministerpräsidenten der DDR, ratterte mit uns über die Gleise der Republik. Toilettengang nur alle drei Stunden. Wir hockten in dem kleinen, stinkenden Käfig und drifteten durch das Land. Draußen auf dem Gang stand ein bewaffneter Wachhabender. Mindestens fünf Tage würden wir unterwegs sein, denn wir befänden uns auf einem sogenannten Sammeltransport quer durch die Republik, sagte eine Mitgefangene. Mehr wusste sie nicht. Niemand wusste etwas, niemand wusste, warum er oder sie weggebracht wurde, wohin, für wie lange. Die Ungewissheit sollte uns zermürben. Ich erinnere mich an meine Angst und an die beißende Luft in diesem Käfig, es roch nach eingesperrten Tieren aus einem verdreckten, heruntergekommenen Zirkus. Alle größeren Gefängnisse in der DDR wurden angefahren und Gefangene hin und her gebracht. Wo wir hinkamen, wo wir ausstiegen, wussten wir nicht. Es war Dezember und der Winter kam früh; wir fuhren irgendwo, wo es hügelig war und der Zug viele Kurven nehmen musste. Im fahlen Schein der Bogenlampen stiegen wir aus, die silbernen Schlangen der Schienen führten ins Nichts der Nacht und über allem lag eine schwere

Stille. Überall hießen die Orte nur Zwischenstation, deren Schleusen sich öffneten und schlossen. Zwei lange Tage beherbergte uns das „Gelbe Elend" in seinen gelben Klinkersteinen in Bautzen. Ab in die Zelle. In den Durchgangszellen Schimmel und Schmutz, die Decken auf den Pritschen verwanzt. Selbst wir Transportgefangenen fühlten uns, als wenn das „Gelbe Elend" uns gleich verschlingen und vernichten würde. Am ganzen Körper und im Gesicht zerkratzt und zerstochen von Läusen- und Wanzenbissen. Im Zug konntest du dich nicht waschen und in den Zwischenstationen war es dem Wachpersonal zu lästig, mitten in der Nacht, denn meistens kamen wir in der Dunkelheit an, die Sanitärräume aufzuschließen, damit wir endlich, endlich einmal duschen konnten. Das ist hier kein Luxushotel. Wir waren nur stinkende Kriminelle, die man vor sich hertreiben konnte wie Schlachtvieh.

Nach zwei Nächten ging die Reise weiter zum „Roten Ochsen" nach Halle. Die preußisch-königliche Strafanstalt hatte ihren Namen wegen ihres rotfarbigen Rochlitzer Porphyrgesteins erhalten, ein bulliger Bau mit zwei hornartigen Türmen. Seit Inbetriebnahme 1842 als Haftanstalt, Lazarett und Irrenanstalt hatte sich hier in diesem kalten Gemäuer nicht viel getan. Ein Ort des Todes. Nach Beginn des Zweiten Weltkriegs bauten die Nazis die Strafvollzugsanstalt zur Hinrichtungsstätte aus. Hingerichtet wurde durch das Fallbeil, oder der langsame, qualvolle Tod erfolgte durch Erhängen. Bis zur Hinrichtung arbeiteten die Häftlinge für die Rüstungsproduktion des Reiches.

Nach der Befreiung durch die Amerikaner und deren Abzug nutzte der sowjetische Geheimdienst das Gefängnis als Untersuchungshaftanstalt und Gerichtsgebäude und die gefürchteten sowjetischen Militärtribunale regierten von hier aus über Sachsen. Unter Anleitung des NKWD, des sowjetischen Volkskommissariats des Inneren, baute das MfS seit 1950 das Untersuchungshaftgefängnis aus, hinzu kam seit 1952 eine Strafvollzugsanstalt des Ministeriums des Inneren. Ein Jahr später, am 17. Juni 1953, erstürmten die Hallenser die Frauenhaftanstalt in der Steinstraße. Ein Lachen und Jubeln auf den Straßen, Veitstanz auf Stalin-Bildern, SED-Akten fliegen aus Fenstern, Polizisten werden entwaffnet und die Pistolen landen im nächsten Gully. Mit gezielten Schüssen wurden die etwa tausend Demonstranten vor dem Komplex der Frauenhaftanstalt zurückgedrängt; dennoch gelang es, die Frauen zu befreien. Ab 14.15 Uhr galt der Schießbefehl. Mit sowjetischen Panzern und unter Einsatz der Schusswaffen der VP gewann die Staatsmacht auch in Halle wieder die Oberhand. Fünf Menschen starben im Kugelhagel, als sie versuchten, den „Roten Ochsen" zu erstürmen. Insgesamt waren in Halle acht Tote, 22 Schwerverletze und 15 Leichtverletzte, darunter sechs oder sieben Vertreter der Staatsmacht, zu beklagen.[63]

Untergebracht waren wir normalen Strafgefangenen im zweiten Haftkomplex des Roten Ochsen, einer Strafvollzugseinrichtung des Ministeriums des Inneren für ausschließlich weibliche Häftlinge – zahlenmäßig zeitweilig mit etwa 470 Haftplätzen das größte Frauengefängnis der DDR für Verurteilte mit einer Strafe ab zwei Jahren. Neben der Untersuchungshaftabteilung des Ministeriums für Staatssicherheit beherbergte der „Rote Ochse" eine Behörde zur Autobahnüberwachung sowie eine Einheit zum Empfang und zur Auswertung von Fernsehsendungen der Bundesrepublik Deutschland. Von all dem wussten wir nichts.

Zwei Frauen in Knastkleidung lagen auf den Knien und schrubbten mit seltsam abgehackten kurzen Bewegungen den Boden, als sie uns über einen der Hauptflure auf Abteilung brachten. Während die Schluse, die Aufseherin, an ihrem Schlüsselbund nestelte, blickte ich auf die Frauen. Unsere Augen trafen sich für den Bruchteil einer Sekunde, dann gaben sich die beiden wieder ihrer Arbeit hin. Sie schrubbten nicht mit Wurzelbürsten, sondern mit ausgedienten Zahnbürsten. Damit auch die Fugen sauber wurden. Erst bürsten, dann mit Bohnerwachs einreiben und schließlich polieren. Und dann lief die nächste Kolonne in Arbeitsschuhen über den Flur. Das Prozedere kam mir be kannt vor. Es roch nach Schweiß, Nikotin und Bohnerwachs.

Gruß- und Meldepflicht, Name, Delikt, die Anstaltsordnung aufsagen, Kleiderordnung, die Ordnung auf den Stationen und im Tagesablauf wie das Wecken, Aufstehen … Das AEK, das Arbeitserziehungskommando in Halle, war einfach Knast mit Zellentüren, hinter denen Ordnung, Sicherheit und Disziplin zu herrschen hatten und wo abends das aufschluchzende Leid zu Hause war. Ich hatte mich zu fügen in die Ausweglosigkeit, denn Randalieren brachte Arrest. Isolation in einer ungeheizten Zelle unten im Keller auf dem blanken Betonfußboden. Nach zwei Monaten kam ich zum ersten Mal in den Hungerarrest. Verweigerung der Sonntagsarbeit. Das hieß: Einzelzelle, Karzer, Bunker, Mumpe, früh und abends eine Tasse Muckefuck und eine Scheibe trockenes Brot und, jeden zweiten Tag, einen Teller Suppe. Du verlierst dich im Raum, hörst bedrohlich nah das Schieben der Riegel, das Rasseln der Ketten, doch kein Schließer kommt. Niemand. Du hast dich verhört. Niemand kommt und sieht nach dir. Nah, fern, oben, unten, du verlierst alles. So wollten sie mich weichkriegen. Dass ich mich an jeden Strohhalm klammerte, nach jeder menschlichen Regung gierte und einwilligte.

An zwei Tagen der Woche wurde ich aus dem Arrest zu Gesprächen mit dem Anstaltsleiter beordert. Zwei Angehörige der Staatssicherheit in Anzug und Krawatte stellten mir Unmengen von Fragen, sprachen mich mit Frau Plog an, taten höflich, aber ihr Hauptinteresse galt ganz bestimmten Mitgefangenen. Auch im Gefängnis hatte die Staatssicherheit ihrer Aufgabe nachzukommen. Meine Antwort war immer dieselbe: Ich schwieg. Zum Spitzel wollte ich nicht werden. Wofür sollte ich verraten, welche Vergünstigungen konnten mir hier wirklich erstrebenswert erscheinen? In der alltäglichen Routine aus harter Arbeit, Putzdiensten und Sport waren keine Erleichterungen zu erwarten. Alle weiblichen Gefangenen mussten im Vier-Schicht-System, also rollende Woche, von montags bis sonntags im Akkord arbeiten. Hundertprozentige Arbeitsleistung war Pflicht, wer die nicht erbrachte, bekam Strafen wie Kontakt- und Paketsperre. Nach meiner Weigerung, zum Spitzel zu werden, schraubten sie meine Akkordleistung auf 125 Prozent, dann hoch auf 150 Prozent. Mir war das egal. Sollten sie doch.

Besuche von meinen Eltern wollte ich nicht haben und Pakete bekam ich sowieso nicht. Nachtverhöre und Schlafentzug, Isolation und Dunkelhaft – ich war wieder in Torgau. Doch ich funktionierte. Nur die Norm schaffte ich nicht. Meine Arme waren aus Blei, meine Beine schmerzten. Es ging nicht voran mit mir in der Produktion für die Elektroinstallation Wittenberg, unsere ganze Brigade würde zurückgestuft werden und was das für die Nacht hieß, die Schläge, wollte ich mir nicht ausmalen.

Jeder Strafgefangene hatte einen zuständigen Strafvollzugsbeamten, der „Erzieher" genannt wurde, mit dem regelmäßige Gespräche geführt werden sollten. Der „Erzieher" hatte dann Berichte abzufassen. Dieses ganze Blabla zur Umerziehung, es hing mir so zum Hals raus. Ob wir uns hier nun ein klares Feindbild durch klassenmäßige Erziehung zulegten, interessierte das Personal kaum. Die Schlusen und die Schließer waren meist ungelernte Hilfsarbeiter, die hier im Knast endlich auch einmal ihren Traum, oben zu sein, Befehle geben zu können, andere kuschen und die Angst spüren zu lassen, ausleben konnten. Es gab Schlimme und nicht ganz so Schlimme. Früher wären diese Menschen, die doch vielleicht auch Kinder und Familie hatten, sicher freiwillig KZ-Aufseher geworden. Letztlich mussten wir einfach arbeiten und die Volkswirtschaft der DDR profitierte von uns. Die Arbeitsverträge wurden zwischen der Strafvollzugseinrichtung und den Arbeitseinsatzbetrieben geschlossen. Lohn und Arbeitsumfang entsprachen keinesfalls dem draußen, und vom Bruttolohn wurden die Haftkosten abgezogen. Der Stress der Normerfüllung, das schlechte Essen, das alles zehrte mich aus. Die Zähne begannen zu wackeln und brüchig zu werden, das Zahnfleisch lag rot und entzündet und die Zahnhälse wurden immer länger.

Einmal ließen sie mich vorladen, es sollte ein Angebot geben, ich sollte aus dem Knast freigekauft werden. Raus aus dem Knast und in die BRD übersiedeln. Ein Angebot der Staatssicherheit, die bei den Häftlingsfreikäufen Regie führte. Ich wollte nach Hause zurück! Mein Leben wollte ich endlich zurückhaben. Was sollte ich in der BRD. Das MfS hätte mich in seinen Klauen gehabt, auch im Westen, davon war ich überzeugt. Und davor hatte ich Angst. Auch im „Roten Ochsen" bin ich trotzig und rotzig geblieben. Ende der sechziger Jahre stieg die Zahl der Freikäufe an, 1968 waren es 696 Personen, ein Jahr später waren es 927 Ausreisewillige, 1970 sank die Zahl auf 888 und 1971 übersiedelten 1400 politische Gefangene.[64] Insgesamt übernahm die Bundesrepublik von 1963 bis 1989 Waren mit einem Wert von mehr als 3,5 Milliarden D-Mark, die als „Sondergeschäft B" über Konten des Diakonischen Werkes der evangelischen Kirchen gingen.[65]

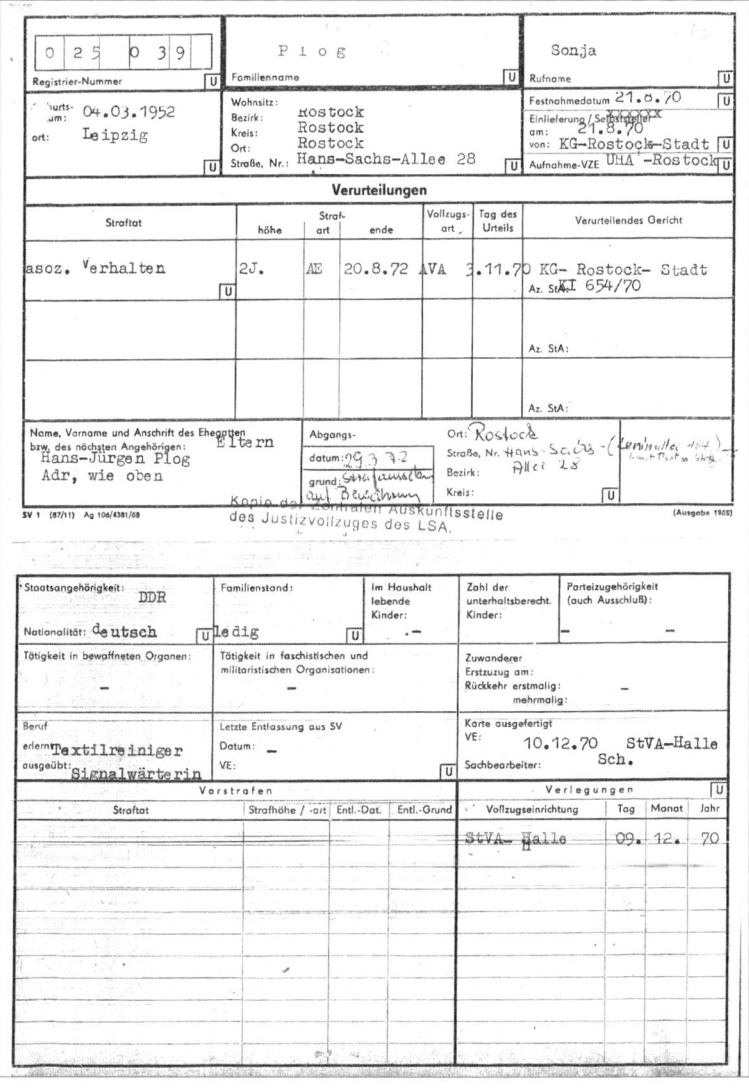

Haftkarte Sonja Rachow

Ich wollte aber nicht weggebracht werden, denn dann hätten die anderen gewonnen. Hätten Recht gehabt. Und ich wäre das Opfer. Das Opfer dieser Menschen und ihrer Organe, die mir das Rückgrat brechen wollten. Zu denen ich auch Mutter zählte, vielleicht, zu denen auch ihr Dirigent gehörte, vielleicht. Obwohl er mir manchmal sanft das Geschirrhandtuch aus der Hand genommen und gesagt hatte, ach, komm, lass mich mal, ich mach das schon.

Ich sollte freikommen. Niemand würde mir nach der Entlassung wirklich den Weg ebnen. Das Stigma Knast würde an mir kleben und ich würde immer eine Gittermaus bleiben. Niemand wäre da, um mir zu helfen wie Hans-Jürgen mit seinem Ich-mach-das-schon. Der Weg war voller Steine. Eine Teufelskraft spürte ich in mir, diese Steine umeinander zu schmeißen, Fenster einzuschmeißen, alles, alles einzuschmeißen. Ich hatte doch keine Jugend mehr, die hatten sie mir geklaut, wie sollte ich immer weiter funktionieren und funktionieren? Opfer sein, das wollte ich nie. Dagegen wehrte ich mich mit allen Gedanken und war es doch in meinen Träumen. Dagegen, dass ich mich wehrte, konnte keiner an. Keine Obrigkeit sollte mich brechen. Bis ich selbst nicht mehr konnte.

Ich war nicht mehr normal. Ich versuchte, normal zu sein. Eine schlechte Schauspielerin war ich. Wie die durcheinanderstürzenden Mosaike in einem Kaleidoskop bestand ich nur noch aus Teilchen meiner selbst. Aus Teilchen, die nicht mehr zusammenpassten. Es gab niemanden, den ich hätte um Rat fragen können, und die Gegner waren der Staat und die Eltern. Ich hatte Angst, aber diese Angst konnte ich nicht zulassen, sonst würden sie mich wieder kriegen. Einem hergelaufenen Hund mochte man nur zeigen, ich hebe einen Stein auf. Und er begreift, das ist ein Feind, der schlägt dich tot, vielleicht mit dem Stein. Und der Hund läuft davon. Ich begriff das nicht. Heute weiß ich, dass es so war. Dass der Staat den Stein ergriff. Aber damals fehlten mir die Jugendjahre, in denen man sich beweist, in denen man sich ausprobiert und vielleicht mit einer Unterstützung von außen den ersten richtig fiesen Liebeskummer überwindet und all die anderen

Schwierigkeiten. Wenn man Freunde hat. Oder Eltern. Die helfen können. Alles das gab es bei mir nicht, jahrelang. Wem konnte ich denn vertrauen? Niemandem. Lauter Niemand. Wer durfte wissen, wo ich gewesen war, durfte wissen, worüber ich Stillschweigen zu bewahren hatte, wie in Torgau unterschrieben. Alles das saß in mir wie eine innere Verletzung und das Unsagbare ließ mich verstummen.

Am 29. März 1972 wurde ich auf Bewährung entlassen. Ein Jahr Bewährungszeit bis zum 28. März 1973. Ich schaffte es nicht draußen, mit dem normalen Leben. Täglich zur Wäscherei Krohn, einem Familienunternehmen seit 1909, das im Jahr meiner Entlassung zum VEB Fortschritt zwangsverstaatlicht wurde. Hier wuschen wir die schweren Stoffe der Nationalen Volksarmee, die Uniformen der Roten Armee und vor allem im Sommer Unmengen von Bettwäsche aus den FDGB-Ferienheimen am Meer. Jeder konnte sich als etwas Besseres fühlen als ich. Weil ich ja aus dem Knast kam. Ich ging nicht mehr hin zur Arbeit und verkroch mich tagelang im Bett. Am 15. August wurde mir eine Strafnachricht zugestellt in die Leninallee 104.

Wieder wurde Vollzug angeordnet, ab dem 15. September 1972. Der ABV riet mir dringend, mich selbst zu stellen. Ich meldete mich am 19. September 1972 bei der Volkspolizei in der Ulmenstraße. Kein leichter Spaziergang in die direkte Nachbarschaft. Straftat: „asoz. Verh." Zurück nach Halle. Verschärftes AEK. Verschärftes Arbeitserziehungskommando. Voraussichtlich bis zum 9. 2. 1973. Am 4. Oktober 1972 brachten sie mich aus der U-Haft in Rostock zurück nach Halle. Sozialismus – das ist Menschlichkeit in Tat und Wort.

PM 12

DEUTSCHE DEMOKRATISCHE
REPUBLIK

**Vorläufiger
Personalausweis**

FÜR EINEN EINGEZOGENEN PA

FÜR BÜRGER DER DDR

verlängert bis _____ O.S.
            Unterschrift

verlängert bis _____ O.S.
            Unterschrift

Z 0645952

PM 12

PM 12

Ich war zwanzig. Ich war zwar draußen, aber das Eingesperrtsein hörte nie auf. Nach dem Amnestieerlass zum 23. Jahrestag der Republik vom 6. Oktober 1972 kehrte ich am 22. November 1972 zurück. Abgangsgrund: Amnestie. Aus dem überbelegten Frauengefängnis Halle zurück nach Rostock in die Leninallee 104. Alles wie gehabt: Meldepflicht bei der zuständigen Polizeistelle in der Ulmenstraße, Reiseverbot, das Schlüsselrecht der Wohnung aufgehoben. Die Kontrolle und Durchsuchung der Aufenthaltsräume, der Wohnung und anderer umschlossener Räume durch die Deutsche Volkspolizei war jederzeit zulässig. Einen Personalausweis hatte ich nicht mehr, sondern einen PM 12, die polizeiliche Meldebescheinigung. Damit wusste jeder, kriminell. In der DDR war es Pflicht, seinen Ausweis stets bei sich zu tragen, und bei einer Polizeikontrolle oder auf der Arbeitsstelle war sofort klar, Exknasti oder asozial, wenn du statt einem Personalausweis deinen PM 12 mit dem Aufdruck „für einen eingezogenen PA für Bürger der DDR" vorzeigen musstest. Meinen Entlassungsschein musste ich auch immer bei mir tragen, ohne Schein hätten sie dich gleich wieder verhaftet und weggesperrt. Mit dem PM 12 warst du gebrandmarkt. Gehörtest zu den politisch Unzuverlässigen, wie den ehemaligen Häftlingen oder den Ausreisewilligen. So ein PM 12 ist aus Gründen der besseren Überwachung nur begrenzt gültig. Zugriff jederzeit möglich. Überlange Kontrollen und weitere Schikanen waren die Folge. Gar ins Ausland reisen, die Arbeitsstelle, Wohnung wechseln, nein, sich dem erzieherischen Kollektiv entziehen,[66] nein. Was ich alles nicht durfte. Ich hatte die Verpflichtung zur Meldung bei der Deutschen Volkspolizei, und es galt die „Untersagung des Aufenthaltes an bestimmten Orten oder Gebieten […] oder des Umgangs mit bestimmten Personen".[67] Zum Beispiel durfte ich nicht einfach ans Meer fahren, nach Poel mit seiner stillen Küste, wo die großen Findlinge lagen wie ruhende Tiere in ihrer jahrtausendealten Meeresumspülung. Ich hatte mich zu fügen. An die Normalität anzupassen. Welche Norm? Jetzt bin ich hier. Aber ich war dort.

Oma und Opa aus Leipzig reisten in den Westen aus, gerade als ich aus dem Knast kam. Nun hatte ich niemanden mehr, zu dem ich gehen konnte. Oma, die mir das Bett angewärmt hatte, wenn ich in den Ferien bei ihnen zu Hause schlief, die mein Nachthemd über die Ofenklappe hängte und mich unter der Bettdecke zu ihrem Paket nach Amerika zurechtknuddelte. Als Opa und seine Soldaten in Frankreich im Champagner badeten während des Krieges, ruhig Kind, darüber sprechen wir nicht mehr, und Mutter mir missbilligende Blicke zuwarf, weil nicht sie im Zentrum der Aufmerksamkeit stand, sondern ich, das Enkelkind. Das Haus und den großen Garten, mit der Himbeerhecke, den akkurat in Reihe gesetzten Möhren, den Bohnenpflanzen, die sich in den Himmel reckten, gab es nicht mehr. Die Himbeersaftfläschchen, die eingelegten Schattenmorellen, süß-saures Gurkengemüse in Weckgläsern, Geschmack aus der Vergangenheit. Drüben im Westen hortete Oma die Ananas in Dosen, bis sie rosteten. Manchmal schickte sie mir eine und ich schlürfte den süßen Konservensaft. Oma konnte es nicht verstehen, dass es morgen schon wieder neue Ananasdosen im Regal zu kaufen gab. Opa trank weiter seinen Cognac.

Die Anklage wegen Arbeitsbummelei klebte an mir wie ein Makel. Jede und jeder wusste Bescheid. Ich las es in den Gesichtern, in der Haltung, mit der mir die niedersten Arbeiten zugeschoben wurden in der Wäscherei. Ich war doch nur eine Schlampe, die sich herumtreibt. Das Je-Je-Je hörte einfach nicht auf, in mir zu rumoren. Zu Silvester 1972 ging ich in die Kogge, eine der ältesten Seemannskneipen Rostocks. Hier wollte ich unter all den Lampen aus aller Welt sitzen, den Seemännern zusehen, wie sie sich betranken, warten, bis die Kubaner mit Stühlen warfen und die vollen Bierkrüge flogen. Warten, bis es Mitternacht ist. Spät, gegen zwölf, kam eine ganze Mannschaft holländischer Jungs mit Banjos und Mandolinen und ein undefinierbarer Rausch hielt alle zusammen, hineingepeitscht in den Banjorhythmus, in einem Nebel aus Zigaretten und Alkohol. Hinter den Südseemasken aus Ozeanien, Mitbringsel von Expeditionen ins Paradies, tanzten die Seeleute. Einer zum anderen schwankend wie ein rollendes Schiff, wenn die weiße Gischt beginnt zu fliegen.

In dieser Nacht blieb ich nicht allein und in den kommenden Nächten auch nicht mehr. Horst ging arbeiten als Brigadier oben im Hochseehafen. Er war ein großer Schlaks, der mir auffiel, weil er in all dem Radau und dem Treiben, allen ihm wohl fremden Torheiten und Bizarrerien, so etwas wie eine Verlegenheit ausstrahlte, mit der er sich an seinem Bierglas festhielt, als wolle er mit seinem Lächeln oder einer zärtlichen Bewegung um Nachsicht und Verständnis für all den

Krach und die Feierlaune der anderen bitten. Aus seinem Traum, für die Handelsmarine zur See zu fahren, war nichts geworden. Er blieb am Kai. He will noh See, un he mütt an Land blieben. Fernweh war eine in der DDR unerwünschte Sehnsucht. Sein Vater war aus dem Krieg nicht zurückgekehrt und er und die Mutter waren mit so gut wie nichts hier in Rostock angekommen. Horst war zu klein gewesen, um seinen Vater überhaupt kennenzulernen und sich an ihn zu erinnern. Wir beide spielten Mann und Frau. Oder auch Katz und Maus. Hase und Igel. Anfangs war ich wie besessen davon, dass nun alles gut wird. Was machte ich mir Sorgen, weil ich doch so viele Mängel hatte. Klein und dünn blieb. Es war mir einfach unmöglich, herauszufinden, was ich wirklich wollte. Geliebt werden, ja. Doch zu welchem Preis? Ich kann mich nicht mehr genau erinnern, wann ich von Horst entjungfert wurde, nur die Panik fällt mir ein, die zusammengepressten Beine, das verwirrte Herz, meine Sittsamkeit, die Angst, schwanger zu werden oder womöglich die Syphilis zu bekommen. Die Frau richtete das Abendbrot; wenn der Mann von der Schicht kam, war der Tisch gedeckt, die Bratkartoffeln zischelten in der Pfanne und das Bier stand schnell und schäumend im Glas. Ich hielt mich am Tisch fest wie ein Seekranker an der Reling und aß so gut wie nichts. Dass es ihm schmeckte, war wichtig. Der Kreislauf aus schmutziger Wäsche, Putzen, Einkaufen, Kochen ließ mich nicht aus seinen Fängen. Nach der Arbeit zum Konsum hetzen, die Biere nicht vergessen. Die allseits propagierte Emanzipation der Frau hörte an der Haustür auf. Trotz Hausarbeitstag, es war kaum zu bewerkstelligen.

Wie ich das schaffte mit der schweren Arbeit in der Wäscherei Krohn, dann noch in die Kaufhalle, aber das schafften alle anderen Frauen ja auch, und die meisten hatten noch ihre Kinder zu versorgen und den Haushalt, die Wäsche zu machen. Ob es das Selbstverständnis der Frauen wirklich so gehoben hat, ob sie sich so viel emanzipierter als die Frauen im Westen fühlten, mit dieser doppelten und dreifachen Belastung? Tante Ursel drüben im Westen arbeitete nicht. Es war nicht nötig. Auch Mutter arbeitete längst nicht mehr, weil Hans-Jürgen genug verdiente. Aber sie managte immerhin seine zahlreichen Konzertreisen und begleitete ihn als die Frau an seiner Seite, die ihm mit ihren guten Kontakten den Rücken freihielt von den immer wieder lästigen Anfragen nach dem Parteibeitritt.

Wieder bummelte ich die Arbeit, frühmorgens schlief ich noch, wenn Horst im Blaumann zur Arbeit stiefelte, ganze Tage verbrachte ich im Bett, lesend. Dies blieb natürlich nicht unbemerkt. Das dritte Mal brachte mich der Gefängniszug der Reichsbahn nach Halle.

Mit dem Machtwechsel 1971 von Ulbricht zu Honecker änderten sich die strafpolitischen Direktiven, weg vom Erziehungsgedanken hin zur stärkeren Bestrafung, als wenn es Erich persönlich ärgern würde, dass innerhalb seines sozialistischen Staats das Problem der Asozialität, der Nichtfunktionierenden, der kriminellen Delikte nicht weniger wurde. Im Oktober 1971 hatte der Leiter der Abteilung Staats- und Rechtsfragen des Zentralkomitees, Klaus Sorgenicht, betont, es müsse „Schluss" gemacht werden „mit allen jenen Dingen, die auf Automatismus und Selbstregulierung hinauslaufen".[68]

Im Frühjahr 1973, bei der Eingangsuntersuchung im „Roten Ochsen" in Halle, stellten sie fest, dass ich schwanger war. Im dritten Monat. Mir war gar nicht bewusst, dass ich hätte schwanger werden können. Denn ich hatte durch die Haft und die schlechte Ernährung nur ganz unregelmäßig einmal eine Blutung, so einmal im Vierteljahr vielleicht. Glaubte, ich kann gar nicht schwanger werden, so dünn wie ich aus dem Knast kam. Alles war durcheinander. Nun war es also gleich beim ersten Mal nach Silvester im neuen Jahr 1973 passiert. Das erste Silvester nach dem Knast. Das erste Mal überhaupt. Arbeiten musste ich im Knast trotzdem, doch ich durfte sitzend die Elektroteile verschrauben. Da wuchs also dieses Kind in mir, von dem ich wochenlang nichts geahnt hatte, wuchs und wurde größer, hier im Knast. Nachts lag ich still und lauschte in mich hinein. Ich hielt mir die Ohren zu und den Atem an. Da schwamm das Kind im Fruchtwasser und spielte mit der Nabelschnur. Manchmal trat es mich, ganz zart. Ich wollte dieses Kind, diesen kleinen Körper, geschützt in mir tragen über die Gänge im Knast, ich wollte rund werden und meinen Bauch umarmen. Ein Arzt bot mir an, es zu entfernen. Das Gesetz zur Unterbrechung der Schwangerschaft verabschiedete die Volkskammer am 9. März 1972 wie ein verspätetes Geschenk zum Weltfrauentag. Und ich könnte anschließend die Wunschkindpille einnehmen, das sei doch alles gar kein Problem. Aber ich wollte dieses Kind, sie konnten es mir doch nicht wegnehmen! Ich, ich Asoziale, ich bekomme mein Kind!

Schließlich wurde ich wieder auf Bewährung entlassen, weil der Kindsvater für mich bürgte. Ich brauchte einen Ernährer. Sonst würden sie mir immer im Nacken sitzen. Horst sagte vor Gericht nur: „Ich kauf ihr das Essen." Er will sich kümmern. Horst hatte mich in der Hand.

Vom Knast kam ich ins Krankenhaus. Das letzte halbe Jahr der Schwangerschaft verbrachte ich liegend in der Frauenklinik in Rostock. Horst kam jeden Tag nach der Arbeit, setzte sich vorsichtig auf seinen ausgebreiteten Mantel am Fußende des Bettes und betrachtete angelegentlich seine vom Arbeiten schrundigen Hände, als fürchtete er, mich anzusehen. Nun wusste auch er, was das heißt: chronische Plazentainsuffizienz. Störung der feto-maternalen Einheit. Nicht sicher sein können, ob das Kind gesund ist. Vielleicht ist es behindert. Ich machte mir solche Vorwürfe. Natürlich hatten die Haft, die Mangelernährung in Torgau, in Crimmitschau, in Halle Einfluss auf das Werden des Kindes. Mit einem großen Hörrohr wollten Arzt und Hebamme wissen, wie es ihm im Bauch nun ginge. All die Schwangerschaftsmonate hindurch gab es keine Entwarnung, bis es irgendwann hieß, das wird zu gefährlich für das Kind. Wir leiten die Geburt ein. Ein heißes Bad, und dann wird es schon losgehen, sagte die Hebamme, eine ältere Frau mit Erfahrung in ihrer blütenweißen Schwesterntracht, alles Haar hatte sie unter der weißen Haube versteckt, und sie tätschelte mir die Wange, als wollte sie mich ohrfeigen.

Die Fruchtblase war geplatzt, das warme Wasser begann stoßweise aus mir herauszulaufen und die ältere Schwester gab mir einen Bohnerbesen in die Hand, damit sollte ich über das Linoleum feudeln, bis die Wehen in Gang kommen. Zwei Tage und eine Nacht lag ich in höllischen Schmerzen, deren Wiederkehr nach einer kurzen Pause umso unerbittlicher und stärker war. In dieser kurzen Ruhe vor dem nächsten grollenden Sturm wurde mir angstvoll bewusst, wie schweißgebadet, wie gepeinigt ich war und wie sehr ich mich am Rande meiner Kräfte befand. Am 11. Oktober 1973 kam Stefan auf die Welt. Ein Frosch mit hellblauen Augen, ohne jedes Haar, ohne Wimpern und Augenbrauen. Mit Blaulicht brachten sie ihn fort von mir ins Kinderkrankenhaus. Dort kam er als Frühchen in den Brutkasten.

Nach dem Nähen des Dammrisses und mit den nachrückenden Schmerzen einer Brustentzündung musste ich acht weitere Wochen liegend im Krankenhaus verbringen. Dass ich die Milch hätte abpumpen müssen, wusste ich nicht und es sagte mir auch niemand. Zwei Monate konnte ich mein Kind nicht sehen. Bis ich es mit nach Hause nehmen durfte in die winterliche Leninallee 104. In diese zugige Dachkammer mit einem Frühchen, das Wärme brauchte. Ich trug das Kind tagsüber in einer Decke an meinem Ausschnitt, nachts schlief Stefan, die Ärmchen weit ausgebreitet, in meinem schmalen Bett. Für Horst war kein Platz mehr. Mutter hatte mir einen Wäschekorb aus Weide bringen lassen, darin lagen meine alten Babysachen von vor zwanzig Jahren. Dann trug mein Stefan-Baby eben Rosa.

Ich war gezwungen zu heiraten. Allein konnte ich nicht bleiben mit einem Kind und meiner Vergangenheit. Du hast ein Kind. Jetzt ist Schluss. Nichts, aber auch gar nichts darf ich mir zuschulden kommen lassen. Ich wusste, dass ich viele Kompromisse einzugehen hatte.

Drei Hochhäuser standen neu errichtet, der Zugang war nur über die im Schlamm ausgelegten Sperrholzplatten möglich, und wenn es regnete, versank jede Hoffnung in dieser sozialistischen Tristesse. Die doch Neuanfang bedeutete für viele, Neuanfang mit Bad und Zentralheizung. Hier kamen nur Leute aus dem Hafen unter. Wir lebten nun zu dritt in einer Einzimmerwohnung. In einem Wohnklo mit Kochnische, zweiter Stock, alle Wohnwaben der anderen lasteten auf uns. Zwei Menschen, die sich nichts mehr zu sagen hatten, in einer zu kleinen Wohnung. Wir lebten allein und isoliert wie auf einem abgelegenen Wüstenstrich. Frühmorgens, wenn Horst auf Schicht ging, schloss er mich ein. Vom Balkon aus beobachtete ich den Himmel mit seinen zerfetzten Wolken, die grau über allem dahinflogen, und der Blick aus den Fenstern ergab nur das Spiegelbild der eigenen schablonenhaften Existenz. Man wird nicht so einfach verrückt, nein. Nicht von heute auf morgen. Vielleicht schleicht sich das Verrücktsein an, es schleicht sich ein, in alles, was ich tue. Jeden Tag verbrachte ich voller Angst zu Hause mit Stefan und hätte es nicht gewagt, die Wohnung zu verlassen. Dabei musste das Kind an die frische Luft und herumgeschaukelt werden, dafür blieb der Balkon zu klein. Außerdem stand dort immer ein leerer Bierkasten. Bei jedem Klingeln an der Korridortür glaubte ich: Jetzt wirst du wieder abgeholt.

Sonja mit Stefan

Den Zettel von der Scheidung habe ich aufgehoben. Alles ging ganz schnell, es wurde bestätigt, dass Horst auch auf der Arbeit trinkt und betrunken zur Arbeit kommt. Eine Gardine, Tisch, Stuhl, Tassen, Bett. Du brauchst kein Kindergeld zu zahlen, ich will dich nie wieder sehen. Seinen Sohn hat er auch nie wieder gesehen. Ich wollte nicht, dass Stefan ihn kennenlernt. Horst sprang in dieser Zeit nach der Scheidung in einen leeren Schiffsrumpf. Sein Patenonkel war Chefarzt in der Südstadtklinik, er bat mich zu kommen. Horst lag unterm Sauerstoffzelt und war unter seinen Verbänden kaum zu erkennen. Als ich kam, schlief er. Ich nahm seine Hand. Es ist nicht klar, ob wir ihn wieder hinkriegen, sagte sein Patenonkel. Horst überlebte.

Ein Glück, dadurch, dass ich das Kind hatte, musste er ausziehen. Nun lebte ich allein mit Stefan in dem Hafenarbeitersilo in der Südstadt Rostocks. Den Einbauschrank funktionierte ich so um, dass er Stefan als Bettchen dienen konnte. Abends wollte ich den kleinen Fernsehapparat einschalten können, ohne Stefan zu stören.

Wenn draußen im Flur eine Tür knallte, stand ich still, ohne eine Bewegung, die uns verraten könnte, und lauschte. Ob sie kommen? Um mich zu holen? Bitte kommen Sie mit, Klärung eines Sachverhalts. Es gab zwei Wege aus diesem Zimmer, durch die Wohnungstür oder durchs Balkonfenster. Was passiert mit Stefan. Das Kind wäre weg, im Heim. Der Schritt zur Adoption wäre doch nur ein formaler Akt. Als mehrfach verurteilte Asoziale hätte ich keine Chance, um mein Kind zu kämpfen. Ich wollte Stefan für mich allein, ich liebte mein Kind bedingungslos und hoffte auf eine ebenso bedingungslose Liebe. Auf einen, der mich lieb hat, endlich. Damit ich nie mehr allein bin auf der Welt. Da war eine ganz große, eine nie gekannte Zuversicht in mir, jetzt wird alles besser. Die Demütigungen, die ich erlitten habe, durfte mein Kind nicht erleben.

Weihnachten 1974 verbrachte ich allein mit Stefan in der Wohnung. Nun war das erste Jahr, das Mutterschaftsjahr um. Was sollte werden? Immer noch war ich wie nach der Geburt abgemagert bis auf die Knochen, mit der Konstitution einer Vierzehnjährigen, die Hosen mit Sicherheitsnadeln zusammengehalten. Kaum messbarer Puls, an den dünnen Armen scheinen die Venen hindurch wie zarte Schläuche aus bläulich verfärbtem Eis, und die Kälte aus den Mauern der Haft, die Kälte aus Torgau, verließ mich nicht. Vegetative Störungen oder Kreislaufstörungen lautete die Diagnose und der Arzt verordnete sechs Wochen Kuraufenthalt in Heiligendamm. Jeden Tag ein Glas Rotwein mit Zucker und Eigelb, das wird dann schon. Schlaflosigkeit, Schwindelgefühle, Ohrensausen, Kopfschmerzen.

Weiße langgestreckte Häuser, blätterndes Putzwerk. Großzügige Treppen führten hinunter zum blauen Band der Frühlingsostsee. Seeluft, Meerwasser, Ruhe verschrieb der Leibarzt Friedrich Franz I. von Mecklenburg-Schwerin, der hier erstmals 1793 die Füße badete. Damals wurde das Wasser noch aus dem Meer gepumpt und für die Herrschaften in ihren Badehäusern erhitzt. Villen und Palais entstanden, das Kurhaus, ein antiker Tempel mit dorischen Säulen und den Lettern „Hier lädt dich die Freude nach dem gesunden Bade" auf der Stirnfront. Konnte nur keiner lesen, weil es lateinisch war. Kurkonzerte, Tanztee mit Partnertausch, unselige Lemurengesichter im Lärm der Musik. Dieses Zuviel an Müßiggang, dieses täglich lang fortgesetzte Kreuzundquergehen zwischen den wenigen Häusern. Das Casino lag verfallen, das Holz der weißen Stadt am Meer zernagte der Wind. Die zierlichen, schnörkeligen Balkonabsperrungen des Grand Hotels rosteten, die Orangerie und die Burg Hohenzollern mit ihren Türmchen verfielen. Schwebende Leere war ich mit meinen 43 Kilo, eine Hülse, die ich neu mit Leben füllen musste. Der Strandhafer wiegte sich im Wind, ich war Horst los und jetzt würde ich mich erholen wie die anderen, die voller ernster Inbrunst in der Hoffnung auf Gesundung aus den Häusern *Rosa Luxemburg*, *Karl Liebknecht* oder *Walther Rathenau* traten. Das Spazierengehen war hier eine Tagesbeschäftigung, der mit sorglicher Ruhe nachgegangen wurde. Also werde auch ich die reine Luft bis tief in die Lungen saugen, fern aller städtischen Krankheitskeime. Ich lief und lief, wo der Wind das Gras mäht, weiter, das Kind im Wagen über die Wurzeln schiebend, bis ich in den Gespensterwald kam, wo große, graustämmige Buchen ihre gigantischen Schatten werfen. Wie Urtiere standen sie da, unerschütterlich mit ihren vor dem Wind fliehenden Kronen und Stämmen. Aus dem zarten ersten Grün der hohen Baumkronen wanderte mein Blick auf das hellblaue Band des Ostseehorizonts. Ich wollte Frieden. Frieden von den Dämonen in meinem Kopf.

Sonja mit Stefan

Sprechen konnte ich mit niemandem, außer mit dem Kind, und in meiner seit Tagen und Wochen anhaltenden Sprachlosigkeit entstand in mir eine Leere, als würde ich in einer fremden Stadt wahllos und vergeblich fremde Telefonnummern anwählen. Gegen die Kopfschmerzen gaben sie mir Tabletten. Nahm ich zwei, zogen sich die Schmerzen zurück wie das Wasser nach der Flut am Strand, wenn der nasse

Sand langsam trocknet. Dann nahm ich das Kind und ging mit ihm hinunter zum Meer. Der Einjährige stolperte und robbte durch den kieseligen Sand, um offenen Mundes hineinzufallen, lachend pulte ich ihm den mit Spucke versetzten Sandkloß aus dem Mund. Dass Sand so gut schmecken konnte! Ich streckte mich aus, im Augenwinkel sah ich wieder, wie er mit der Hand den Kieselsand nachschob. Ein Hustenkrampf, das Gesichtchen rot angelaufen, ich packte ihn an den Füßen und schüttelte ihn aus wie ein altes Kopfkissen. Stefan schrie, ich nahm ihn und ging auf die Promenade über dem Strand. Wir saßen auf der Bank wie zwei Verlorene. Ich war das Mädchen mit dem Kind.

Unter Strom

Die Erinnerung besteht aus nichts als grauen Blöcken, die sich aneinanderreihen. Doch an manchen Tagen entstehen in mir Bilder von so deutlicher Klarheit, dass ich kaum glaube, ihnen trauen zu dürfen. Stunden in Torgau an der Heizung vor dem Essenssaal angekettet für irgendein Vergehen, so dass jede aus der Gruppe an mir vorbei musste. Zackenklare Momentaufnahme, wie sich die Handschellen an mehreren Stellen in den Unterarm fraßen. Warum immer wieder diese Bilder, sie brechen über mich herein, lang aufgestautes Wasser, das über ein Wehr bricht. Aufnahmen wie von einer Reise, die man gemacht hat, die Bilder, die Hotelrechnung eingeklebt und vergessen im grünen Album, vergessen hinter der Schiebetür der Schrankwand, so konnte ich mit meinen Fetzen, die mich davontrugen und mir den Schlaf raubten, nicht umgehen. Mike und die Jungen von der Langen Straße, vom Kanonsberg, Stunden verbrachten sie vor dem Spiegel, bevor sie auf die Straße gingen und sich die Sonnenstrahlen in ihren schwarzen Sonnenbrillen und in den silbernen Spitzen ihrer Nietengürtel brachen und die Polizei sie Gammler nannte. Die ganze Gruppe war zerschlagen. Mutter, die Handtasche baumelnd, zufrieden am Arm von Hans-Jürgen. Meine verhasste Kindheit und meine geklaute Jugend.

Es wurde Zeit, das Schwanken im Türrahmen aufzugeben, einen Schritt hinaus zu machen und nach vorne zu blicken, um diese grauen Blöcke des Festlands der Erinnerungen, mit seinen messerscharfen, schmerzenden Einsprengseln, zu verlassen. Ein Nebelhorn dröhnt, weiter zieht mein Schiff hinaus ins Meer des Lebens und mein Kind ist bei mir und ich will es beschützen.

Gewalt gegen die Staatsmacht. Weil ich mich gewehrt hatte bei einer Verhaftung. In meiner Personalakte stand alles, weshalb ich gesessen habe. In jedem Kreis gab es eine Kartei, die kriminell gefährdete Bürger auflistete. Diese wurde bei jeder Bewerbung von der Kaderabteilung im Betrieb angefordert. Keine einfache Voraussetzung, um ein neues Leben zu beginnen. 1976 lernte ich Maschineschreiben, Teil I und II, und Notizschrift, Teil I und II, in der Volkshochschule, Aus- und Weiterbildung der Werktätigen. Jetzt hatte ich ein Papier in der Hand, damit ich als Sekretärin arbeiten konnte.

In diesem Sommer, am 18. August 1976, befestigte Pfarrer Oskar Brüsewitz vormittags auf dem Marktplatz von Zeitz, südlich von Halle, an seinem Auto ein Pappschild. „Funkspruch an alle: Die Kirche der DDR klagt den Kommunismus an! Wegen Unterdrückung in Schulen an Kindern und Jugendlichen!" Er wirft seinen Talar über, überschüttet sich mit Benzin aus einem Kanister und zündet sich an. Helfern sucht er zu entkommen, rennt brennend auf die Kirche zu.

Ohne noch einmal seine Familie sehen zu dürfen, starb Pfarrer Oskar Brüsewitz vier Tage später mit 47 Jahren im Krankenhaus an seinen schweren Verbrennungen.

Zum 1. Januar 1977 fing ich als Stenotypistin im VEB Starkstromanlagenbau Rostock an. Der VEB Starkstromanlagenbau war unterstellt dem VEB Kombinat Elektroprojekt und Anlagenbau in Berlin, Erbmasse aus den zur AEG der Familie Rathenau gehörenden Elektro-Apparate-Werken, die nach dem Zweiten Weltkrieg in die Deutsche Treuhandverwaltung für die sowjetische Besatzungszone Berlins übergingen. Unterstellt war ich dem Hauptbuchhalter, allerdings nur befristet als Schwangerschaftsvertretung, und ich malte die Eilzeichen in wilder Geschwindigkeit auf den Notizblock, ich stenografierte mit aller Kunst, um in meinem neuen Leben als Sekretärin Fuß fassen zu können. Ich protokollierte: Methoden für die Ausarbeitung des Planvorschlages zum Volkswirtschaftsplan 1978. Planteil Produktion.

Vorlage zur Ausarbeitung der Betriebsprognose 1978. Werkdirektorberatung zur Vorbereitung der Prognose. Feingliederung der Betriebsprognose. Konzeption zur Durchsetzung des Ökonomischen Systems des Sozialismus im Kombinat. Konzeption zur Aufholung der Planrückstände 1977. Wenige Monate später saß ich zum ersten Mal an der Ascota 170. Mit der Ascota 170 erreichte die DDR im Bereich der Buchungsanlagen kurzzeitig Weltniveau. Die Ascota war einfach schick, und ich schaffte es, ich lernte, sie zu bedienen, die leistungsfähigste elektromechanische Buchungsmaschine der DDR und das Flaggschiff des VEB Robotron.

Ich musste arbeiten gehen und ich war stolz darauf, mich und Stefan versorgen zu können und nicht den nächsten Ernährer am Hals zu haben. Zu Hause bleiben ging nicht an und Stefan war im Kindergarten. Nur war ich oft krankgeschrieben aufgrund einer vegetativen Störung. Die Krankschreibungsursache im Sozialversicherungsausweis war zwar kodiert, aber diese Nummern in ihrer Häufung sahen verdächtig aus. Depressionen gab es nicht in einem sozialistischen Land wie der DDR. Zusammen mit Stefan lebte ich in einer kleinen Wohnung in der Ziolkowski-Straße 12 in der Südstadt Rostocks. Spielfeld des sozialistischen Wohnungsbaus auf der grünen Wiese, in einem der vielen sechsgeschossigen Plattenbauten mit Balkon, abseits des Verfalls im alten Zentrum. Unweit lag die HO-Gaststätte „Kosmos" des Architekten Ulrich Müther mit ihrem futuristischen Betonschalendach. Rostock wuchs, alles war neu für den neuen Menschen, der ja arbeiten ging und sich danach einer sinnvollen Freizeitbeschäftigung widmete und sich kaum in seiner kleinen Wohnzelle aufhielt.

In meiner feierlustigen Brigade wurde zu jedem nichtigen Anlass Alkohol getrunken. Überall wurde getrunken in der ehemaligen DDR, irgendetwas war immer, und mir wurde unterstellt, ich würde nichts trinken, damit ich die anderen denunzieren kann. Alkohol war so billig, auch in den Gaststätten, und überall zu haben. Beim Trinken verließ mich nie die Angst vor dem Kontrollverlust. Ein Glas, und Schluss. Die Angst, wieder in den Knast zu kommen, blieb. Womöglich plaudere ich etwas aus, das keiner wissen darf. Niemals durfte ich darüber sprechen, was in Torgau passiert ist. Und ich konnte mir ja nicht sicher sein, wirst du beobachtet, wirst du nicht beobachtet. Wer von den Kollegen ist es, wer arbeitet für die Stasi und legt es drauf an, mir mein Kind wegzunehmen und mich in den Knast zu bringen, der Nette dort, der Stinkstiefel mit den schwarzen Haaren, der nie den Mund aufmacht, Mutter. Mutter wurde dick vom Trinken. Vielleicht wurde sie deshalb so dick und trank ihren Kummer hinunter, weil Hans-Jürgen sie mit seinen Studentinnen betrog.

Einen in meiner Brigade nannten sie Will und er habe gute Aufstiegschancen. Nach einem halben Jahr übernachtete der mit den schwarzen Haaren, der kaum ein Wort sprach, das erste Mal bei mir. Die Frau von Will beschwerte sich am nächsten Tag im Betrieb beim Parteisekretär. Eine muss weg. Der Brigadeleiter konnte sie beruhigen. Sprechen Sie sich mal aus. Versuchen Sie, Ihre Ehe zu retten.

Er kehrte zu ihr zurück, fuhr mit ihr in den Urlaub, trotz eingereichter Scheidung gab das Gericht die Empfehlung, einmal noch zusammen in den Urlaub zu fahren, ein Jahr noch zusammenzuleben. Will hatte doch nicht den Mumm, den ich mir wünschte. Ich versuchte, nicht mehr an ihn zu denken. Ich kannte ihn doch kaum. Er kehrte zurück, nachts in meinen Träumen, er legte den Arm um mich, und ich wusste, schlafend, so ist es gut. So ist es richtig. So soll es sein. Die Träume wurden zum Mantra, das ich mit mir durch den Tag im Starkstromanlagenbau trug. Eine Liebe, die nicht sein sollte. Mit 25 Jahren durchlebte ich den ersten Liebeskummer und es fühlte sich an, als sei ich krank vor Schmerzen. Ein Blick aus seinen dunklen Augen und ich spürte wieder unser süßes Verschmelzen. Vielleicht war es, weil er sich mir entzog, aber Will brachte mein Herz zum Beben. Es fühlte sich an wie eine Kindheitssehnsucht, die immer unerfüllt geblieben war und die es so im Erwachsenendasein nicht zu geben hatte, denn sie war rein, unverbraucht und wild. Eine Sehnsucht, die immer in mir geschlummert hatte und deren Ausbruch mich in eine bodenlose Traurigkeit stürzte. Ich stenografierte, nickte, machte die Eintragungen ins

Kontokorrentbuch mit schrägem Kopf, dass man meinen konnte, ich säße noch auf der Schulbank. Wenn wir uns zufällig trafen, lachte ich unsicher wie über ein dummes Vergehen. Will verließ seine Frau. Wir zogen nach Neubukow, dort lebten seine Leute, dort war er geboren, dort gehörte er hin. Hier schloss niemand seine Hintertür ab. Wenn es vorne an der Haustür klingelt, ist es ein Fremder. Und ich dachte, wenn ich erst auf dem Land wohne als Hausfrau in Neubukow und weggetaucht bin, dann lassen sie mich schon, dann haben sie mich aus den Augen verloren, dann kann mir keiner mehr was, kein ABV, keine Zuführung. Dann habe ich Kinder und verschwinde aus ihrem Blickfeld. Das war auch ein Grund, warum ich in die Kleinstadt ziehen wollte.

Will war Mecklenburger, einer, der schon in die schlammverkrusteten Gummistiefel hinein geboren wurde und eigentlich nur Schietwetter kannte, stur und unerbittlich. Über Gefühle wurde nicht gesprochen. Die Hand reichte er mir zum Gute-Nacht-Sagen, als wenn wir Fremde wären. In seiner Familie gab es keine Herzlichkeit, keine Umarmungen. Wenn er sich etwas in den Kopf gesetzt hatte, musste es so und so passieren, da konnte ich, seine Sabbeltrina, so viel reden, wie ich denn wollen würde. Wir wohnten noch bei den Schwiegereltern im Bungalow, das war ein kleiner Anbau, der an eine Garage erinnerte und bis auf den Namen nichts mit einem Bungalow in L-Form wie in Westdeutschland gemein hatte. Geheiratet hatten wir im Rathaus von Neubukow, Will ohne Krawatte und mit offenem Hemd, ein Zigeuner mit schwarzen Haaren, die Zigarette im Mundwinkel, schön wie der junge Winfried Glatzeder in *Die Legende von Paul und Paula*. „Wenn ein Mensch kurze Zeit lebt, sagt die Welt, dass er zu früh geht. Wenn ein Mensch lange Zeit lebt, sagt die Welt, es ist Zeit. Jegliches hat seine Zeit, Steine sammeln, Steine zerstreun, Bäume pflanzen, Bäume abhaun, leben und sterben und Frieden und Streit", intonierten die Jungs von der Feuerwehr den Puhdys-Song. Ich lächelte mit Tränen in den Augen unter einem großen, weißen Hippieschlapphut im weißen Kleid, Schwiegermutter weinte schluchzend, auf unserer Hochzeit verlor sie ihren Sohn ein zweites Mal. Stefan kam in die Heinrich-Schliemann-Grundschule. Auf den Entdecker Trojas, 1822 als fünftes von neun Kindern in Neubukow geboren, war man hier stolz. Das neunte Kind brachte der Mutter den Tod.

Will hatte sich also in den Kopf gesetzt, ein verfallenes Haus am Ortsausgang ohne Klärgrube zu kaufen und instand zu setzen. Bei den Schwiegereltern hielt ich es nicht mehr aus. Alles wurde von Schwiegermutter mit hochgezogenen Augenbrauen kommentiert, jede Äußerung, jede Handhabung meinerseits, jedes Kleid. Sie saß, sah, strickte und ließ keine Gelegenheit aus, mir unter die Nase zu reiben, dass ich aus der Stadt komme. Min Deern, schnieke süchst ut, as eene Prinzess. Will merkte nichts davon. Hochschwanger schrubbte ich Steine, die wir aus dem verfallenden Haus klaubten, zerrte morsche Balken aus dem Gemäuer, in dem sich eine Essigbaumfamilie festgesetzt hatte, und half Schwiegermutter beim Einwecken der vielen Stachel-, Brom-, Johannis- und Himbeeren, der Erdbeeren, Kirschen, Gurken, Bohnen, Erbsen, die Äpfel zum Winter fein säuberlich im Kellerregal auf Zeitungspapier gestapelt, darunter die Rote Bete. Das war der Geruch, wenn der Winter kam, vom Schrumpeln der Äpfelhäute, nach Kohlen und nach dem heißen Schaum aus der Waschküche, wo Schwiegermutter wie ein Drache schnaubend im Dampfnebel, die Ärmel hochgeschoben, die Haare von einem bunten Kopftuch verdeckt, mit einem langen Stiel in der heißen Wäsche rührte. Es war mein erster Winter auf dem Land. Der Wind drückte herein vom Salzhaff und nachts leuchtete diamanten der Polarstern. Sonst herrschte schwarzes Dunkel. In den Häusern löschten sie früh ihre Lichter. Zu intelligent, um eine normale Frau zu sein, brummte Will, und es war nicht klar, ob er diesen immer wiederkehrenden Satz als Kompliment oder als Vorwurf meinte. Du lebst nur immer in deinen Büchern, aber das Leben ist nicht so, wie es denn in deinen Büchern so steht. Das Leben ist ganz anders, da gewöhn dich mal dran.

Am 21. April 1978 habe ich Antje geboren, unser Wunschkind. Zum Ende des Jahres 1978 arbeiteten wir beide voll, ich wieder befristet für ein Jahr, im VEB Metallgusskombinat Leipzig, Bereich Kolbenfertigung, in der Lohn- und Gehaltsabteilung in Neubukow. 1979 hatte ich 52 Arbeitsausfalltage. Entweder waren die Kinder krank, oder die Schwiegermutter simulierte Bettlägerigkeit und musste gepflegt werden, und an manchen Tagen brach ich zusammen unter der Belastung und unter den Erinnerungen. Alles Schöne wollte ich genießen, für meine Kinder da sein, Kuchen backen, lachen, ein Lied auf den Lippen. Nie wollte ich Opfer sein. Wollte für Will da sein, seine schöne Frau sein, alle versorgen, immer hatte ich etwas am Köcheln auf dem Herd, die nächste Mahlzeit für sechs Personen und die Freundinnen und Freunde der Kinder rollte heran. Passt auf, passt auf eure Finger auf, ihr verbrennt euch, natürlich ist das Essen heiß, soll ich es für dich nach draußen stellen zum Abkühlen, so, umrühren, doch das schmeckt euch, das schmeckt euch. Ich weiß das. Mutter, ich nannte Schwiegermutter nun auch Mutter, passte abends manchmal auf die Kinder auf, und ich beschwor sie, mir die Wahrheit zu sagen, ich konnte mich nicht amüsieren und denken, eins meiner Kinder wäre unglücklich gefallen, das passierte, ja das passierte so schnell, so schnell kannst du gar nicht gucken, da sind die Halswirbel gebrochen. Bevor wir endlich gehen konnten, musste ich noch einmal feucht durchwischen, ich ertrug es nicht, am nächsten Morgen barfuß durch die Räume zu gehen und mir immer den Sand und den Dreck von den Füßen reiben zu müssen. Lieber nahm ich noch einmal Lappen und Eimer. Will sah mir zu, einen Arm in die Hüfte gestützt wie die strenge Patin, lächelte maliziös und ließ die Asche von seiner Zigarette auf den Boden fallen. Beim FDGB wurde er was und gegenüber unserer zahlreichen und zahlungswilligen Westverwandtschaft konnten wir unsere Wünsche äußern, die die Wessis dann bei Genex bestellten. Es war, als schlügen wir ein Zauberbuch der Wünsche auf, voller West- und auch schwer zu bekommender Ostwaren, als bräuchten wir nur mit dem Zauberstab auf die Seiten zu tippen, damit unsere Wünsche wahr wurden.

Die „Geschenkdienst- und Kleinexporte GmbH", kurz Genex, war ein Unternehmen der Stelle Kommerzielle Koordinierung zur Devisenbeschaffung, das den Wunsch nach Wrangler-Jeans, Jacobs Kaffee oder Milka-Schokolade, aber auch nach Stereoanlagen oder einem Wartburg ohne die üblichen 15 Jahre Wartezeit, mit Hilfe der zahlungskräftigen Westverwandtschaft Wirklichkeit werden ließ. Zwischen 1963 und 1989 setzte die Genex insgesamt 3,3 Milliarden D-Mark um. Playmobil und Barbiepuppen für die Kinder bekamen wir kistenweise von der Westverwandtschaft, zwei der Brüder von Hans-Jürgen waren Chefärzte an Hamburger Krankenhäusern und sammelten für uns arme Ostler. Im neuen Haus an der Schliemannstraße – von dort ging es nur in das nächste Dorf, nach Rankow – hatte ich eine Tiefkühltruhe, eine Küchenmaschine zum Zerkleinern, eine Küchenmaschine zum Teigkneten, einen Eierkocher, eine Fritteuse, ein elektrisches Messer, einen Rundgrill, einen Schnelltoaster zum Überbacken. Es ging uns doch gut. Wir hatten doch alles.

Unsere Reisen in den Harz. Nach Schierke ins Zonenrandgebiet. Das Portemonnaie aufs Dach gelegt. Die Passierscheine, das Portemonnaie weg. Auf der Polizeistation bekamen wir innerhalb von zwei Stunden das Okay aus Rostock zur Weiterfahrt. Damals schwärte in mir der erste Verdacht.

Rumor

Die Krise zwischen West und Ost um die Pershing-II- und die SS-20-Raketen eskalierte. Im Dezember 1979 hatte Moskau Truppen nach Afghanistan geschickt. Die Bilder schockierten die Welt. Drüben in Polen streikten die Menschen in den Städten und in Danzig stoppte die Straßenbahnfahrerin Henryka Krzywonos unter Bravorufen ihre Tram, um sich mit den Werftarbeitern zu solidarisieren. Die Gewerkschaft Solidarność wurde gegründet – und die Leichenruhe der kommunistischen Diktatur europaweit erheblich gestört.

Die instabile Lage im Nachbarland führte dazu, dass die SED-Führung die noch bei den ersten Besuchsplänen von 1979 oder 1980 vorgesehene Visite Helmut Schmidts in Rostock ablehnte. Im Zentralkomitee wurde offenbar befürchtet, die Rostocker Werft- und Hafenarbeiter könnten ihren Danziger Kollegen nacheifern.

In einem meiner Arbeitszeugnisse steht, Frau R. ist eine sehr ruhige Frau, die sich kaum äußert. Sie erfüllt immer ihre Brigadetagespflichten. 1981 hatte ich kurzfristig eine Stellung im Moorbad in Bad Doberan. Zitternd saß ich vor meiner eigenen Akte. Es war nur ein Zufall, dass sie mich in der Betriebsleitung brauchten, es war nur ein Zufall, dass ich allein im Raum war. In meiner Kaderakte stand, wann und warum ich verurteilt worden war, für wie lange. Mit fliegenden Fingern zog ich vorsichtig an den Seiten, die mit einem verdächtigen Reißen nachgaben, ich riss die Seiten heraus, stopfte sie in meine Handtasche. Ich nahm sie mit mir und verbrannte sie zu Hause im Bollerofen.

Als Helmut Schmidt endlich doch zu Besuch in die DDR kam und mit Erich Honecker am 13. Dezember 1981 Güstrow besuchte, war die Kleinstadt hermetisch abgeriegelt, nichts durfte das Protokoll stören. Keinesfalls sollte auf dem Bahnhof dem Abreisenden im Zug nach Hamburg ein „Auf Wiedersehen" hinterhergerufen werden. Die Güstrower Bevölkerung gab es an diesem Besuchstag nicht, auf dem Weihnachtsmarkt nur MfSler und andere Systemkonforme. Am gleichen Tag verlas der polnische Staatschef Wojciech Jaruzelski stoisch hinter seiner großen, dunklen Brille eines Schneeblinden die Ausrufung des Kriegsrechts.

Lag es an Neubukow, lag es an mir, weil ich zu laut und giggelig lachte, einen zu kurzen oder einen zu langen Rock trug, der zu bunt aussah? Oh, in Neubukow kannte man das nicht, so modisch und immer so einen Dreh mit der Frisur. Ich blieb immer außen vor, blieb immer die aus Rostock, der Stadt mit dem slawischen Namen des auseinanderfließenden Flusses, Roztoc. Mit den anderen Frauen zusammensitzen und den ganzen Tag über Windeln und Babycreme sprechen, das hat mich nicht interessiert, das erschien mir so demütigend, keine anderen Gesprächsinhalte zu haben. Und jeder ging es nur ums eigene Kind. Witze über die Ehemänner, das Wunderwirken von Gallseife, wie man aus billigem Fleisch ein saftiges Gulasch zaubert. Niemals sprachen die Frauen über sich selbst, als wäre das Wörtchen „Ich" verboten. Natürlich habe ich versucht, so zu sein wie die anderen, mich so anzuziehen wie die anderen. Aber es hat nicht funktioniert. Es liegt an mir, dass ich anders bin. An meiner Geschichte.

Nach drei, vier Jahren Ehe hatten Will und ich eine ernsthafte Krise, aus der wir nicht wieder herausfanden. Bis die Wende zum Ventil wurde. Mit meinem Job allein hätte ich die Kinder und mich vielleicht durchbringen können, aber nicht auf dem gewohnten Niveau. Will war der Ernährer, und ich wollte bei ihm und den Kindern bleiben, bis sie groß sind. Die Kinder haben mich am Leben erhalten. Ins Nirwana gehen, das konnte ich nicht tun. Mit den beiden Kindern, die mich brauchten.

Ich hatte panische Angst, dass Will mich verrät. Dass er mein nächtelanges Wachsein bemerkt, meine Weinkrämpfe, dass er mein Nichtfunktionieren als Argument für die Scheidung benutzt. Dass er durchblicken ließ, meine Frau ist nicht zu gebrauchen. Meine Frau spinnt. Jeden Tag bemühte ich mich, aber ich war nicht normal. Diese panische Angst, dass sie mich in die Irrenanstalt stecken, dass ich für immer verschwinde, wollte nicht von mir weichen. Torgau, darüber hat Will nichts gewusst. Darüber habe ich nie geredet, ich durfte ja nicht. Nie hätte ich ihm so weit getraut. 1986 war ein schlimmes Jahr, wir stritten uns nur noch. Den Kindern wurde gesagt, ich sei auf Kur. Will brachte mich in die Ambulanz der Universitäts-Nervenklinik, dort wollten sie mir mit Tabletten helfen und behielten mich für sechs Wochen, wattiert in Faustan, ruhiggestellt mit Radedorm.

Der Einzige, der wusste, wie es mir wirklich ging, war der Hausarzt, Hans Ludwig, der aus Bad Doberan auch mitten in der Nacht angefahren kam mit der Spritze gegen den Allergieschub. Mit der Spritze im Arm erfuhr ich sofortige Besserung. Sie sind allergisch gegen Ihren Mann, sagte er. Gegen die Gesellschaft, sagte ich.

Das, was Will beseelte, war der große Coup. Ich habe darüber gelacht. Wie sollte der große Coup hier in Neubukow, in der DDR, nur aussehen? Einmal spielten wir Karten mit der Dorfärztin und Will war sehr schnell angetrunken. Er fragte sie, ob Asthmakranke leicht mit dem Kopfkissen zu ersticken wären.

Am Tag der Kommunalwahlen am 7. Mai 1989, jeder wusste doch, die Zahlen werden wieder gefälscht, blieb ich bewusst mit meinen Kindern nicht zu Hause, wir wollten nach Warnemünde ins Wellenbad. Die ganze Stadt war voller Polizei, es war nirgends ein Parkplatz in Sicht und die Kinder freuten sich aufs Schwimmen und begannen zu krakeelen. 1989, an diesem 7. Mai, hatte ich zum ersten Mal seit 16 Jahren eine Konfrontation mit der Polizei. Da war also doch ein Parkplatz, ich ließ die Kinder aussteigen, und aus den Augenwinkeln sah ich ein VP-Auto halten. Ich tat, als würde ich die Polizisten nicht sehen, obwohl mir die Hände flogen. Die große Tasche mit den

Schwimmsachen schnitt mir in die Schulter, auf den Plateausandalen aus Plastikkork ging ich den Kindern ein wenig voraus. Sie können hier nicht parken. Er sollte mich nicht ansprechen. Er sollte es nicht tun. Ich war eine tickende Zeitbombe. Ich sah die grüne Uniform und ich sah rot. Guckt euch doch mal an, ihr Volkspolizisten, was das Volk drüben in Polen bewegt hat, Polen, das liegt einen Katzensprung von uns entfernt, macht nur weiter so, wir haben auch mutige Männer an der Werft, das geht hier alles zu Ende. Aufnahme der Personalien, PM 12. Genaues Prüfen der Ausweise der beiden Kinder, die bald keine Kinder mehr waren. Die Blicke wechseln, zwischen Antje und Stefan und den Ausweisen. Antje, elf Jahre, und Stefan, siebzehn Jahre, hielten sich verschüchtert im Hintergrund am Auto auf. Wir können Sie auch gleich mitnehmen, um die Kinder wird sich gekümmert. Aber wir wollten doch nur schwimmen gehen. Heute ist kein Schwimmtag, heute ist Wahltag, sehen Sie zu, dass Sie nach Hause kommen. Ausgefüllt die Karte zur Klärung eines Sachverhalts, mir in die Hand gedrückt. Wieder hatte ich mich bei der Polizei zu melden.

Zu Hause klingelten sicherlich die Wahlhelfer mit der mobilen Wahlurne, es ist drei Uhr nachmittags, wollen Sie nicht langsam los und wählen gehen, nein, danke, die letzte Wahl zur Volkskammer hatte ich schon verpasst, war nicht mehr wählen gegangen und ich würde auch jetzt nicht gehen, egal, ob die Meldung an den Betrieb ging und ich um sieben Uhr morgens zum Direktor bestellt wurde. Im Gegensatz zu Will, der weiter vorankam im FDGB. Die Hintergründe kannte ich nicht. Einmal fragte ich ihn, dein Betriebsleiter, der hat doch mit der Stasi zu tun. Nein, sagte Will, und ich wusste, dass er log. Wie ist das denn mit der Stasi, bohrte ich nach. Ja, die kommen mal so jede zweite Woche, dann muss ich ihnen die Akten von den Mitarbeitern geben, das war's. Hast du etwas unterschrieben? Nein, das habe ich nicht gemacht. Funktionär sollte er werden, zu Seminaren fahren, und jedes Jahr der große Ball des FDGB in Rostock, zu dem ich ihn begleitete. Dort wurde er sehr hofiert, das hat ihm gefallen. Da fing es an, zwischen uns so richtig zu bröckeln.

Schließlich arbeitete ich in Neubukow als Sachbearbeiterin für den VEB Mühlenwerke Bad Kleinen. Von Neubukow über Rostock bis Schwerin lieferte der Kombinatsbetrieb das Mehl, und ich saß in der Bilanzierung, herrschte über Arbeitsmaterial und Produktionsmittel; zudem hatte ich die Gehälter auszurechnen und anzuweisen. Die Arbeit war abstrakt in Tabellen und Zahlen aufgeteilt, ganz das Gegenteil meines chaotischen Innenlebens.

Den Führerschein hatte ich 1977 bei der GST, der Gesellschaft für Sport und Technik, in Armeefahrzeugen gemacht. Einen Führerschein zu haben war mir unheimlich wichtig, er war ein Schritt in Richtung Unabhängigkeit. Unter die Sandalen hatte ich mir Holzscheite gebunden, sonst wäre ich nicht an Gas, Kupplung, Bremse gekommen. Der Aufforderung der GST, auch Schießen zu lernen, kam ich nicht nach. Ein Auto zu haben, fahren zu können, wurde überlebenswichtig. Auf den Bus konntest du in Neubukow lange warten. Antje war ein Nierenkind. Schmal, anämisch, müde. Wenn die großen Jungs mit den kleinen Mädchen auf dem Fahrradrücksitz nach Rerik zum Baden fuhren, wenn an die zwanzig Kinder sich bei uns in der Küche drängten, um Ostereier auszublasen, war Antje dabei, aber sie war still. Nie laut. Mit zehn Jahren hatte sie plötzlich schreckliche Schmerzen und ich fuhr mit dem fast leblos auf der Rückbank liegenden Kind in die Klinik nach Rostock. Hier war kein Bett frei, wir sollten wieder nach Hause zurückkehren. Dieses eine Mal nutzte ich die Autorität meiner Eltern aus. Ein Anruf bei Professor Horst Klinkmann, Direktor an der Klinik für Innere Medizin der Wilhelm-Pieck-Universität, und zwei Stunden später wurden die Nierensteine entfernt. Im Westen war diese Operation längst nicht mehr üblich, dort zertrümmerte man Nierensteine mit Hilfe einer von außen eingeführten Punktionsnadel.

In Kühlungsborn, diesem sich lang an die Küste schmiegenden Urlauberort – die Nazis fügten die Gemeinden Brunshaupten, Arendsee und Fulgen zusammen und verpassten dem Ostseebad seinen neuen Namen –, gab es eine frei niedergelassene Ärztin, die sich auf Nierenkrankheiten spezialisiert hatte. Freifrau Dr. Sabine von Saß. Sie war etwa fünfzig Jahre alt, eine ruhige, besonnene Frau, zu der ich sofort Vertrauen fasste. Seit einem Jahr fuhr ich einmal im Monat mit Antje zu ihr, um den Urin überprüfen zu lassen. Sabine von Saß erzählte mir von einem ganz jungen Pastor, der mit seiner noch jüngeren Frau in einem Häuschen zu ebener Erde in Kühlungsborn wohnte. Seine Kapelle der kleinen methodistischen Gemeinde, ehemals Speisesaal einer Pension, stand am Fischersteig, in Kühlungsborn-Ost. Thomas Steinbacher trug einen dieser unsäglichen Schnurrbärte, die damals leider Mode waren, und kam aus Berlin, dort lebte sein Bruder Steffen. In den Kellerräumen des Gemeindehauses der Zionskirche stand der Zweiundzwanzigjährige an der Wachsmatrizen-Maschine zur Vervielfältigung der illegalen Blätter des *grenzfall*. Dort unter den Gemeinderäumen befand sich die Umweltbibliothek. Auch der Super-GAU von Tschernobyl war Impulsgeber für die aus Sicherheitsgründen namentlich meist nicht gekennzeichneten Beiträge. Gedruckt wurde diese von Hand zu Hand weitergegebene Zeitschrift in wechselnden Privatwohnungen, mit Materialien, die über den zwangsausgewiesenen Roland Jahn und westliche Journalisten geschmuggelt wurden. Roland Jahn machte den *grenzfall* 1987 mit der ARD-Sendung Kontraste in Ost und West publik. Über die Steinbacher-Brüder erhielten wir im Sommer 1989 auch die *Umweltblätter*; das war alles so erfrischend, neu, ungewohnt. Ungefilterte Informationen zur aktuellen politischen Lage. Die Blätter wurden nur an Personen weitergegeben, denen wir absolut vertrauten.

Auch nach Rostock hatte Thomas Steinbacher Kontakte, vor allem zu Sibylle und Günter Hering von der Michaeliskirche. Günter war ihm Mentor und Kollege, begleitete und unterstützte ihn. Auf Initiative von Sibylle gab es seit 1988 die ersten offenen Abende, eine offene Kirche, zu den Themen der Ökumenischen Versammlung, „Frieden, Gerechtigkeit und Bewahrung der Schöpfung". Jeden Mittwoch stand die Umweltbibliothek in der Michaeliskirche allen Interessierten offen. Dort hingen ab Sommer 1989 auch die Aufrufe der verschiedensten Oppositionsgruppen aus. Frieden sollte herrschen, die Gefahr eines dritten Weltkrieges im Aufrüstungswahnsinn musste gestoppt werden.

Als überzeugte Atheistin war der Gang in die Kirche nicht meins, doch die Abende im Gemeindesaal in Kühlungsborn hatten nichts wirklich Kirchliches. Thomas Steinbacher meinte, eine gewisse Narrenfreiheit als Pastor zu haben. Einmal war er in die Fänge der Stasi geraten. Bei einer Demonstration 1988 in Berlin, gegen die Zensur der Kirchenzeitung, die Gorbatschow-Zitate aus der Zeitschrift *Sputnik* gebracht hatte. Noch am gleichen Abend wieder aus der Normannenstraße entlassen, sah er der Umzingelung der Demonstrierenden durch die Staatssicherheit und dem Abtransport in LKWs im Heute Journal zu. Wenn die Westpresse anwesend war, konnte die DDR-Obrigkeit nichts ausrichten, das war sofort ein Politikum.

Die Treffen bei Sabine tarnten wir abends ab 20 Uhr als Elternabend. Die Männer waren Ärzte, Architekten, neben Sabine war ich die einzige Frau. Es wurde diskutiert, frei und offen, es lagen Papiere aus. Wie in einem Café saß man zusammen und redete. Hörte zu und ließ den anderen ausreden. In Berlin sei das längst gang und gäbe. Jetzt eben auch in der Provinz. Im Frühjahr waren wir noch konspirativ.

Nach einem der großen Streits mit Will im Sommer 1989 setzte ich die Kinder ins Auto und fuhr nach Rostock zu Hans-Jürgen und Mutter. Außer Mutter fiel mir niemand ein, bei dem ich vielleicht die Kinder lassen konnte, bis ich eine Lösung gefunden hätte. Die Frau vom Will. War ja klar, dass das schiefgeht. Mutter hatte im Delikat eingekauft, wie immer, unser Angebot macht wählerisch, chinesische Mandarinen Marke Große Mauer, Zitronenjoghurt, Trinkfix fürs Kind. Einen Kaffee könne ich haben, sagte sie schnell und schneidend. Dann solle ich zu meinem Mann zurückgehen. Ein guter Mann sei er. Sollte ich doch froh sein, solch einen anständigen Mann abbekommen zu haben. Diplomingenieur. Ich wüsste doch gar nicht, wie gut ich es hätte. Hätte doch alles ganz anders kommen können. Sollte froh sein, dass er mich genommen hat. Bei meiner Vergangenheit. Und jetzt über die Stränge schlagen. Du hast Familie, du hast Kinder, du hast einen Mann, du hast dich zu fügen. Warum wir uns stritten, interessierte Mutter nicht. Dass ich die Treffen bei Sabine brauchte, denn hier war endlich Luft zum freien Atmen. Auch wenn Will das nicht einsehen mochte.

Will, sagte ich, es geht nicht mehr, wenn ich hier nicht rauskomme, das bringt mich um. Ich lass mich scheiden. Er verstand mich nicht, Auto, Kinder, Haus, Arbeit, wo fehlte es denn. Gefriertruhe, Stereoanlage, Videorekorder, Fernseher. Über Gefühle konnte und wollte Will nicht sprechen. Zum Jahreswechsel 1988 auf 1989 war ich in Antjes leeres Kinderzimmer gezogen, sie schlief mit Stefan zusammen in einem Zimmer, weil sie nicht allein sein konnte. Bis sie 1989 elf Jahre alt wurde, stand Antje jede Nacht vor meinem Bett und starrte mich an, bis ich sie doch mit zu mir unter die Decke genommen habe. Schon als kleines Kind schrie sie wie am Spieß, wenn Schwiegermutter einmal aufpassen sollte, weil wir ausgingen. Mama und Papa sollten immer in ihrer Nähe sein. Wir versuchten es zu vermeiden, in Gegenwart der Kinder zu streiten. Antje und Stefan haben dennoch alles mitbekommen.

Dieses Resignieren statt zu leben und zu lachen, dieser immerwährende Wartezustand, der keine Veränderung zuließ, damit musste Schluss sein. Ich musste die Starke sein, die den Entschluss trifft, ich musste die Starke sein, die seine Tränen und seine Drohungen erträgt, ich musste die Starke sein, die endlich konsequent ist.

Die Maschinengewehrsalven, die Panzer gegen die mit nichts in der Hand demonstrierenden Studenten auf dem Platz des himmlischen Friedens in Peking in der Nacht vom 3. auf den 4. Juni. Der Schock nach dem Massaker auf dem Tiananmen-Platz und die Zustimmung des Kronprinzen Egon Krenz wenige Tage später in der Aktuellen Kamera. Unter der Titelschlagzeile „Volksbefreiungsarmee Chinas schlug konterrevolutionären Aufruhr nieder", berichtete das *ND*: „Peking (ADN). Einheiten der chinesischen Volksbefreiungsarmee haben in der Nacht zum Sonntag in Peking einen konterrevolutionären Aufruhr niedergeschlagen. Wie das chinesische Fernsehen mitteilte, räumten die mit der Durchsetzung des über Teile der Hauptstadt verhängten Ausnahmezustandes beauftragten Truppen den Tiananmen-Platz."[69]

Lauffeuer

VEB Reisebüro der Deutschen Demokratischen Republik, Bezirksdirektion Rostock

In der Hitze des Sommers lag über allem der stechende Geruch nach Hühnerscheiße aus dem VEB KIM, Kombinat Industrielle Mast. Fünfzig Lagerhallen mit gequälten Hühnern, gepfercht auf engstem Raum, standen vor Neubukow. So viele Goldbroiler wollte niemand mehr essen. Die Rollläden des Bäckerladens blieben geschlossen, Briefkästen quollen über voll vergessener Post, herrenlose Hunde streunten durch die Straßen. In der Konsumfleischerei, deren Auslagen sowieso immer nur Dosen präsentierten, prangte inmitten der Scheibe ein zersplittern-des Loch, groß klaffend, hässlich und schwarz, mit einer Zuckerrübe eingeworfen. Tote Telefonnummern ohne Teilnehmer, offene Häuser, die Fenster mit herabgerissenen Gardinen. Alle Habe, das Auto, das Haus, die Betten, das Sofa, alles ging auf den Staat über. Alles verfiel. Die Schindeln von der mächtigen Holländer-Windmühle mit ihren gewaltigen Mühlflügeln waren abgeblättert und der Turm der Mühle stand abgenagt auf dem Backsteinfundament. Am Rathaus am Markt-platz war die Uhr stehen geblieben. Alles lag grau, auch jetzt, mitten im Sommer. Die Jugendhilfe hatte alle Hände voll zu tun mit Kindern, die allein in den Wohnungen zurückblieben. Freunde fehlten plötzlich. Die Feuerwehr war nicht mehr einsatzbereit, und Arzttermine wurden un-gültig. Exodus. Die stillen Straßen von Neubukow lagen verlassen wie nach einem Atomschlag. Die Kneipe geschlossen, technische Störung, weil das Personal im Ungarn-Urlaub blieb.

Es war, als würden nur die Alten, Schwachen und Kranken aus-harren. Wer konnte, der ging. Meist auf Nimmerwiedersehen. Die, die blieben, sahen der Flucht der anderen zu, in einer Mischung aus Neid, Wehmut und Aufruhr über das stille Sterben der überlebten Struktu-ren. Lamentierten über das eigene Schicksal als Häftlingsbürger in der Falle eines untergehenden Staates. Nie gab es genügend Frisches zu kaufen. Stellte ich mich in die Schlange vor der um 14.30 Uhr wieder öffnenden Kaufhalle, wurde zwanzig Minuten später schon der Aus-verkauf verkündet. Statt Gurken und Tomaten gab es Rhabarberstan-gen. Die wuchsen saisonal im eigenen Garten. Die Kaufhalle wurde immer leerer und die Kneipen immer voller. Die Frauen in den War-teschlangen vor den Läden gaben die Zahlen weiter, 200 seien es diese Woche, die Neubukow verlassen haben, nein, 1000 seien es, mindes-tens, so eine andere im geblümten Kittel. Als raunten sie einander ver-botene Nachrichten über den Frontverlauf 1945 und den beginnenden Untergang zu. Ganz wie damals funktionierte weiter die Propaganda-maschine der Diktatur. Das *Neue Deutschland* vermeldete: „Wichtiger Kraftzuwachs für DDR-Wirtschaft, Stahnsdorf wurde Zentrum der

Leistungselektronik". Gerüchte über Menschenhandel zwischen Ost und West kursierten, als hätte die DDR ihre Bürger nicht wie Sklaven aus den Gefängnissen gegen Westgeld verkauft. Ein Zeitzeuge berichtete im *ND* unter der Überschrift „Ich habe erlebt, wie BRD-Bürger ‚gemacht' werden." Es folgten die Unterzeilen mit: „In den Fängen kaltblütiger berufsmäßiger Menschenhändler", „BRD-Botschaft Wien – eine Zentrale der Abwerbekampagne", „D-Mark-Scheine als Lohn für gewissenlose Schlepper". Der Zeitzeuge, ein Mitropa-Koch, „glücklich verheiratet, drei Kinder", erzählte, dass ihm eine deutsch sprechende Ungarin eine Mentholzigarette und einen Kaffee angeboten habe, woraufhin ihm „die Sinne schwanden". Er fuhr fort:

Offensichtlich hat man mir ein Betäubungsmittel gegeben, wie ich jetzt erfahren habe, eine beliebte Methode westlicher Geheimdienste und ihrer Handlanger. FRAGE: Sie wurden also nicht schlechthin „abgeworben", sondern regelrecht verschleppt? ANTWORT: Ja, ich fühle mich als Opfer von Entführern, von Verbrechern. FRAGE: Was war im Bus Ihre erste Reaktion? ANTWORT: Ich sagte dem „Fremdenführer": Ich will doch gar nicht in die BRD. Er feixte nur: „Mitgefangen, mitgehangen. Jetzt geht's erst mal in die BRD-Botschaft nach Wien." Ich machte gute Miene zum bösen Spiel und überlegte krampfhaft, wie ich da herauskomme. FRAGE: Wie würden Sie die Atmosphäre im Bus beschreiben? ANTWORT: Die Stimmung im Bus war, wie soll ich sagen, merkwürdig. Sektkorken knallten, man lachte, doch das Ganze wirkte überdreht, aufgesetzt, unwirklich. Denn keiner wusste ja so richtig, was ihn erwartet. […] FRAGE: Also lief alles nach Fahrplan, stabsmäßig organisiert, wie in der im *ND* veröffentlichten Dokumentation über Menschenhandel mit DDR-Bürgern nachgewiesen wurde? ANTWORT: Das kann man ohne weiteres sagen. Die BRD-Pässe waren, wie ich sah, in Budapest ausgestellt worden. Ihre Besitzer hatten eine Menge Geld bekommen. […] FRAGE: Wie konnten Sie diesen professionellen Menschenhändlern aus der BRD wieder entkommen?

ANTWORT: Ich nutzte die erstbeste Gelegenheit, um telefonisch Kontakt mit der DDR-Botschaft in Wien aufzunehmen. Dort sagte man: „Selbstverständlich helfen wir Ihnen, nach Hause zu kommen." Man schenkte mir Vertrauen. Am Donnerstag, dem 14. September, war ich wieder in der Heimat.[70]

Das Westfernsehen zeigte Bilder von verlassenen Trabis und Wartburgs in Prag, von Menschen, die vor dem Barockgebäude der BRD-Botschaft um Einlass bettelten, von Kindern, die über den Botschaftszaun gereicht wurden, Bilder vom Lachen und Weinen. Die Lehrer aus Stefans Schule verschwanden, die Kinderfreundinnen aus Antjes Klasse, weg, mit den Eltern abgehauen ins Wunderland der Westträume.

Unsere Treffen bei Sabine wurden immer ausufernder. Die offenen Gespräche, die Diskussionen und letztlich die Verarbeitung der Veränderungen waren für mich eine Sensation. Ich fühlte mich aufgehoben, die anderen verstanden mich und wir verfochten die gleichen Ideen. Transparenz und Umgestaltung. Das Wort sollte weitergetragen werden. Wir fühlten uns so eng miteinander verbunden, gleichgesinnt, dass der Gedanke an Stasi-Spitzel einfach egal wurde. Sollte doch einer sitzen, schweigen, weil er oder sie sich alles merken musste und berichten, nichts und niemand würden uns und unser Denken aufhalten können. Wir wussten ja sowieso nicht, wer es war. Wir reden, wie wir reden. Dumme Witze rissen wir über mögliche Stasi-Spitzel; wie groß das Ausmaß der Bespitzelung wirklich war, haben wir nicht ahnen können. Ich wunderte mich über mich selbst, frisch, klar, sprudelten die Gedanken aus mir. Mit den Schriften aus der Umweltbibliothek in Berlin, mit dem *grenzfall* argumentierten wir. Für eine neue DDR. Für eine demokratische Republik und einen Sozialismus, der sich leben lässt. Die Begriffe mussten aus den Klauen der SED gerissen werden, wie alte Steine wollten wir sie schrubben und daraus ein neues Haus bauen. Das Aufdecken der Wahlfälschungen bei den Kommunalwahlen hatte dem SED-Regime jede Legitimation entzogen. Der seit fünf Jahren amtierende Oberbürgermeister von Greifswald, Klaus Ewald, Parteieintritt mit achtzehn Jahren, zeigte sich selbst an, er habe gegenüber der SED-Bezirksleitung gelogen, als er angab, dass die Nationale Front, bestehend aus SED und Blockparteien, 98 Prozent der Wählerstimmen auf sich vereinigte. Nicht-Wähler und Nein-Stimmen gab es nicht.

In Berlin, in Leipzig, in Dresden, überall gärte und brodelte es. Auch in Schwerin gab es eine Gruppe, davon hörte ich in Kühlungsborn. Hoch über dem Pfaffenteich, über den im Sommer träge ein Dampfer schuckert, thront die Paulskirche mit ihren zinnenbewehrten Türmchen. Seit 1987 gab es in Schwerin einen Gesprächs- und Lesekreis, an dem Martin Klähn teilnahm. Martin war klein, schmal, mit strubbeligen rötlichen Haaren. Er sah aus wie ein junger Student, mit seinen neunundzwanzig Jahren. Den Dienst bei der NVA hatte Martin verweigert und er war beim DDR-weiten Kreis der Wehrdiensttotalverweigerer dabei. Martin sprach langsam, mit vorsichtiger, leiser Stimme, ganz anders als Will. Wir verliebten uns. Doch daraus konnte erst in einem Jahr, in der neuen Zeit etwas werden. Martin hatte seit Jahren Kontakte nach Berlin.

In einem Vorort von Ostberlin, in Grünheide, im Haus des verstorbenen Physikers und Denkers Robert Havemann, der hier jahrelang unter Arrest gestanden hatte und bis zu seinem Tod 1982 von der Staatssicherheit überwacht worden war, lag eine zentrale Schnittstelle des Widerstands. Hier trafen sich am Wochenende vom 9. bis 10. September 1989 bei Havemanns Witwe Katja unter anderem die nach ihrer Zwangsausweisung wieder in die DDR zurückgekehrte Malerin Bärbel Bohley, die nicht ausstellen durfte, und der Eisenhüttenstädter Rechtsanwalt Rolf Henrich, dessen im April 1989 in der BRD veröffentlichtes Buch *Der vormundschaftliche Staat* sich gegen das SED-Regime richtete und bei uns sehr Furore machte. Insgesamt unterzeichneten nach langen Diskussionen 30 Personen aus elf DDR-Bezirken den Gründungsaufruf des Neuen Forums. Die sechzehnjährige Tochter Franziska von Katja und Robert Havemann tippte den Text mit Durchschlag für alle Anwesenden ab.

Martin Klähn: „Ich wollte nach Grünheide fahren, damit wir in Schwerin nicht wieder die Letzten sind, die die Veränderungen mitbekommen." Siggi Schefke, wie Martin gelernter Bauingenieur und

Mitbegründer der Umweltbibliothek, führte ihn in den Kreis bei Katja Havemann ein. Siegbert Schefke und sein Freund Aram Radomski fotografieren und filmen das Elend und den Aufbruch in der Republik, Bilder, die über den Umweg des westdeutschen Fernsehens wieder zurück in die DDR finden. Abnehmer sind die großen bundesrepublikanischen Medien, Nachrichtenagenturen wie AP und dpa sowie internationale Sendeanstalten wie BBC, NBC und ABC. Bilder von der Gegendemonstration zur offiziellen Rosa-Luxemburg-Demo in Ostberlin 1988, Bilder von der Verklappung hochgiftigen Dioxinmülls, der Umweltzerstörung des VEB Kombinat Espenhain südlich von Leipzig, der tonnenweise Schwefeldioxid ausstößt.

In Grünheide rauchten die Köpfe bis spät in die Nacht. Eine Partei sollte es nicht werden, erkämpft werden sollte vielmehr ein „legales politisches Betätigungsfeld. Es geht um eine umfassende Diskussion, deren Ergebnis erst einmal der wirkliche Ist-Stand sein muss."[71] Martin Klähn: „Eine Woche später, am 18. September, haben wir das Neue Forum in den Bezirken angemeldet. Angst hatte ich nicht. Mich trug eine wahnsinnige Welle der Euphorie." Heute noch dankt Martin Klähn vor allem den Sekretärinnen in den Betrieben. Denn die Sekretärinnen und Schreibkräfte hatten entscheidenden Anteil daran, dass sich der Gründungsaufruf des Neuen Forums so schnell verbreiten konnte. In den Mühlenwerken hatte ich eine elektrische Schreibmaschine und in den Speicher gab ich den Text „Aufbruch 89 – Neues Forum" ein. Schnell ausgedruckt und nach Feierabend, als alle weg waren, hängte ich ihn an die Wandzeitung des VEB Mühlenwerke.

Im ganzen Land herrschte Aufbruchsstimmung, selbst in Neubukow im Kolbenwerk, einer meiner früheren Arbeitsstellen, wurde heiß diskutiert. Zudem wurde das MfS fündig: „Schmiererei an einer Bekanntmachungstafel – auf einer Einladung zur PGV [Parteigruppenversammlung] wurde nachstehend gen. Satz gesetzt: ‚Wo sind unsere Reformen?'"[72] Mit Kugelschreiber hatte also jemand einfach seine Meinung zur Einladung zur Parteigruppenversammlung hinzugefügt. Das MfS ermittelte.

Pastor Thomas Steinbacher aus Kühlungsborn: „Das Papier vom Neuen Forum schlug ein wie eine Bombe, schon mit dem ersten Absatz: ‚In unserem Lande ist die Kommunikation zwischen Staat und Gesellschaft offensichtlich gestört. Belege dafür sind die weitverbreitete Verdrossenheit bis hin zum Rückzug in die private Nische oder zur massenhaften Auswanderung. Fluchtbewegungen dieses Ausmaßes sind anderswo durch Not, Hunger und Gewalt verursacht. Hiervon kann bei uns keine Rede sein.' Wir überlegten, was kann man hier bei uns auf dem platten Land tun.“

Auch ich sagte mir, jetzt ist es so weit, jetzt will ich es wagen, mich auf diese Liste setzen zu lassen. Martin Klähn, Thomas Steinbacher und ich gehörten zu den ersten Kontaktpersonen außerhalb Rostocks für den Norden.

Der Bildhauer Axel Peters aus Behnkenhagen war im vorläufigen Koordinierungsrat in Rostock tätig und begann, die Kreisorganisation aufzubauen. Alles lief noch illegal. Thomas Steinbacher: „Mein Bruder Steffen wurde persönlicher Sekretär von Bärbel Bohley, wir bekamen ständig neue Informationen aus Berlin. Die Leute rannten mir die Bude ein, privat und im Gemeindesaal. Neben Sonja und Martin, die Telefon im Betrieb hatten, war ich einer der wenigen, die eine private Telefonverbindung hatten.“

Im Neuen Forum erst lernten wir sprechen, lernten zuzuhören, den anderen ausreden zu lassen. Das war eine Kultur, die vorher nur in den kirchlichen Gruppen geübt wurde. Alles war so herrlich neu für uns. Zu Hause in Neubukow erschien der Abschnittsbevollmächtigte und sprach mit meinen Kindern. Ich war unterwegs. Was eure Mutter da tut, das sollte sie lieber lassen. Verschreckt berichteten mir die Kinder von diesem Besuch. Ein Arzt aus unserem Kreis, Hans-Georg Neumann aus Bad Doberan, fuhr mit einem Pappschild mit der Aufschrift „NEUES FORUM?!“ in der Heckscheibe seines Autos spazieren. Er wurde zur Polizei bestellt, aber es passierte ihm nichts. Wir hatten ausgemacht, wenn einer verhaftet wird und wir 48 Stunden nichts von ihm gehört haben, schalten wir einen mit unserer Sache vertrauten Rechtsanwalt ein.

Kontaktadresse Sonja Rachow
mit Telefonnummer

Die Gefahr, von der Staatssicherheit oder der Polizei verhaftet zu werden, war dem sich nach außen hin bärenstark gebenden, baumlangen Axel Peters, der lange, zähe DDR-Jahre um die Berufserlaubnis als Bildhauer gekämpft hatte, sehr wohl bewusst: „Mit dem Führen der Kontaktadresse bot sich eine gewisse Sicherheit, wir glaubten, wir konnten so nicht plattgemacht werden, ohne dass es jemand merkt. Da wären Nachrichten in Berlin eingegangen bei Katja Havemann und Bärbel Bohley. Darauf haben wir uns verlassen.“[73] Axel fuhr wie jedes Jahr im Sommer nach Ungarn, im Gepäck eine Einladung zu einem Bildhauersymposium in Italien – doch das Ministerium des Inneren hatte ein Verbot ausgesprochen. „Ich hätte die unerwartete Grenzöffnung nutzen können, doch das kam gar nicht in Frage, meine Tochter Anna war bei mir auf der Reise, aber meine anderen Kinder lebten in der DDR. Ganz weggehen kam ohnehin nie infrage!“ Axel Peters kehrte nach Hause in den Norden zurück. Doch die Ungarnreise wird für ihn zum Signal für den Aufbruch. Hier beobachtete er die angeblich Kriminellen, die das Land verlassen wollten, „[…] und ich habe gesehen: Das sind die Besten, die gehn. Das hat mich sehr geschmerzt. […] Bei den ersten Gesprächen mit der Parteiführung, bei Herrn Timm [Vorsitzender der Bezirkseinsatzleitung, gleichzeitig der Erste Sekretär der Bezirksleitung, der SED, Rostock], war ich da, und wir haben als Hauptfeind die Partei erkannt, die dieses Land in diese Situation gebracht hat und die vor allem ja nicht reagiert hat, das war das Problem.“[74]

234

Ungarn, Budapest, war für uns DDR-Bürger die größte und konsumgefüllteste, die westlichste Stadt, die wir erreichen konnten. Seit einem Jahr gab es dort eine Filiale mit dem Einheitsgeschmack von McDonald's, und wem sein Mädchen wirklich etwas wert war, der lud sie zum Cheeseburger ein. Nach Prag oder nach Ungarn hätte ich schon damals fahren wollen, 1967/68, denn in Prag oder Ungarn gab es Levi's, Wrangler und Schallplatten von Bands, die in der DDR nicht vertrieben wurden.

Auf der 7. Tagung des Zentralkomitees im Dezember 1988 hatte die SED für die Zeit vom 1. September bis 31. Dezember 1989 den Umtausch der Mitgliedsbücher und Kandidatenkarten in ihren Grundorganisationen beschlossen. Die Ausgabe neuer Parteidokumente, die erst nach Bestätigung der jeweiligen Personen durch die Mitgliederversammlung der Grundorganisation der SED erfolge, sei erforderlich, weil für die Mehrheit der Mitglieder 1990 die Gültigkeit ihrer Dokumente ablaufe. Auf diese Weise wollte die SED unsichere Kantonisten aus ihren eigenen Reihen loswerden. Krampfhaft versuchte die Partei, das Gesicht zu wahren, die Oberhand und die Deutungshoheit zu behalten.

In elf der 14 DDR-Bezirke wurde am 19. September 1989 die Tätigkeit des Neuen Forums angemeldet, zwei Tage später teilte der Minister des Inneren über ADN mit, das Neue Forum sei verfassungs- und staatsfeindlich. Unterdessen hatten etwa 3000 Menschen den Aufruf unterschrieben.[75] Am 25. September 1989 erfuhren Bärbel Bohley und Jutta Seidel im Ministerium des Inneren, dass für einen Antrag auf Zulassung „keine gesellschaftliche Notwendigkeit" bestehe. Die Nachricht vom Gründungsaufruf des Neuen Forums, von der Möglichkeit, zu unterzeichnen, Kontakt aufzunehmen – zum Beispiel über einen Briefkasten mit der Aufschrift Nathan Frank für Neues Forum in Rostock oder einer anderen Stadt –, verbreitete sich in allen Bevölkerungsschichten und in allen Landesteilen nach dem Schneeballprinzip.

Gleich am Abend nach seiner Rückkehr aus Grünheide begann Martin Klähn auf handgefertigten Listen Unterschriften zu sammeln: „Meine Frau Elke hatte unendliche Angst. Wir hatten eine Tochter. Unsere

Adresse war Anlaufstelle für alle Interessierten. Tag und Nacht stand ein Wagen der Staatssicherheit vor der Tür. Im Betrieb mussten die Kollegen nebenan das Zimmer räumen und die Stasi zog ein. Wenn mir das alles etwas ausgemacht hätte, wäre es zu diesem Zeitpunkt zu spät gewesen." Etliche, die sich auf den Weg zu Martin machten, um zu unterschreiben, kehrten beim Anblick des Wagens der Staatssicherheit vor Martins Wohnung um. Dennoch, von morgens bis abends ging die Tür. Manche fragten, wer denn der Chef sei, ob es ein Programm gebe und wer eigentlich vorgebe, wo es langgehe. Aber die Demokratie sollte an der Basis gelebt werden, es sollten Arbeitsgruppen gebildet werden, um die SED nach und nach aus allen gesellschaftlichen Bereichen zu vertreiben, seien es Bildung, Wirtschaft, das Rechtssystem, die Verfassung oder der Umweltschutz. Martin Klähn: „Schritt für Schritt wollten wir der SED den Boden entziehen und die von uns erarbeitete Alternative an die Stelle des Bestehenden setzen." Oftmals hörte er ein ungläubiges, resignierendes: „Das kann ja Jahre dauern, bis sich etwas ändert."

Martin Klähn und seine Frau trennten sich, eine der „typischen Wendescheidungen", wie sie auch Thomas Steinbacher erlebte: „Das Leben raste. Jeden Tag passierte etwas anderes. Alles fand unter völlig neuen Bedingungen statt. Dass die politischen Fragen so brisant sind und in unser Leben eingreifen und wir alles mit unseren Freunden diskutieren, das ist heute nicht mehr so." Es gab kein Internet, es gab keine E-Mail-Programme, es gab keinen Twitterdienst, es gab keine Mobiltelefone. Dennoch verbreiteten sich die Nachrichten von den Inhalten des Neuen Forums wie ein Lauffeuer. Niemand wollte zurück in die Isolation. Denn das herrschende System lebte wie alle autoritären Systeme davon, dass es die Menschen voneinander isolierte. Dass du als einsames Wesen vor der Übermacht kapitulierst, aufgibst, weil du weißt, es hat sowieso keinen Zweck. Mit einem Mal war das anders, die Menschen tauschten Adressen und Informationen, sie vernetzten sich.

Wie würde Will reagieren, auch bei ihm im Kolbenwerk rumorte es, dagegen hielt der Betriebsdirektor an, nur wer keinen festen Klassenstandpunkt habe, strebe nach Informationen aus dem Westen.

Ganz am Anfang, Ende September, unterstützte mich Will noch und übernahm meine Arbeiten zu Hause, zu einem Teil: Die Wäsche in Weiß und Bunt trennen, waschen, aufhängen, zusammenlegen und in die Schränke bringen, abends für die Kinder sorgen, denn ich war so gut wie jede Nacht unterwegs. Für meine Kinder war's ein großer Schock, vorher war ich immer und immer um sie und für sie da. In so einer kleinen Stadt wie Neubukow, da herrschte soziale Kontrolle. Die Frau vom Will. Immer unterwegs. Nun komm mal wieder nach Hause und kümmere dich endlich um unsere Kinder und die Familie. Will wollte, dass ich zu Hause bleibe. Vielleicht auch, weil ich ihm Arbeit aufgebürdet habe, die ich sonst ganz selbstverständlich erledigt habe. Oder weil er befürchtete, dass ich etwas herausfand, das ihn belastete. Zwischen uns stand so viel Unausgesprochenes, wie eine Wand aus Eis.

Die Freiheit führt das Volk

Am 28. September 1989 begingen die Kamp-Lichtspiele in Bad Dobe-ran ihr fünfzigjähriges Jubiläum und der Schauspieler und Regisseur Michael Gwisdek kam zusammen mit seiner Frau Corinna Harfouch, um seinen Film *Treffen in Travers* vorzustellen. Gwisdeks Film erzählt von drei Tagen und drei Nächten im Herbst 1793 im schweizerischen Travers, als der Ethnologe und Schriftsteller Georg Forster, im Wind-schatten der Revolution in Paris, gegen seinen besten Freund Ludwig Ferdinand Huber um seine Frau Therese kämpft. Die Gedanken des Freimaurers Georg Forster zu den Ereignissen der französischen Libé-ration klangen äußerst aktuell: „Die öffentliche Meinung ist also bei uns in Absicht auf die Natur der Revolution jetzt so weit im Klaren, dass man es für Wahnsinn halten würde, ihr Einhalt tun oder Grenz-pfähle stecken zu wollen. Eine Naturerscheinung, die zu selten ist, als dass wir ihre eigentlichen Gesetze kennen sollten, lässt sich nicht nach Vernunftregeln einschränken und bestimmen, sondern muss ihren freien Lauf behalten. Etwas ganz anderes, ganz davon Unabhängiges ist es aber, dass diejenigen, die von diesem Strudel ergriffen sind, ihr eigenes Betragen nach wie vor vernunftgemäß einzurichten suchen." Gebannt folgte ich dem Film, diesen drei Tagen und Nächten voller Wirren, Leidenschaft und Hoffnung. Michael Gwisdek hatte mit sei-nem Historiendrama *Treffen in Travers* den Nerv der Zeit getroffen.

Auch die Staatssicherheit war anwesend und rapportierte an den Leiter der Bezirksverwaltung in Rostock, den Genossen Generalmajor

Rudolf Mittag: „unaufgefordert hat gwisdek nach dem film am redner-
pult ueber den film gesprochen. er stellte vor den anwesenden einen
bezug zur aktuell-politischen lage dar, seinen aeuszerungen war eine
eindeutige sympathiebekundung fuer das „neue forum„ zu entnehmen.
er erklaerte, dasz er am 17. 09. 89 gemeinsam mit anderen regisseuren
an einer aussprache zu aktuell-politischen themen wie der innerpoliti-
schen situation der ddr und den ursachen der hohen zahl des ungesetzli-
chen verlassens der ddr beim minister fuer kultur, in anwesenheit des zk
der sed gen. rackwitz teilnahm. auch im ergebnis dieser aussprache sind
er und weitere regisseure der defa sowie schauspieler der auffassung,
dasz es zu einer offenen aussprache zwischen volk und regierung kommen muesse. […] gwisdek hat hier eindeutig seine unterstuetzung der
„resolution„ der operativ bekannten kuenstler der ddr zum ausdruck
gebracht.“[76] Für weitere Vorführungen und Diskussionen zum Film er-
stellt die Staatssicherheit „masznahmen: 1. In abstimmung mit dem 1.
sekretär der sed kreisleitung wird durch die kreisleitung der einsatz und
das auftreten argumentationsfaehiger genossen in der veranstaltung im
weiszen pavillon organisiert.“ Michael Gwisdek hatte sich auf Weisung
der Staatssicherheit eine Belehrung durch ein Ratsmitglied für Kultur
des Kreises gefallen zu lassen. Das „Schild und Schwert der Partei“
kämpfte an allen Fronten für das Überleben der SED.

Ich fuhr und fuhr. Das Geräusch des Fahrens wurde mir zum Geräusch des Werdens. Allein im Wagen durchschiffte ich die Nacht.
Städte und Dörfer lagen dunkel, es gab keine Straßenbeleuchtung, keine Neonreklamen. Nur die Scheinwerfer des Wartburgs durchschnit-
ten das Schwarz. Die Dämonen der Vergangenheit wichen zurück mit
jedem Kilometer und in den Kurven leuchteten die Bäume der Alleen
weiß auf. Heute markieren mit Plastikblumen geschmückte Holzkreu-
ze, aufgestellt von den Eltern und Freunden der Toten, die Kurven auf
den Landstraßen. Ich setzte alles aufs Spiel. Doch es war kein Spiel, es
ging um mein Leben. Die Liebe zu meinen Kindern blieb. Doch ihre
Mutter war eine Getriebene, lebenslang. Nun hatte ich die einmalige
Chance zu gestalten, zu wirken, damit kein VPler mich mehr anhalten

kann und ich für immer in ihrer Hand bleibe. Damals, weil ich „Heh-heheh-heh kubilibibap-hehe" wollte. Heute wie damals, weil ich endlich die Freiheit zu denken und zu leben haben will.

In Neubukow durfte keiner etwas von meinen Aktivitäten wissen. Selbst meinen engsten Freundinnen und Freunden traute ich nicht. Es war nur eine Ahnung, aber ich hatte Angst vor dem Verrat. Vor dem Kassiertwerden. Sonja von der Mühle, Sonja mit den Kindern. Ich glaubte, meine Maske sei undurchdringlich. Was mich wirklich bewegte und warum, konnte ich in Neubukow niemandem erzählen. Nachts schrieb ich bei laufendem Motor im Standlicht der Scheinwerfer mit einer Farbrolle in weißer Farbe NEUESFORUM auf die Hauptstraße, die 105, am Ortsausgang von Neubukow Richtung Kröpelin. Ein Schriftzug wie ein Siegeszug!

MfS BV Rostock KD Bad Doberan 7, BStU 12016/13 z, Bild 1

Der vierzigste Jahrestag der Republik am 7. Oktober kündete sich an mit Fahnen an allen Ecken, mit Bannern und Losungen. Täglich ließen nun die Staatssicherheit und die SED-Kreisleitung Bericht erstatten.

Der stellvertretende Sekretär der SED-Kreisleitung Günther Ückert vermerkte abgerissene Fahnen, auch seien es weniger Fahnen als sonst üblich, und „an 3 Stellen im Kreis gab es Schmierereien mit dem Inhalt NEUES FORUM (Neubukow und Hohenfelde). Die Ermittlungen dazu durch die Sicherungsorgane sind eingeleitet.“[77] Polizei und Staatssicherheit riegelten die Straßen ab, doch trotz des Einsatzes von Spürhunden konnte nichts ermittelt werden.

Am Abend des 4. Oktober war der Bahnhof, der Perron, in Dresden schwarz vor Menschen, die auf den Zug nach Westen hofften. Ohne Visum keine Einreise mehr in die ČSSR. Von einem Tag auf den anderen hatte die DDR die Grenzen geschlossen, Reisende in Richtung ČSSR oder Ungarn werden an der Grenze festgenommen. Oder einfach zurückgewiesen. Die Leipziger Bezirkseinsatzleitung tagte und beschloss den Einsatz von Armee-Einheiten gegen die Demonstranten.

In der Nacht durchrollen vier brechend volle Züge mit Botschaftsbesetzern aus Prag den Dresdner Bahnhof in Richtung Hof. Ein Umweg, doch die SED besteht darauf. Die Züge sollten sie in die BRD bringen, und wie Ertrinkende klammern sich die Menschen auf dem Dresdner Bahnhof an die Waggontüren, versuchen auf die Zughakenkupplungen zu klettern. Die Obrigkeitsmacht zerrt auf dem Dresdner Bahnhof die Flüchtenden von den Zügen aus Prag. Kurz nach Mitternacht folgt die Polizei dem Befehl, den Bahnhof zu stürmen. Nach der Besetzung der Gleise und des Bahnsteigs ziehen die Protestierenden, vertrieben von Polizei und Militär, weiter in die Innenstadt. Die Polizei knüppelt die Menschen mit ihren Schlagstöcken nieder, es sind Bilder wie aus den Westnachrichten, wie wir sie sonst nur von drüben kannten. Startbahn West oder „AKW nee“-Demos, die Antiatom-Demos, Wasserwerfer, Tränengasgranaten, die wie wütende Hornissen in die wogende Menschenmasse zischen. Von 1800 Verhaftungen ist die Rede.

Daraufhin fanden täglich Demonstrationen, unter anderem mit Kerzen als Zeichen für Gewaltlosigkeit, am Bahnhof und in der Dresdener Innenstadt statt. Ausreisewillige, die aus den Zügen nach Prag geholt wurden, flüchteten in verschiedene Dresdner Kirchen.

In Neubukow hatten wir an diesem Abend prominenten Besuch. Christa Wolf in der Klubgemeinschaft Heinrich Schliemann, nur geladene Gäste, darunter zwei Mitarbeiter der Staatssicherheit, die vermelden: „der verlauf der veranstaltung ist als positiv zu werten. christa wolf trat sachlich und nicht provokativ in erscheinung. sie hielt sich an die durch den sekretaer fuer agitation und propaganda der kreisleitung bad doberan der sed gegebenen orientierungen. die anschlieszende diskussion war insgesamt aufgeschlossen und sachlich." In ihrer Erzählung *Sommerstück* thematisiert die Schriftstellerin die Desillusion und Zermürbung einer Familie im DDR-Alltag, auf dem Land, im Mecklenburgischen. Der Vergleich zu meinem zurückgezogenen Leben in Neubukow drängte sich mir auf. „von einer zur zeit namentlich nicht bekannten weiblichen person aus dem bezirk schwerin wurde in die diskussion eingebracht, dasz am 01. 10. 89 in schwerin eine organisation „neues forum„ gegründet worden sei. von den anwesenden wurde darauf nicht eingegangen. […] vorgeschlagene masznahmen: einsatz von – im/gms – zur erarbeitung ergaenzender informationen zum verlauf der veranstaltung sowie zu reaktionen der teilnehmer zum auftreten der schriftstellerin christa wolf sowie der unbekannten weiblichen person."[78] Christa Wolf ging ihr Erleben in Neubukow nicht aus dem Kopf:

Vor vierzehn Tagen, nach einer Lesung in einer mecklenburgischen Kleinstadt, beschwor ein Arzt die Anwesenden, die das Literaturgespräch sehr schnell in einen politischen Diskurs umgewandelt hatten, jeder solle jetzt an seinem Platz wenigstens offen und deutlich seine Meinung sagen, sich nicht einschüchtern lassen und nichts gegen sein Gewissen tun. In die Stille nach seinen Worten sagte leise und traurig eine Frau: „Das haben wir nicht gelernt." Zum Weitersprechen ermuntert, erzählte sie von dem politisch-moralischen Werdegang ihrer Generation – der heute knapp Vierzigjährigen – in diesem Land: Wie sie von klein auf dazu angehalten wurde, sich anzupassen, besonders in der Schule sorgfältig die Meinung zu sagen, die man von ihr erwartete, um sich ein problemloses Fortkommen zu sichern, das ihren Eltern so wichtig war. Eine Dauerschizophrenie hat sie als Person ausgehöhlt. Nun, sagte diese Frau, könne sie doch nicht auf einmal „offen" reden, ihre „eigene Meinung sagen". Sie wisse ja nicht einmal genau, was ihre eigene Meinung sei.[79]

Gut, dass ich so jung meine Kinder bekommen habe. Mit 37, 38 Jahren konnte ich noch einmal durchstarten. Die Revolution der Vierzigjährigen. Die DDR war vielleicht am Ende. Aber für mich fing ein neues Leben an. Das ging Will nicht in den Kopf. Eine Frau und Politik, was sollte das? Mit jeder meiner Fahrten nach Kühlungsborn und zunehmend nach Rostock, Schwerin und Bad Doberan stand es schlimmer zwischen uns. Von Will spürte ich kein Entgegenkommen mehr.

Trotz des Herbstregens fuhr ich mit der Scheibe heruntergekurbelt, weil ich rauchen musste. Ewig lang geht es geradeaus nach dem Klärwerk in Kröpelin in Richtung Neubukow, hier war nichts mehr, nur noch Äcker und Gräben, plattes Land. Alles lag schwarz in einer Masse, ohne ein Oben und Unten. Einzig die Scheinwerfer schluckten Mittelstreifen, Mittelstreifen, Mittelstreifen, bis nur noch ein weißes Band geradeaus gezogen in der Schnelligkeit blieb. Der letzte Weg nach Hause, da drückte ich immer das Gaspedal nach unten. Ein schleppendes Klirren. Es war ja keine Seltenheit, dass Autos von der Staatssicherheit präpariert wurden, weil wir nicht zu bremsen waren. Anhalten. Vorsichtig. Nicht durchdrehen. Rational bleiben. Taschenlampe raus. Alles Licht aus. Wenn hier einer war und auf mich wartete, verschluckten ihn die Stille und die Schwärze. Überall drückte ich die Knöpfe herunter und verharrte, allein und wehrlos vor der Windschutzscheibe. Kein Schlag. Kein Schreien. Nichts als diese schwarze Stille. Ich fasste mir ein Herz. Wenn mir jemand etwas wollte, sollte er zuschlagen. Ich stieg aus, die Taschenlampe vor mich haltend wie eine Waffe. Das Land lag still und atmete die letzte Wärme vor dem Winter aus. An den Rädern links vorn und hinten hing noch eine Radmutter, auf die ich mich verlassen musste. Die anderen waren lose. Ich zog sie ab und sammelte sie ein im Schein der Taschenlampe. Schlirrend fuhr ich im Schritttempo nach Hause.

Das erste Mal im Leben frei atmen, das erste Mal im Leben Menschen, die denken wie ich. Das hat mich so verdammt hingerissen, wie eine neue Liebe. In vielen dieser Nächte kam ich nur nachts nach Hause, um meinen Kindern am Morgen das Frühstück zu machen und die Schulbrote zu schmieren. Ich war so beseelt von dem Gedanken, so euphorisiert in der Hoffnung, dass das klappen könnte, ich war so emanzipiert und habe mir alles zugetraut. Vorher, in der gesicherten, ruhigen Zeit, war ich doch nur das Hausmütterchen gewesen. Die Frau vom Will. Durch dieses erste halbe Jahr der Bürgerbewegung bin ich ein anderer Mensch geworden. Mir war das so immens wichtig. Das war für mich wie ein neues Leben. Mit Menschen zu sprechen, etwas zu schaffen, das mir vorher nicht möglich war. Plötzlich hatte ich viel mehr Mut, viel mehr Selbstvertrauen. Ich hatte keine Angst. Noch schlimmer konnte es nicht kommen. Die Kinder sind groß, ich kann gehen. Wenn es nichts wird, wenn ich noch einmal in den Knast komme, dann bringe ich mich um. Das war für mich nie etwas Schreckliches, sondern immer die Lösung, die mir noch bleibt. Das würde wirklich schnell gehen bei mir.

Wie in einem Zerrspiegel auf dem Jahrmarkt verrückten die Ereignisse die Menschen. Auf der einen Seite die, die dem Regime noch zujubelten, auf der anderen die, die auf die Straße gingen, um zu demonstrieren. Denen die Kerze auf dem Fensterbrett nicht mehr ausreichte. Die Montagsdemonstrationen in Leipzig und in anderen Städten der Republik wurden blutig niedergeschlagen. Es gab Verletzte, es gab Verhaftungen. Alles blieb in der Schwebe. Thomas Steinbacher vertrat den Auftrag der Kirchen und anderer Gruppierungen – keine Gewalt. Thomas Steinbacher: „Diese Montagsdemos: Es war wie ein Traum, wie da hunderttausend Leute frei liefen und alle lachten und freuten sich über ihren Mut. Und sie riefen diese lustigen Parolen, nicht nur ‚Wir sind das Volk‘. Bevor es umkippte in: Wir sind ein Volk. Diese schönen Plakate mit: Oh, könnt die Staatsmacht doch so rein wie dieser Arsch vom Nilpferd sein. Friede, Freude, Eierkuchen! Wir wollen mehr als Reisen buchen! Was lange gärt, wird endlich Wut. Demokratie in dieser Zeit, nur ohne Mielkes Staatssicherheit. Anschluss von Wandlitz an die DDR! Egon, lass uns Reformen sehn! Sonst werden auch die Letzten gehen!" Angesichts von Glasnost und Perestroika hatte der ewige Spruch „Von der Sowjetunion lernen heißt siegen lernen" mit einem Mal eine ganz andere Bedeutung.

Die Polizeipräsenz in den Städten nahm zu. Überall im Kreis dokumentierte der Staatssicherheitsdienst Widerstand in Form von „schriftlicher und mündlicher Hetze": „Wir brauchen eine Zukunft", „Perestroika", stand am Kurhaus in Ahrenshoop; an einer Drogerie, an einer Garage, an einer Straßenecke in Wismar war zu lesen: „Wir sind nicht allein", „Freiheit Mecklenburg", „Freiheit für dich und mich". Die Losungen wie „SED = NSDAP", „40 Jahre ZK – KZ", „Kämpft gegen die Korruption, für Reisefreiheit, Demokratie und offenen Meinungsstreit" blieben unübersehbar. Am 6. Oktober 1989 dokumentierte die Staatssicherheit am Kulturhaus in Neubukow „Schmiererei an Hauswand ,NEUES FORUM'".[80] Vielleicht blieb ich doch nicht allein in diesem Kaff und auch andere zogen mit einem Farbeimer los.

Seit dem 3. Oktober hatte Thomas Steinbacher seinen kleinen Schaukasten mit der Abwandlung eines Psalmverses ausstaffiert: „Bleibe im Lande und wehre dich täglich." Darunter hängte er eine Landkarte der DDR, mit roten Punkten kennzeichnete er die Orte der Demonstrationen. Thomas Steinbacher: „Aus der Gemeinde kamen einzelne Anfragen von ganz Bibeltreuen, wie ich nur ein Bibelzitat so verfälschen könne. Viele fanden das mutig. Aber. Das Aber überwog vor dem Zuspruch. Die Umwandlung des Psalms war ein Pro-DDR-Spruch. Ich hatte ja nicht geschrieben, geh, reise aus! Da gab es die Menschen auf den Demos, die riefen, wir wollen raus, und die, die riefen, wir bleiben hier. Das waren wir, die etwas politisch bewegen wollten. Die, die ausreisten, waren in unseren Augen die, die es sich leichtmachten, die vor den Problemen flohen. Wir haben dafür plädiert, hier zu bleiben und etwas zu ändern. Wenn drei

Ärzte ausreisen, ist hier auf dem Land keine ausreichende Versorgung der Bevölkerung möglich. Die Infrastruktur brach zusammen." Die Rinder standen in den Ställen und schrien. Die Schlachthöfe waren überlastet und konnten keine Tiere mehr töten. Die Kühlhäuser waren überfüllt, obwohl die Geschäfte so gut wie leer waren. Aus Rostock kamen am 5. Oktober Dietlind Glüer und Hansi Gauck, die Ehefrau Joachim Gaucks, und andere nach Kühlungsborn zu Thomas Steinbacher, um sich mit den Impulsen des Neuen Forums vertraut zu machen.

Auf Thomas Steinbacher sollte ein IM konzentriert werden. Die Kreisdienststelle (KD) der Staatssicherheit in Bad Doberan protokollierte: „Maßnahmen: [...] kurzfristige Führung einer Aussprache mit dem kirchl. Amtsträger durch Abt I/A des RdK [Rat des Kreises] Bad Doberan und Disziplinierung des kirchl. Amtsträgers. Nach diesem Gespräch Einleitung weiterführender op. Maßnahmen."[81]

In Rostock öffnete Pastor Henry Lohse am 5. Oktober seine Kirche für die erste Fürbittandacht für die Gefangenen der Massendemonstrationen. Seit Montag, dem 4. September 1989, stieg die Zahl der Demonstranten in Leipzig rapide an. Henry Lohse wählte einen Donnerstag zur Fürbittandacht, weil donnerstags das Fernsehprogramm nichts hergab. Nie wieder waren die Kirchen so voll wie im Herbst 89. Im Kirchenschiff drängten sich die Menschen in den Gängen, sie hörten endlich unzensierte, unabhängige Informationen über das, was im Land passierte. Am 5. Oktober 1989 hielt Pastor Henry Lohse in der Rostocker Petrikirche eine Fürbittandacht für die Inhaftierten in Leipzig. Die Stasi berichtete von etwa 500 Teilnehmern. Von Hand zu Hand ging der Aufruf des Neuen Forums. Die Gruppe „Umwelt", vorwiegend waren es Studenten, hatte sich im Frühjahr 1989 gebildet und eine Ausstellung zur Kernenergie und ihren Gefahren veranstaltet, die von sich reden machte. 1984, das war das Jahr gewesen, in dem wir uns fühlten wie in George Orwells 1948 fertiggestelltem Roman, 1986 dann war das Jahr des Super-GAUs in Tschernobyl, der jedoch zu einer bloßen Havarie heruntergespielt wurde. Radioaktivität kannst du ja nicht riechen, du schmeckst, du spürst sie nicht. Aber sie ist da.

Sich nichts von oben diktieren lassen, nie mehr mit dem Fähnchen die Aufmarschstraße entlang zu müssen, das war das Gefühl in der Bevölkerung. Es reichte. Im Oktober spitzte sich die Lage zu, auch weil die SED mit Gewalt gegen die Demonstrierenden vorgehen ließ. Natürlich hatte ich Angst, hatten wir Angst, denn die Furcht vor einer „chinesischen Lösung" war immer da. Egon Krenz hatte am 1. Oktober der kommunistischen Führung vor Ort in der VR China zum vierzigsten Jahrestag gratuliert.

Zum vierzigsten Jahrestag der DDR schenkte sich der Staat in Rostock eine Flottenparade. Kampfschiffe der Volksmarine lagen auf der Warnow, hinzu kamen erstmals Einheiten der Baltischen Flotte der UdSSR und der polnischen Seekriegsflotte. An Bord der Küstenschutzschiffe, der Raketen- und Torpedoschnellboote, salutierten die Besatzungsmitglieder in ihren blau-weißen Uniformen, während die DDR-Hymne lief. Abends aber entschlossen sich etwa 50 junge Rostocker zu einem Schweigemarsch durchs Zentrum hin zur Petrikirche.[82] Die Kirche war so voll wie nie, 600 Menschen fanden zu einer „Andacht der Betroffenheit" zusammen. Unsagbares konnte endlich in den schützenden Mauern der Kirche ausgesprochen werden. Wir kannten uns nicht, doch wir umschlossen unsere Hände im Gebet für die Hoffnung. Nie hätte ich gedacht, dass ich einmal mit Inbrunst und Tränen in den Augen „Ein feste Burg ist unser Gott" singen würde. „Ein feste Burg ist unser Gott, ein gute Wehr und Waffen. Er hilft uns frei aus aller Not, die uns jetzt hat betroffen. Der alt böse Feind mit Ernst er's jetzt meint; groß Macht und viel List sein grausam Rüstung ist, auf Erd ist nicht seinsgleichen." Gegen Mitternacht verhaftete die Volkspolizei 20 von 30 Jugendlichen, die, von Gehlsdorf kommend, in die Innenstadt wollten.[83]

In Bad Doberan feierten 5500 Blauhemden mit einem Fackelzug den Staat und sangen „Wenn Leute unser Land verlassen" aus der Singebewegung des Oktoberklubs, das Lied entstand 1988:

Wenn Leute unser Land verlassen, stehn wir mitunter sprachlos still, und können es oft gar nicht fassen, dass wer mit uns nicht leben will. Dann machen wir uns dessen Sorgen, wie der woanders leben wird. Und denken: „Der kommt wieder morgen", und haben meistens uns geirrt. Wir fühlen uns verletzt, betrogen, wir reichten ihm doch oft die Hand, doch er zog vor den Ellenbogen, zog vor ein Ellenbogenland. Kann Helden nicht in ihnen sehen, noch Märtyrer, die an uns leiden. Ich glaube, die da rüber gehen, die zieht es fort zu fett'ren Weiden. Was sollen wir mit solchen Leuten? Ist gut, dass man sie ziehen lässt. Dem kann kein Land etwas bedeuten, der seine Heimat so verlässt. Das gab es, das wird's lang noch geben, das ändert nicht der Welten Lauf. Das Land kann ohne sie auch leben, wir nehmen ihre Arbeit auf.

Der Wendepunkt der Montagsdemonstrationen war schließlich der 9. Oktober 1989 – Proteste mit wahnsinnig großen Menschenmassen in Leipzig. Und sie wuchsen weiter: Eine Woche danach, am 16. Oktober 1989, gingen 120 000 Demonstranten auf die Leipziger Straßen, zack, nur eine Woche später waren es 320 000. Das Militär stand einsatzbereit. Immer musste mit einer gewaltsamen Reaktion wie jener der chinesischen Staatsmacht auf dem Platz des himmlischen Friedens gerechnet werden. In einem Fernschreiben vom 10. Oktober aus Rostock ordnete der Erste Sekretär der SED-Bezirksleitung, Ernst Timm, an, dass alle Kreiseinsatzleitungen sofort zusammentreten sollten. Innerhalb der Kreiseinsatzleitungen waren unter anderem die Leiter der Volkspolizeiämter, der Kreisdienststellen des MfS und der Wehrkreiskommandos der NVA vertreten. Die Kommandeure der Kampfgruppen hatten sofort die Gefechtsbereitschaft der Kampfgruppen zu kontrollieren. Und die „Genossen Angehörigen der Kampfgruppen brachten ihre Bereitschaft zum Ausdruck, mit der Waffe in der Hand die Errungenschaften unserer sozialistischen Gesellschaftsordnung zu verteidigen".[84]

Guten Tag, ich würde gern
eine Demo anmelden

Zum zweiten Fürbittgottesdienst in der Petrikirche am 12. Oktober versammelten sich etwa 3000 Menschen. Kurzerhand wurde die Andacht in die größte Kirche Rostocks, die Marienkirche, verlegt. Der Umzug der 3000 Männer, Frauen und Kinder, Frauen mit ihren Babys und Kleinkindern im Kinderwagen, er geriet zu einem spontanen Demonstrationszug. Das Lichtermeer der Kerzen in der Dunkelheit, die Menschen vereint und dicht gedrängt, wir waren ein Volk. Einige der in Leipzig Inhaftierten waren freigelassen worden. Doch inzwischen demonstrierten wir nicht nur für die Freilassung der Gefangenen, sondern für grundlegende Veränderungen. Die Andachten hießen nun Gottesdienst für gesellschaftliche Veränderungen.

Thomas Steinbacher plante für den 17. Oktober eine öffentliche Informationsveranstaltung zum Neuen Forum in seiner kleinen Kapelle. Thomas Steinbacher:

Ich habe einfach dazu aufgerufen. Zwei Männer saßen Tag und Nacht im Auto vor unserer Tür. Jetzt kommen sie herein – das dachten wir, meine Frau und ich, abends beim Einschlafen, morgens war es unser erster Gedanke, tagsüber begleitete uns dieser bei so gut wie jeder Handlung. Jetzt hast du dir das letzte Mal zu Hause eine Tasse Tee eingeschenkt. Wie damals bei der Gestapo, du konntest jederzeit abgeholt werden. Die Kapelle war rappelvoll, über hundert Leute kamen. Es war keine angemeldete Veranstaltung, fand aber eben unter dem Dach der Kirche statt. Das Neue Forum wollte zwar weg vom Dach, aber in Kühlungsborn erschien mir dieser Schutz der einzigen nichtstaatlichen Institution zu diesem Zeitpunkt noch nötig. Wir gründeten Basisgruppen zu bestimmten Themen: zu Handel und Verkehr, zum Bildungswesen etc. Da waren die Leute so euphorisiert. Sie waren in einer Stimmung, die die Angst überwand. Diese Erfahrung war für alle unglaublich, wir können etwas bewegen, wir wachen auf aus dieser Lethargie. Wir lassen uns den Mund nicht mehr verbieten.

Plakat Stasi Nasi, gestaltet von Wilfried Schröder, Kühlungsborn

Am 18. Oktober, als Egon Krenz Erich Honecker als Generalsekretär der Einheitspartei ablöste, fand die erste Demonstration in Kühlungsborn statt. Die erste Demo begann in der evangelisch-lutherischen Kirche, wo unter der Leitung von Pfarrer Matthias Burkhardt eine Andacht stattfand – die wegen des Andrangs auch mit Lautsprechern nach außen übertragen wurde –, dann ging es zum Rathaus. Dort wurde der SED-Bürgermeister herausgefordert, sich der Kritik und den Fragen der Demonstrierenden zu stellen. Immer wieder versuchten Männer, durch gezieltes Drängeln die Demonstrierenden in Rangeleien zu verwickeln. Alles blieb friedlich.

Demonstration Kühlungsborn

Am 19. Oktober 1989, am Ende der dritten Fürbittandacht in Rostock, wieder in der Marienkirche, gab Joachim Gauck, den wir hier oben im Norden nur „den Jochen" nennen, die Route für die Demonstration bekannt: „Wir versammeln uns vor der Kirche bis zur Kröpeliner Straße. Als Orientierung gilt der bunte Schmetterling. Er bildet die Spitze des Demonstrationszugs. Dann gehen wir in Richtung Kröpeliner Tor weiter bis zum Schröderplatz, wenden uns nach links in die Schröderstraße und biegen wiederum links in die August-Bebel-Straße ein …"[85]

251

Joachim Gauck in der Rostocker Marienkirche

Jubel und Klatschen, da war kein Platz mehr für zögernde Ängstlichkeit. Schließt euch an. Wir fanden aus der Kirche, als wären uns Flügel gewachsen, wie Kinder einer Schulklasse, die viel zu lange hatten stillsitzen und still sein müssen. Wie bereits zuvor führte der Tischler Stefan Mahlburg die Demonstration nach der Fürbittandacht an. Er trug seinen Schmetterling mit der Aufschrift „Gewaltfrei für Demokratie" wie einen Schutzschild. Begleitet von der Polizei lief der Demonstrationszug durch die Innenstadt. Schließt euch an, riefen wir den Polizisten zu. Durch die Nacht bewegte sich der Mahlstrom der Menschen, der, gespeist aus den Zuflüssen der Nebenstraßen, immer größer und breiter wurde, auf die MfS-Zentrale in der August-Bebel-Straße zu. Nieder mit dem SED-Absolutismus. Stasi in die Produktion! Abgedunkelt lag die Stasi-Zentrale wie ein böses, schlafendes Tier mit ihren operativen Mitarbeitern darin, die sich hinter den Fenstern duckten und hinausspähten, die Waffe am Mann. Vor dem Eingang patrouillierten Wachen mit Maschinenpistolen. Bei den Demonstrationen wusstest du nie, wie viele Männer von der Staatssicherheit in den Straßen und Gassen, womöglich bewaffnet, lauerten. Natürlich

252

war die Stasi verhasst und überall war bei den abendlichen Demos zu hören: Stasi raus! Aber wie groß die Gefahr war, die von der Staatssicherheit ausging, und worin sie lag, wusste niemand einzuschätzen. Verlassen Sie den Platz! Lösen Sie die Demonstration auf!, tönte es aus der Flüstertüte von Stasi-Seite. Lachen, Klatschen. Sich gegenseitig Mut machen. Der Vorplatz zum Stasi-Eingang ist ein Kerzenmeer. Die Demonstration zieht weiter zum Rathaus am Ernst-Thälmann-Platz. Bis zum nächsten Donnerstag!

Nächtlicher Demonstrationszug durch Rostock

Für den 9. November hatte die SED zu einer Gegendemonstration aufgerufen, zu einer „Manifestation für die Erneuerung des Sozialismus", an der etwa 6000 Linientreue teilnahmen. Etwa 12 000 Menschen besuchten die Fürbittandachten in den fünf Rostocker Kirchen und nach Ende der Gottesdienste strömten in der Innenstadt gegen 20.30 Uhr rund 40 000 Menschen auf dem Ernst-Thälmann-Platz vor dem Rathaus zusammen. 40 000 Menschen bewegten sich in der August-Bebel-Straße auf den Komplex der Stasi-Zentrale zu. Wie beim Betrachten eines Horrorfilms, wo du weißt, in den nächsten Sekunden wird mit dem nächsten Schnitt das Monster sein Maul aufreißen, um alles zu verschlingen, hielt die Spannung die Menschen in ihrem Bann.

In den nächsten Tagen sah ich abends im Fernsehen, die Mauer ist offen, ich habe es nicht geglaubt, ich dachte, das ist nur ein böser Trick der alten Garde, um uns und alle, die Änderungen wollten, auszuhebeln. Die Maueröffnung funktionierte wie ein Druckausgleich und die Anzahl der Menschen auf den Demonstrationen nahm ab. Dass am Tag der Maueröffnung Horst Kretzschmar, der langjährige Direktor des Geschlossenen Jugendwerkhofs Torgau, an Leberzirrhose starb, erfuhr ich erst Jahre später.

Ich wollte endlich einen Pass haben. Von morgens um 7.00 Uhr bis abends zur Schließung kurz vor 18 Uhr stand ich an, um meinen PM 12 gegen einen normalen DDR-Personalausweis einzutauschen. Damit wir auch einmal über die Grenze dürfen. Ich hatte ja keinen, ich war nicht würdig, einen Pass zu haben, trug immer den rosa Lappen mit mir. Jeder, der mich kontrolliert, weiß, das ist der Staatsfeind. Zu normalen DDR-Zeiten hätte ich keinen Personalausweis bekommen. Wir wollten meine Großcousine in Hamburg besuchen. Die Kinder feingemacht in neuen Stonewashed-Flatterstoffhosen als Jeansimitat, tasteten wir uns im Wartburg Stück für Stück im Stau durch das Niemandsland vor der Grenze bei Lübeck-Schlutup. Die DDRler dachten doch, morgen ist die Grenze wieder zu, da will ich wenigstens einmal da gewesen sein. Immer wenn ein Häuschen auftauchte, freuten wir uns, oh, da kommt der Westen. Endlos dauerte die Fahrt durch die Grenzanlagen. Wir kamen über die Stadtautobahn ins Zentrum von Hamburg. Meine Kinder staunten mit groß aufgerissenen Augen aus den Autofenstern; bei uns war ja immer alles duster. Helle Städte, oh, wie ist das hell. In Hamburg verfuhren wir uns schrecklich und fragten kurzerhand an einem Einfamilienhaus. Wir hatten kein Westgeld, konnten also keine Telefonzelle benutzen. Die Familie, bei der wir mitten in der Nacht klingelten, hat uns mit offenen Armen empfangen, lud uns um 11 Uhr nachts zum Essen ein mit Ragout fin aus der Mikrowelle und wollte uns kaum mehr gehen lassen. Und bei meiner

Cousine waren wir die Sensation: echte Ossis! Ständig kam Besuch auf Besuch, wir wurden bestaunt wie die Zootiere und Stefan als akrobatischer Volkstänzer ging ab mit „Here We Come" und „Go Go" des DDR-Hip-Hop-Duos Electric Beat Crew, aufgenommen im Tonstudio in Berlin-Schulzendorf, zu Hause bei den Eltern der zwei Jungs, im Schrank. Nach ein paar Tagen hatten wir genug gesehen und fuhren zurück in die DDR. Die Volkskammer hatte am 13. November 1989 den linientreuen Hans Modrow gewählt, der nun, als letzter Vorsitzender des Ministerrats ohne demokratisches Mandat, die DDR regierte. Und die Ostsee war für Sportboote freigegeben worden, kein polizeiliches Erscheinen zur „Grenzberatung" mehr.

Am nächsten Tag fand im Kulturhaus Bad Doberan die Gründung des Neuen Forums auf Kreisebene statt. Thomas Steinbacher sprach von „einer Revolution auf deutschem Boden":

Die Ereignisse überschlagen sich. Wir fragen uns, ob die „führende Rolle" der Partei überhaupt noch Politik macht, die den Namen verdient. Man muss eher feststellen, dass die SED den Ereignissen hinterherhinkt, dass sie mit Notlösungen arbeitet und Flickschusterei betreibt, statt planmäßige Politik. Das jüngste Beispiel ist das Reisegesetz, dessen Entwurf schon am nächsten Tag wieder zurückgezogen werden musste. In einer Art Panikreaktion blieb dann nichts weiter übrig, als die Grenze kurzerhand zu öffnen, in der Hoffnung, damit die überhitzten Gemüter zu beruhigen. Das Volk tanzt der SED jetzt fröhlich auf der Nase sprich auf der Mauer herum – hier noch von einer „führenden Rolle" zu reden, ist selbst den Genossen peinlich! […] Als Mitte September 30 Erstunterzeichner mit dem Aufruf zur Gründung einer Vereinigung Neues Forum an die Öffentlichkeit traten, rechnete wohl keiner von ihnen mit einer so schnellen und so breiten Resonanz. Innerhalb weniger Wochen haben 200 000 Menschen den Gründungsaufruf unterschrieben, Millionen im ganzen Land auf den Demos die Zulassung gefordert …

In seiner Ansprache geht Steinbacher auf die Forderungen des Neuen Forums nach demokratischen Grundrechten ein und wundert sich, dass das gerade veröffentlichte Aktionsprogramm der SED einige der geforderten Punkte übernimmt und sie sich selbst zuschreibt. „Wir haben keine Büros, keine Telefone, keine hauptamtlichen Mitarbeiter. Wir haben noch keine gewählten Sprecher, keine durchorganisierte Struktur. Ja, und ein Programm, das unsere vielfältigen Vorstellungen von einer demokratischen, lebensfreundlichen DDR zusammenfasst – ein solches Programm muss auch erst einmal erarbeitet werden. Nach zwei Monaten nach dem Gründungsaufruf ist das allerdings normal, nach 40 Jahren Schweigen erst recht!" Abschließend warnte Steinbacher auf der Gründungsveranstaltung des Neuen Forums mit Blick auf die Öffnung der Grenzen. Thomas Steinbacher im Interview:

Ich empfand die Maueröffnung – wie wohl die meisten – als völlig überraschend, atemberaubend und befreiend. Als die Bilder des 9. November 1989 von den jubelnden, fassungslosen, vor Glück weinenden Menschen um die Welt gingen, habe auch ich vor Freude heulend vor meinem alten Fernseher in Kühlungsborn gesessen und bin am nächsten Tag gleich nach Berlin gefahren. Da fand in der Gethsemanekirche eine große Veranstaltung des Neuen Forums statt. Nach dieser bin ich gemeinsam mit meinem Bruder Steffen losgegangen und wir haben gemeinsam mit Zehntausenden die magische Linie an der Bornholmer Brücke überschritten und haben zum ersten Mal im Leben Westberlin besucht. Uns war sehr schnell klar, dass es nun kein Zurück zur SED-Diktatur mehr geben würde. Die friedliche Revolution hatte gesiegt. Sie war aber auch zu Ende. Die Enttäuschung kam dann später auch – darüber, dass mit der Maueröffnung auch alle Visionen von einer reformierten DDR und einem „Sozialismus mit menschlichem Antlitz", einem dritten Weg jenseits des Kapitalismus, im Wiedervereinigungstaumel, im Ruf nach der D-Mark und den Bananen untergingen.

Auch Neubukow sollte endlich einmal eine Demo haben. Einen Anruf bei der SED-Kreisleitung, einen Anruf bei der DVP: „Guten Tag, ich würde gern eine Demo anmelden." Die verblüffte Antwort: „Dann müssen Sie aber herkommen, für das Formular." „In einer halben Stunde bin ich da." Meine Angst wollte ich überwinden und fuhr los. In Bad Doberan angekommen, empfing mich der Leiter der DVP und säuerte: „Sie wollen doch bestimmt nicht, dass Ihren Kindern etwas passiert. Denn Sie und Ihre Kinder werden dafür bezahlen müssen, wenn etwas schiefgeht." Ohne dieses Papier zur Erlaubnis gehe ich hier nicht weg, das war mein Vorsatz, und so saß ich auf der Bank wie früher, Zuführung, Klärung eines Sachverhalts. Aber ich erhielt mein Formular. Für alles gab es ja Vordrucke – nur nicht für eine Demonstration. Am 16. November 1989 meldete ich also die Durchführung einer Veranstaltung für Neubukow an, mit Aufhebung der Polizeistunde. Vielleicht kommen 1000 Personen, dachte ich. Es kamen mir dann schließlich sehr viel mehr vor.

So etwas hatte es in Neubukow noch nie gegeben. Ich war nur noch unterwegs: In den umliegenden Orten mussten Klebestellen für Plakatankündigungen ausfindig gemacht werden, ein Tourenplan für die Lautsprecherwagen musste erarbeitet und eine Argumentation vorbereitet werden, aus der die Bedeutung des Neuen Forums hervorging. Dabei wollte ich von der Wende ausgehen, wollte auf bisher Unbewältigtes hinweisen. Auf die Stasi-Akten. Auf Verfolgte des Stalinismus, auf noch vorhandene alte Machtstrukturen in Ämtern und Betrieben.

Von der Kanzel der Stadtkirche, die auf einem rohen Feldsteinsockel aus der Mitte des 13. Jahrhunderts thront, hielt ich meine erste Rede. Die vielen Menschen, die zu mir aufschauten, was erzähle ich denn jetzt? Einen Cognac und ab. Die Beschlüsse, die wir gefasst haben, was das Neue Forum will. Das Neue Forum hatte konkrete Forderungen wie: Weg mit dem Machtmonopol der SED, Aufklären des Wahlbetrugs, Aufklärung der Ereignisse in Berlin, Dresden, Leipzig und vielen anderen Städten durch unabhängige Untersuchungskommissionen. Die Schuldigen auf jeder Ebene mussten verurteilt werden und ein Bericht über die Vorkommnisse sollte veröffentlicht werden. Außerdem forderten wir die vollständige Rehabilitierung und Freilassung aller politischen Häftlinge, die vollständige Rehabilitierung aller unschuldig Verurteilten einschließlich von Befehlsverweigerern der Sicherheitskräfte, die Rücknahme der Stellungnahme der Volkskammer zu den tragischen Ereignissen in China. Und, konkret das Neue Forum betreffend: die Bestätigung der Anmeldung des Neuen Forums, freien Zugang für Sprecher des Neuen Forums zu Presse, Rundfunk und Fernsehen, die Zulassung einer Zeitung des Neuen Forums, die Einstellung jeglicher Verleumdungen des Neuen Forums durch staatliche Organe, die Einstellung der Bespitzelung des Neuen Forums, insbesondere der Kontrolle der Post, sowie die Bereitstellung von öffentlichen Räumlichkeiten und Büros für das Neue Forum.[86]

Ich war nicht sachlich, ich war äußerst emotional. Doch die Stimmung hat einen getragen, das Vertrauen der Menschen, die Verantwortung. „Sie hatten's nicht leicht", rief ich, „und wohnten in Ghettos, freiwillig, um dem Volk nicht die schönen Beton-Neubauwohnungen wegzunehmen. Sie mussten in eigenen, ach so kleinen Läden einkaufen, wussten sie doch um die Versorgungslage im Lande. Sie mussten in Luxuslimousinen fahren, weil sie die Umwelt nicht mit Trabi-Abgasen belasten wollten. Sie mussten Waffen tragen, weil das Wild in unseren Wäldern einfach überhandgenommen hätte. Und die Waffen, die sie verkauften, waren doch nur ein Beitrag zur Abrüstung. Parole: Immer weg damit!" Ich hatte die Lacher auf meiner Seite. Plötzlich war ich nicht mehr der bunte Vogel, sondern eine öffentlich respektierte Person. Seltsam war es für mich, statt einem Nichts, einer nicht Beachteten, plötzlich ein Mensch zu sein, den alle respektieren, vor dem einige gar Angst hatten. „Sie mussten auf Tribünen stehen, stundenlang, weil das Volk einfach nicht aufhören wollte vorbeizumarschieren. Und wenn sie Ämter auf ihre Schultern häuften, taten sie dies nicht allein aus der Sorge und ihrem Wissen um den Arbeitskräftemangel in der DDR? Und die Jungs in den grünen Uniformen, sie haben's am schwersten: Befehlsempfänger der alten Garde, müssen sie nun unsere Demos und Aktionen absichern und wissen nicht, woher der Wind eigentlich weht. Sie stehen zwischen Baum und Borke. Und erst die Jungs mit den stahlharten Blicken, diese Kundschafter an der unsichtbaren Front: Von außen und innen belagert, mussten sie in Telefone hineinkriechen, sich in Briefkuverts hineinzwängen, in grauen Trabis auf schlechten Straßen vermeintlichen Gegnern hinterherjagen – und keiner verstand sie. Heraus auf die Straßen, empfangt die armen Bundesbürger! Dank an die, wie wir empfangen wurden![87]

Am 17. November 1989 ging ich vorneweg mit meiner brennenden Kerze. Ganz Neubukow folgte mir.

Da kamen sie, der Schuldirektor meiner Kinder; Frau Rachow, Sie wissen doch, wie es ist. Es war wie nach dem Krieg, keiner wollte ein Nazi gewesen sein, jeder hatte Juden gerettet und war schon immer gegen das System, könnten Sie mir nicht einen Persilschein ausstellen? Plötzlich suchten mich jeden Tag im Büro in den Mühlenwerken Menschen auf, die Angst um ihren Job hatten und mehr über das Neue Forum erfahren wollten. Diese Frauen und Männer, die jetzt in meinem Büro saßen oder unschlüssig im Türrahmen verharrten, sie würden sich niemals von der Regierung zurück in ihren traumlosen Narkoseschlaf versetzen lassen. Sie hatten die Nase voll von der Propaganda und den Rechtfertigungsversuchen der Partei, vierzig Jahre der Abstumpfung und Angst. Es war genug. Es betraf jeden Einzelnen, jeden, der sich von Duckmäusertum und Sklavenmentalität frei fühlen wollte, jeden, der in einem Land leben wollte, in dem die Bürger nicht nur ihre eigenen Rechte und Pfründe, nicht nur ihre eigene Freiheit verteidigen, sondern auch die der anderen. Luftverschmutzung, Polizeigewalt, Zensur, mit einem Mal lagen alle Themen, die sonst tabu blieben, offen und wurden offen diskutiert. Nie gekannte Informationen gingen von Mund zu Mund anstelle von hohem Bonzenpathos. Am 16. November hatte ADN gemeldet: „Alle personengebundenen Jagdgebiete jeglicher Art sind aufzulösen. Alle Sonderjagdgebiete, die durch Organe der Kreise und Bezirke errichtet wurden, sind mit sofortiger Wirkung aufzulösen beziehungsweise

1.* **Antrag auf Erteilung einer Erlaubnis für**

a) die Durchführung einer Tanzveranstaltung
b) die Durchführung einer Veranstaltung im Freien
c) die Verkürzung oder Aufhebung der Polizeistunde

2.* **Veranstaltungsmeldung zur Durchführung einer Veranstaltung**

am *17.11.89* in der Zeit von *20.45* bis *21.15* Uhr

Ort: *Neubukow* Straße:

Rauminhaber: *Marschroute: Kirche – Marktplat – Thulendr...*

Art der Veranstaltung: *Demonstration Bahrendstr – Markt*

Thema:

Referent:

Name, Vorname, Wohnanschrift
Veranstalter: *Bürgerinitiative "Neues Forum"*

Verantwortlicher: *Sonja Radow*
Name, Vorname

28.7 Neubukow, S.Elbenwaite B
Wohnanschrift
Anzahl der Teilnehmer: etwa *1000* Personen

Name Kapelle/Schallplattenunterhalter:

Nr. der Spielerlaubnis/Zulassung:

Zahl der musikalisch Mitwirkenden: Höhe des Eintrittsgeldes:

Bad Doberan, den *16.11.89* *Sonja Radow*

Unterschrift des Veranstalters oder
Verantwortlichen

(Nicht vom Veranstalter auszufüllen)

1.* Zu Buchstaben ....*b*.... des obigen Antrages wird widerruflich die Erlaubnis erteilt.

2.* Die Anmeldung der o. g. Veranstaltung wird bestätigt.
Es werden folgende Auflagen erteilt/Forderungen gestellt:

Bad Doberan, den *16.11.89*

Gebührenmarken

Dienststelle

Unterschrift

* Nichtzutreffende Ziffer streichen
Bei Musikveranstaltungen Veranstaltungsmeldung vierfach einreichen
E 26 (8/11) Ag 100/3000/11

Anmeldung zur Durchführung einer Veranstaltung

aufzuheben." Während überall in der DDR die Häuser verfielen, ließ Harry Tisch sein Jagdrevier in Eixen bei Rostock mit FDGB-Geldern herrschaftlich ausbauen. Das in Eixen verwendete Material stammte größtenteils vom zeitgleich errichteten Neubau der FDGB-Zentrale am Märkischen Ufer in Berlin, einem Prachtbau mit Sauna und Swimmingpool für den FDGB-Vorsitzenden Harry Tisch. Empörung und Aufregung rissen nicht ab.

Von drüben hatte ich nun endlich ein eigenes Auto. Einen roten Ford Granada, der bei der Westverwandtschaft auf den Schrottplatz gewandert wäre. Ein kapitalistisches Schlachtschiff, mit dem ich über die Lande fuhr, oh, die Rote Sonja fährt auf den Hof, wir werden alle entlassen. Ich trug kurze, rote Haare, für Will ein Schock. Damals hatte ich einen Ordner, in dem ich die Denunziationen der Nachbarn untereinander aufbewahrte. Jeder beobachtete jeden, und die haben das, was wir nicht haben.

Eines meiner liebsten Forumsmitglieder, ein Architekt, bewarb sich um eine Stelle im Bauamt, obwohl er wusste, dass die, die für solche Stellen infrage kommen, überprüft werden. Nachts rief er mich an, wir hatten inzwischen endlich Telefon zu Hause. Er war ein sehr starker Mensch, sehr gefestigt, und er weinte. Ich muss dir etwas erzählen, ich habe auch für die Stasi gearbeitet. Damals, als ich in Dresden studierte, hatten wir Fluchtpläne im Kopf, meine Frau und ich, wir wollten einfach weg. Einer hat uns verpfiffen. Meine Frau war schwanger, und sie kam in Haft. Der Deal war: Sie arbeiten mit uns zusammen und Ihre Frau kann nach Hause. Sonst aber müsste meine Frau im Gefängnis entbinden, das Kind käme ins Heim. Was sollte ich denn machen, sagte dieser große Mann und weinte wie ein Kind. Seine Frau sei nach all den Repressalien nicht mehr sie selbst. Diese Geschehnisse hatten den Architekten fürs Leben geprägt. Eine typische DDR-Geschichte. Dass solche Erinnerungen einem jahrzehntelang im Nacken sitzen und nicht lockerlassen. Aber er war wenigstens ehrlich. Schlimm fand ich die, die sich wie ein Aal wanden und mit dem Strom schwammen, als wenn nichts gewesen wäre   bis die Vergangenheit sie doch einholte.

Keiner hatte Ahnung vom Beamtentum. Du warst plötzlich der Boss in der Stadt, musstest gucken, dass die Kindergärten, die Schulen öffnen, dass die Müllabfuhr kommt. Das normale Leben musste weitergehen. Die wenigsten von uns wussten doch, wie man ein Büro führt, ein Schreiben aufsetzt. Darin hatte ich Erfahrung.

In Neubukow ließ sich die Demo nicht wöchentlich etablieren. Jeden Mittwoch zogen wir nach dem Friedensgebet im Doberaner Münster in den Rosengarten zu Ansprachen, so auch am 29. November. Wären die wöchentlichen Einsatzpläne „zur Gewährleistung der staatlichen Sicherheit und Ordnung in Zusammenhang mit dem Friedensgebet" des MfS bekannt gewesen, viele hätten sich nicht getraut, durch die Straßen zu gehen: „Besetzung von Beobachtungsstützpunkten, Einsatz des IMs ‚Felix Stein' zur ‚konspirativen Dokumentierung der Diskussionsreden während der Veranstaltung im Münster Bad Doberan', ‚Dokumentierung der polizeilichen Kennzeichen auf öffentlichen Parkplätzen, Maßnahmen zur Gewährleistung der Sicherheit des Dienstobjektes' durch ‚Bereitlegung aller vorhandenen Schlagstöcke, Knebelketten, Abwehrspray und Tränengas', Vorbereitung von Sandsäcken für Verteidigungsmaßnahmen". Alle Mitarbeiter, die nicht „zur Lösung spezifischer politisch-operativer Aufgaben eingesetzt sind", müssen sich in der Dienststelle aufhalten. Als Verhaltensgrundsatz gilt: „Maßnahmen der Gewaltabwendungen nur auf Befehl des Leiters der Kreisdienststelle bei direkten Angriffen gegen das Dienstobjekt."[88]

Die DDR war voll von Waffen. In Neubukow gab es zum Beispiel einen Unfall der „Weststreitkräfte der SU, Selbstverursacher, LKW mit Granaten beladen, Kraftstoff läuft aus". Das war am 12. Oktober 1989, dann hieß es am gleichen Tag, „Granaten geborgen, 4000 Stück 23 mm (Keine Gefahr für die Bevölkerung)".[89] Eine Tochter von Axel Peters wohnte in Kavelstorf neben einem umzäunten, schwer bewachten Gelände. Riesige Armeelastwagen brummten durch den Ort und vor der Schleuse patrouillierten Männer mit Maschinenpistolen. Es hieß, die IMES GmbH handle hier mit Kühlschränken, Haushaltswaren, die über den Rostocker Hafen verschifft würden. Seit fünf Jahren fragten sich die Dorfbewohner von Kavelstorf, was es wohl mit dem abgeschotteten Areal auf sich hatte. Axel Peters: „Im- und Export von Konsumgütern, das war doch eine Lüge, eine Lüge von vielen. Ein Reporter der *Frank-*

furter Rundschau war mit uns am 2. Dezember vor Ort. Es war klar, dass dort etwas im Gange ist, dass dort etwas vertuscht werden sollte. Die Kavelstorfer stellten sich mit ihren Körpern vor die Armeelastwagen, um sie zu stoppen. Das war Mut." Kavelstorf liegt zehn Kilometer südlich von Rostock, verkehrsgünstig an einem Autobahnkreuz und mit Anschluss ans Gleisnetz. Die IMES GmbH war unterstellt dem Bereich Kommerzielle Koordinierung unter Staatssekretär Alexander Schalck-Golodkowski. Axel Peters stellte Strafanzeige bei der DVP, zusammen mit Wolfram Vormelker, Anwalt und Forumsmitglied. Axel Peters: „So haben wir dieses makabre Spielchen gespielt. In Kavelstorf hatten wir es mit Gewalt zu tun. Wir wollten ja nur sehen, was dort ist. Und sie wollten vertuschen und wegschaffen." Die friedliebende DDR betrieb mit der IMES Import-Export GmbH Waffenhandel in die Krisengebiete der Erde: Angola, Äthiopien, Afghanistan, Nicaragua, Mozambique, in den Nahen Osten. Die Bürgerrechtler um Axel Peters standen fassungslos in einer meterhohen Halle voller Waffen. Die IMES GmbH lagerte in dieser Halle in Leichtbauweise neben den Häusern der Dorfbewohner Waffen im geschätzten Wert von 28 Millionen D-Mark: Panzerfäuste, Handgranaten, Maschinengewehre und -pistolen. Axel Peters: „Kavelstorf wurde versiegelt und von der VP bewacht. Von Kavelstorf fuhr ich direkt auf eine Versammlung in Rostock, hinter der Sport- und Kongresshalle. Ich erzählte, was ich erlebt hatte, und mir brach fast die Stimme. Dieser Einblick in die Kriegsmaschinerie der DDR, dieser Waffenhandel hat die moralische Lüge der gesamten DDR offengelegt." Schalck-Golodkowski setzte sich in den Westen ab. Am Sonntag, den 3. Dezember 1989, trat das Politbüro des ZK der SED geschlossen zurück und eine Lichterkette, ein Licht für unser Land, reichte von Rügen bis ins südliche Sachsen und wir standen auf der eiskalten Landstraße zwischen Neubukow und Kröpelin und versuchten, uns an unseren Kerzen zu wärmen.

Reißwölfe und Flammenopfer

Bereits am 25. Mai 1989 war an den Leiter der Kreisdienststelle des MfS in Bad Doberan, Major Klaus Gäbel, eine „Geheime Verschlusssache" gegangen. Im Vorfeld der Demonstrationen, alles war ruhig, die Fluchtwelle der Sommerferien noch nicht im Gange – und doch rechnete Ende Mai die Staatssicherheit mit Angriffen aus der Bevölkerung. Die Kreisdienststelle erhielt „Grundsätze zu den Plänen der verstärkten Sicherung und Verteidigung des Dienstobjektes". Dass die Revolution des Volkes friedlich ablaufen konnte, war von der SED-Leitung nicht zu erwarten. Ihr ging es um die Niederschlagung des aufmüpfigen Volkes und um die Bewahrung der eigenen, bisher staatlich geschützten Interessen und Vorteile, und es ging um Parteivermögen, das genauso gesichert werden musste wie die nationale und internationale Einflussnahme.

In der Kreisdienststelle der Staatssicherheit in Bad Doberan ging man auf Nummer sicher:

1. […] Bei einem unmittelbaren Angriff auf das Dienstobjekt sind alle im Objekt verfügbaren Mitarbeiter zur Gewährleistung einer standhaften Verteidigung (Variante II) einzusetzen.
2. Innensicherung: Der schnelle und nahtlose Übergang von der täglichen Sicherung des Dienstobjektes zur verstärkten Sicherung erfordert eine prinzipielle Erhöhung der Wachsamkeit, bedingslose [sic] Befehlsausführung sowie konsequentes und

kompromissloses Handeln der Wach- und Sicherungskräfte (WSK). Ausgehend von der konkreten Objektsituation und Lage ist zu gewährleisten: Reduzierung der Ein- und Ausgänge sowie deren Sicherung durch Doppelposten, Vorbereitung der Ausgabe von Nebel-/Reizkörpern, Vorbereitung/Entfaltung von Beobachtungsstützpunkten zur umfassenden Beobachtung der Objektumgebung, Vorbereitung einer möglichen Verteidigung, die Festlegung von Schusssektoren, eine vollständige Verdunkelung, die Unterbindung des Besucherverkehrs, Sicherung von Schwerpunkten innerhalb des Dienstobjektes wie Diensträume der Leiter, Operativstab, Nachrichtenzentrale usw.

Zur Außensicherung des Gebäudes des MfS an der Goethestraße in Bad Doberan war vorgesehen, Streifen in Zivil und Uniform patrouillieren zu lassen, und es sollten „Horchposten in unmittelbarer Nähe des Dienstobjektes" vorhanden sein. Denn: „Es sind mögliche gegnerische Angriffsrichtungen und -räume zu ermitteln und für die erforderliche Verteidigung notwendige Sprengmittel (S-Rollen [Stacheldrahtrollen], Spanische Reiter) bereitzulegen. Zwischen Sicherungs- und Führungskräften sind zweckmäßige, stabile Melde- und Informationsbeziehungen zu organisieren, dass die Vorbereitung und Durchführung der verstärkten Sicherung möglichst unerkannt bleibt. Die Verteidigung des Dienstobjektes umfasst Maßnahmen der äußeren und inneren Verteidigung sowie die Organisierung des Feuersystems." Grundrisse der Dienststelle liegen bei, darauf aufgeführt die Ausrüstung: „Felddienstuniform, Stiefel, Stahlhelm, TSM [Truppenschutzmaske], Pistole, 2 Magazine, 14 Schuss Munition, MPi, 3 Magazine, 90 Schuss Munition, Magazintasche, UKW Handsprechgeräte." An neun Eckpunkten der Dienststelle waren bewaffnete Posten, „Schusssektoren", vorgesehen, im Hof sollte eine „leichte Panzerbüchse", eine Panzerabwehrwaffe, stehen.[90]

Im Autoradio hörte ich am 4. Dezember 1989, dass in Erfurt die Stasi-Zentrale friedlich besetzt wurde. Dort gaben die „Frauen für Veränderung" den Anstoß, der noch am selben Tag zum Vorbild für ähnliche Aktionen in Suhl, Rostock und Leipzig wurde. Seit dem 17. November war das MfS laut Entscheid der Volkskammer in ein „Amt für nationale Sicherheit" umgewandelt worden. Das war doch nur Augenwischerei. Über die Besetzung der Zentrale und der Kreisdienststellen gingen beim Neuen Forum die Meinungen auseinander. Martin Klähn: „Von den Bestrebungen zur Besetzung der Stasi habe ich mich distanziert. Das war für mich eine Sache, die nach hinten gewandt ist. Wenn man erst einmal anfängt, sich damit zu beschäftigen, lässt es einen nicht mehr los. Im Bürgerkomitee wusstest du ja nicht, ist der oder die sauber, sind die nicht sauber. In Schwerin hatte die Kreisdienststelle 2200 Mitarbeiter. Die Stasi löste sich selbst auf unter wohlwollender Teilnahme des Bürgerkomitees." Martin Klähn berichtete, dass die Schweriner Akten im Heizhaus der NVA verbrannten.

Nachts loderten die Flammen im Hof der Kreisdienststelle Bad Doberan in den Himmel. Vollbeladene Armeelastwagen transportierten Aktenmaterial davon. Die schaffen alles weg! Da rauchen die Öfen! Hunderte fanden sich vor der Stasi-Zentrale zu einer Mahnwache zusammen. In Absprache mit dem Rat des Kreises gingen wir als Vertreter des Neuen Forums im Schutz der vielen Menschen, die sich vor dem Eingang in der Goethestraße einfanden, in die Kreisdienststelle. Es wurde uns die Tür geöffnet, aber nur so weit, dass jeweils einer von uns hineinschlüpfen konnte. Gerd Autrum, der immer wieder heftig und emotional reagierte, die beiden Ärzte Dr. Ludwig und Dr. Hans-Georg Neumann, Thomas Steinbacher und ich, mehr waren wir nicht. Gerd Autrum hatte einen staatsanwaltlichen Beschluss. Alles war leer, alle Panzerschränke waren leer, der Pförtner sagte, ich weiß nichts. Thomas Steinbacher:

Wir fanden eine Waffenkammer mit 25 Maschinengewehren, ebenso viele Handfeuerwaffen, zwei Panzerfäuste, kistenweise Munition, Nahkampfmesser, Gummiknüppel, Handschellen, Knebelketten, Tränengasflaschen und weiteres Zubehör der 35 Mitarbeiter. Die Regale reichten hoch bis unter die Decken, alles voll bestückt. Da lag ein völlig überdimensioniertes Waffenarsenal, für diesen kleinen Kreis, in diesem menschenarmen Norden. Was steckten dahinter für Ängste. Im Keller gab es einen Raum, der war sehr gespenstisch, mit vielen Relais, vielen Kabeln. Das musste eine Telefonzentrale, eine Abhörzentrale sein. Wir wussten nicht, wie so etwas funktioniert, und haben alles protokolliert. Dann saß ich da zusammen mit dem Pförtner, habe Tee getrunken und gewartet, was passiert.

Alle gefundenen Waffen wurden registriert und der NVA Kühlungsborn übergeben.

Wie überall in den Stasi-Zentralen war das meiste schon vernichtet. Wir fanden nur noch die glühenden Aktendullis in einem Riesenofen im Heizungskeller, nur noch das Metall. Es gab einen Plan der Staatssicherheit, falls eine Revolution ausbricht, wer von zu Hause abzuholen, ins Isolierungslager zu bringen ist. Ich sollte nach Rostock ins Ostseestadion kommen. Noch im Herbst 1989 war diese Liste aktualisiert worden. Die Kinder in welches Heim. Was man mitnehmen darf ins Lager. Es hätte nur der Befehl kommen müssen, dann wäre das abgelaufen wie die Verhaftungen im Zuge der Aktion Rose oder die Niederschlagung der Aufstände 1953.

Im Keller, in einem Raum, fanden wir Handschellen, Führungsketten, Nilpferdpeitschen. Die Nilpferdpeitsche war besonders in den deutschen Kolonien eingesetzt worden, und sie riss große Löcher in die Haut. Noch in der Nacht ließen wir einen Militäroberst aus Hohe Düne kommen, um alles zu versiegeln. Jeweils zwei Personen blieben zur Bewachung, zwei vom Neuen Forum, zwei Polizisten, zwei Stasis. In meinen Aufzeichnungen liegen noch die von uns erstellten „Hinweise zur Wache im Gebäude des ehemaligen MfS", das nun Amt für Nationale Sicherheit, AfNS, hieß:

1. Es dürfen sich nur aufhalten (ab 6, 12, 22 Uhr) folgende Personen: 2 Vertreter des Neuen Forums, 2 Schutzpolizisten, 2 Mitarbeiter des AfNS (Mannschaftsdienstgrad, hat sich auszuweisen).

2. Regelmäßig sind zu kontrollieren: Siegel der Räume, Siegelgewalt hat nur Herr Dr. Neumann, d. h. Siegel dürfen nur im Beisein von Dr. Neumann und dem Staatsanwalt geöffnet werden.

3. Reinigungskräfte dürfen ab sofort das Gebäude nicht mehr betreten. Der Heizer ist generell zu begleiten. Im Zweifelsfall sind zu benachrichtigen: von 17 bis 7.30 Dr. Ludwig, Bad Doberan, von 7.30 bis 17 Uhr Dr. Neumann, Poliklinik.

4. Jede neue Wache ist von der vorhergehenden einzuweisen, in die Lage der Räume, Gänge, Eingänge etc.

5. Dienst- und Aktentaschen oder Ähnliches müssen beim Betreten und Verlassen der Gebäude kontrolliert werden.[91]

Die Verhaftung des Dienststellenleiters Klaus Gäbel durch die Volkspolizei war vollkommen wirkungslos. Auf Betreiben des Obersten des AfNS, Artur Amthor, wurde Gäbel noch in der Nacht wieder freigelassen. Am nächsten Tag, als die Stasis zur Arbeit kommen wollten, habe ich ihnen an der Tür ihren Ausweis und ihre Knarre abgenommen. „Sie sind entlassen vom Volk", sagte ich und die Männer waren so verdutzt, da diese kleine Frau im Foyer zu sehen, die stur und bockig behauptete: „Ihr habt ab heute Urlaub." Die Stasi-Leute wussten ja auch, dass sie verhasst waren. Manche gingen wie beschämt mit gesenktem Kopf, manche zischelten, freut euch nicht zu früh. Morgens kamen die Doberaner und haben uns Kaffee und frische Brötchen gebracht. Als Souvenir habe ich dem Chef der Stasi sein Telefon und einen Locher geklaut. Thomas Steinbacher: „Einen Tag später begannen die Ermittlungen der Kripo, die in den Aschetonnen massenhaft weitere vermutliche Aktenreste fand und sicherstellte."

Laut Weisung des Ministerpräsidenten Hans Modrow sollten Sonderbeauftragte, teils Angehörige der Staatssicherheit, „Maßnahmen zur Wiederherstellung und Gewährleistung der Gesetzlichkeit im Amt für Nationale Sicherheit" ergreifen. Nach der Mittwochsdemonstration in Bad Doberan stellten wir am späten Abend fest, dass die Siegel in der Kreisdienststelle aufgebrochen lagen. Mitglieder des Rates des Kreises

sollten nun die neuen Siegel kontrollieren, die Aufsicht wurde der Volkspolizei übergeben. Für Donnerstag, den 7. Dezember, hatten wir einen
Besichtigungstermin in der Kreisdienststelle, zusammen mit den Sonder-
beauftragten. Thomas Steinbacher: „Dabei stellte sich heraus, dass sich
so gut wie keine Akten mehr im Gebäude befanden, dass alle wichtigen
Materialien vermutlich schon vor Montag weggeschafft und vernichtet
worden sind! Vertreter des Neuen Forums, Gerd Autrum, Dr. Neumann,
Dr. Ludwig, waren Tag und Nacht unterwegs, um den Staatsapparat gegen den Staatssicherheitsapparat zu mobilisieren. Es war erschütternd,
mit welchen Mitteln die Stasi die Ermittlungen erschwerte."

Eine Gruppe von AfNS-Offizieren verwies auf den Regierungsbe-
auftragten im Bezirk Rostock, Harald Jähne, und besetzte das Kreisamt
Bad Doberan, verletzte sämtliche Siegel und stellte die Nachrichten-
verbindungen wieder her.[92] Am Morgen des 8. Dezember saßen die
Stasi-Leute also wieder in ihrer Dienststelle und ließen niemanden
ein. Stasi-Mann zu sein war doch ein zu schöner Beruf. Was für ein
Possenspiel. Axel Peters, der die Besetzung der Stasi-Zentrale am 4.
Dezember 1989 in Rostock mitinitiierte: „Für Rostock hatten wir eine
Anti-Stasi-Gruppe gegründet. Eigentlich wollten wir gar nicht selber
besetzen, wir wollten einen unabhängigen Untersuchungsausschuss
einsetzen. Heute frage ich mich, wie konnten wir nur so verdammt
naiv sein? Wer ist überhaupt unabhängig in so einem Staat, was können das für Charaktere sein, dass sie sich unabhängig nennen?"

Thomas Steinbacher verarbeitete seine Gedanken und Gefühle in
seiner Rede für die nächste Mittwochsdemo in Kühlungsborn:

Wir alle sind voller Zorn und Wut und vielleicht auch voller Hass
gegenüber diesem schlimmen Angstapparat, der uns so viele Jahre in
Schach gehalten hat. Wir fordern eine schonungslose Rechenschaft
und eine Offenlegung der ganzen schlimmen Vergangenheit. Und
wir fordern zu Recht die Bestrafung der Schuldigen. Doch lasst uns
nicht von Abrechnung reden und von Rache. Unsere Menschlichkeit
wird sich jetzt daran zeigen, wie wir mit denen umgehen, die an uns

schuldig geworden sind. Das ließe sich daran ablesen, ob und wie wir die ehemaligen Stasi-Mitarbeiter in unsere Betriebe und Brigaden aufnehmen, die Menschen, die bald arbeitslos sein werden. Wir haben gefordert: Stasi in die Produktion, nun ist es so weit, nun müssen wir diesen vielen kleinen, oftmals unfreiwillig zu Spitzeln gemachten Menschen diese Chance auch geben! Und bitte sagt nicht: Wir haben von alldem nichts gewusst! Das haben die Deutschen schon einmal gesagt, um sich die Hände in Unschuld zu waschen. Wenn wir jetzt stolz sagen, „Wir sind das Volk", so lasst uns nicht vergessen, dass wir auch 40 Jahre lang das Volk waren, das Volk, das mitgelaufen ist bei den Mai- und Oktoberdemonstrationen, das Volk, das zur Wahlurne getrottet ist und den Zettel brav in die Urne gesteckt hat, ohne auch nur die Wahlkabine zu benutzen. Das Volk, das den so geschmähten Massenorganisationen beigetreten ist, um nichts zu riskieren. Wir sind das Volk, ja – aber lasst uns auch nicht vergessen, was uns in 40 Jahren zu Mitschuldigen gemacht hat, jeden von uns auf seine Weise. Dieses Wissen kann uns vor dem Wunsch nach Hexenverbrennungen und Steinigungen bewahren: Denn wer ohne Schuld ist, der werfe den ersten Stein! Bitte lasst uns keine Steine werfen! Auch jetzt nicht. Denn dann würden wir die ganze Welt enttäuschen, die uns jetzt so bewundert.[93]

Im Dezember bekamen wir vom Rat des Bezirks die Mitteilung, dass wir die Gründung des Neuen Forums vornehmen könnten. Vom 28. auf den 29. Januar trafen sich die Leute des Neuen Forums aus allen Bezirken zur Gründungsversammlung in der Akademie der Künste am Robert-Koch-Platz in Berlin.

25 Jahre danach – und immer noch liegen in den Papierbergen der BStU zahlreiche Schicksale verschüttet und die Akten sind voller unentdeckter Hinweise auf die Abgründe menschlicher Existenz. Das wahre Ausmaß der Bespitzelungen und Denunziationen werden wir angesichts der Vernichtung so vieler Akten vielleicht nie erfahren. Die Täter leben weiter mit der Schuld ihrer Erinnerungen und ihre Opfer tragen die Last.

Schlusswort

28. August 1989, Protokoll über die Leitungssitzung aus dem geschlossenen Jugendwerkhof Torgau: „Mit dem Ministerium wurde abgesprochen, dass die Hunde abgeschafft werden. Kollege Hoppert: Er stimmt der Abschaffung der Hunde zu. Er sieht es so, dass wir eine Volksbildungseinrichtung sind und da gehören keine Hunde hin." Protokoll der Leitungssitzung, 4. September 1989: „Durchführung des Fahnenappells. Kollege Zimmer schlägt vor, den Fahnenappell ab sofort wegfallen zu lassen." Protokoll Direktorenzimmer, 2. Oktober 1989: „Gegenwärtige politische Situation. Die oppositionellen Gruppen werden in der DDR immer aktiver. Die politische Wachsamkeit ist zu erhöhen. Standpunkte, Meinungen und Haltungen der Kollegen Erzieher in beiden Bereichen sind herauszubilden. Jeder Leiter, einschließlich Parteisekretär und BGL-Vorsitzender muss mehr in die Offensive gehen. […] Es wurde festgelegt, dass alle Mitarbeiter anlässlich des 40. Jahrestages der DDR als kleines Präsent ein Saftservice erhalten. Kollegin Meyer muss aber erst überprüfen, ob es für alle ausreicht. Wenn ja, ist eine Liste anzufertigen, damit jeder Mitarbeiter quittieren kann. Die Ausgabe erfolgt am 10. 10. 1989 in der Verwaltung."[94]

Erich und Margot Honecker waren zwei Wochen ihrer Machtposition enthoben, da begann die SED, den Makel Torgau so rasch wie möglich zu beseitigen. Innerhalb von 15 Tagen wurden alle Insassen entlassen. Das Personal blieb größtenteils bestehen und begann mit Umbaumaßnahmen, die den Charakter des Gebäudes stark veränderten. Sie entfernten fast alle Gitter und Sichtblenden vor den Fenstern, die Gefängnistüren wurden ausgewechselt. So weit als möglich wurden Akten vernichtet – auch hier beseitigten die Täter die Beweise für ihre Verbrechen. Von Sonja fand sich nur ihr Name im Eingangsbuch, keine Krankenkarten, keine Gesprächsaufzeichnungen der Fürsorger, nichts. Nur im Berichtsbuch der Erzieherin Bernecker ist sie vermerkt als eine, die im täglichen Sportprogramm zu wünschen übrigließ. Nachdem über 4000 Jugendliche den geschlossenen Jugendwerkhof durchlaufen hatten und noch am 1. November 1989 ein Jugendlicher dort eingeliefert worden war, wurde der Werkhof auf telefonische Anweisung des Ministeriums für Volksbildung vom 3. November 1989 ohne Angabe von Gründen aufgelöst. Noch in den achtziger Jahren hatte es im geschlossenen Jugendwerkhof Torgau neben zahlreichen Selbstmordversuchen auch Tote gegeben: 1982 legte der sechzehnjährige Rainer F. im Krankenzimmer einen Brand, bei dem er erstickte und verbrannte. Angeblich hatte er einen Schrank vor den Türrahmen gestellt und es gelang den Erziehern nicht, diesen zu verschieben. Nach zwei Tagen im Arrest in der Zuführungszelle, am 29. April 1988, erhängte sich der siebzehnjährige Steve B. mit Hilfe seines Hemds am Fensterkreuz der Zelle. In seiner Heimakte waren bereits Selbstmordversuche vermerkt.

Der DEFA-Regisseur Roland Steiner zeigte 1981 auf dem Dokumentarfilmfestival in Leipzig seinen vierten Film aus der Reihe „Jugend-Zeit" über den Alltag in einem Jugendwerkhof. Der Film wurde nach seiner Erstaufführung verboten. Margot Honecker hatte beim Frühstück eine Kritik zum Film im *Neuen Deutschland* gelesen, in der der Journalist Henryk Goldberg schrieb, der Film zeige die Realität so ungefiltert, dass es also in der DDR kein Tabu mehr gebe. Der Film und die Jugendlichen in den Jugendwerkhöfen, ihre Gefühle, ihre Hoffnungen, ihre Traurigkeit, mussten aber ein Tabu bleiben.

Eberhard Mannschatz, der Initiator des geschlossenen Jugendwerkhofs und rechte Hand von Margot Honecker in Erziehungsfragen, veröffentlichte 2012 in einem Lehrbuch der renommierten Hamburger

Evangelischen Hochschule für Soziale Arbeit und Diakonie ein Kapitel von 40 Seiten – zum „Rückblick auf die Soziale Arbeit in der DDR". Die Einrichtung eines geschlossenen Jugendwerkhofs im seit 1952 so genannten Jugendhaus in Torgau, das im Jugendstrafvollzug unter der Verantwortung des Ministeriums des Inneren stand, war „vertrauliche Leitungssache Mannschatz".[95] Auf der „Dienstbesprechung der Minister am Sonnabend, den 18. Januar 1964, 9.00 Uhr im Zimmer des Ministers" [gemeint ist das Zimmer Margot Honeckers] wurde unter Punkt 5 die „Einrichtung eines geschlossenen Jugendwerkhofes im ehemaligen Jugendhaus Torgau" verabschiedet, eingereicht vom Sektor Jugendhilfe, abgestimmt im Sektor Haushalt. Mannschatz verließ das Volksbildungsministerium 1977 nach zwanzig Jahren und wurde für seine Dienste mit dem einzigen Lehrstuhl für Sozialpädagogik in der DDR an der Berliner Humboldt-Universität belohnt.

Sonja Rachow kündigte noch 1989 ihre Stelle bei den Mühlenwerken und arbeitete als Vertreterin des Neuen Forums am Runden Tisch in Bad Doberan.

Am 8. Februar 1990 waren der ehemalige MfS-Kreisdienststellenleiter Klaus Gäbel, der ehemalige Erste Sekretär der SED-Kreisleitung Ernst Jahnel und der Kreisstaatsanwalt Hans-Jürgen Seidlitz an den Runden Tisch eingeladen. Thema: der Umgang mit Akten und Informationen. Klaus Gäbel erklärte das MfS als weisungsgebundenes Opfer der SED, das „aktiv in die Verschleierung von Amts- und Machtmissbrauch, von Korruption" verwickelt gewesen und „zum Erhalt der Privilegien der Führung" benutzt worden sei. In seiner Entschuldigung am Runden Tisch erklärte Gäbel jedoch auch, „dass meine ehemaligen Mitarbeiter zu keiner Zeit und in keinem Falle aus eigennützigen, menschenfeindlichen, karrieristischen, boshaften oder anderen niederen Motiven ihre dienstlichen Pflichten erfüllten, dass wir uns stets getreu unserer humanistischen Weltanschauung und Idealen dienstlichen Befehlen und Weisungen unterordneten in der festen Überzeugung, dem Volk zu dienen".[96] Auf Sonjas Nachfrage nach Fälschungen der Zahlen

273

im Zusammenhang mit den Kommunalwahlen im Mai 1989 gab Ernst Jahnel zu: „Es gab viele Spitzfindigkeiten (Feststellung von gültigen und ungültigen Stimmen), die zu Fälschungen führten."[97]

Die Arbeit im Neuen Forum, die Revolution 1989, war für Sonja Rachow „ein Riesentriumph, das war grandios, das Größte in meinem Leben. Dass das passiert ist, dass wir das geschafft haben. Wir waren ja keine Menschen, die Politiker werden wollten, wir wollten doch bloß etwas verändern! 1989: Das war die Gelegenheit, das gesellschaftlich normierte Arbeitsverhalten in Frage, auf den Kopf zu stellen. Bevor die erste Wahl stattfand, haben wir in Doberan alle zusammengesessen, parteienübergreifend, alle Anträge zusammen beraten, und wir wurden uns fast immer einig. Sobald die Wahl vorüber war, als die Importe, die sogenannten Berater, kamen, war es vorbei."

Die erste DDR-weite Großveranstaltung der Bürgerbewegung am 23. Februar 1990 in der Sport- und Kongresshalle Schwerin; Sonja Rachow, 2. von links.

Am 14. Oktober 1990 wählten die Menschen in Mecklenburg-Vorpommern erstmals demokratisch ein Landesparlament. Grüne, Neues Forum und Bündnis 90 traten gegeneinander und gegen die etablierten Parteien an. Sonja war als Spitzenkandidatin des Kreises Bad Doberan aufgestellt. Das Neue Forum gehörte nicht zu den Gewinnern, doch eine Fusion mit Bündnis 90 und Demokratie Jetzt verweigerte das Neue Forum in Mecklenburg-Vorpommern noch 1991. Als eine der mecklenburgischen Sprecherinnen vertrat Sonja das Land im Bundeskoordinierungsrat des Neuen Forums. Sonja Rachow: „Nach der ersten Wahl war ich völlig desillusioniert, blieb dennoch vier Jahre Fraktionsvorsitzende und fuhr nach Berlin. Wir wollten hier keinen Westen, wir wollten uns selbst aus dem Sumpf ziehen. Ich merkte, dass ich nicht politikfähig bin, ich wollte keine faulen Kompromisse. Schließlich habe ich alle Ämter niedergelegt. Wie sieht das denn aus, du bist Landessprecherin, sagte Bärbel Bohley, du bist im Bundeskoordinierungsrat, und jetzt schmeißt du uns hier alles vor die Füße.“

Oliver Lehmann und Sonja Rachow, ca. 1991

1991 wurde Sonja Rachow Leiterin der Vertriebenenbehörde in Bad Doberan. Sie betreute vor allem Aussiedler aus der ehemaligen Sowjetunion sowie Bürgerkriegsflüchtlinge aus dem ehemaligen Jugoslawien.

Und fand ihre große Liebe: den 16 Jahre jüngeren Oliver Lehmann, ein junger „Wessi" aus Braunschweig. Das Ehepaar lebt in der Schweriner Altstadt. Martin Klähn ist ebenfalls in Schwerin zu Hause, er arbeitet für die „Politische Memoriale" und widmet sich schwierigen politischen Themen innerhalb der Erwachsenenbildung.

Sonja war für den fünfundvierzigjährigen Axel Peters „eine so typische Erscheinung aus dieser heute fast exotisch anmutenden Welt der Bürgerbewegung". Heute hat der Bildhauer ein Atelier im Berliner Bezirk Neukölln, ein umfunktioniertes Ladenlokal zwischen Anbietern gebrauchter Waschmaschinen, Spielautomatencasinos und den Imbissen vor den Friedhöfen der Hermannstraße. Er pendelt zwischen Berlin, Klotzow, Erkelenz und Carrara.

Thomas Steinbacher ist wieder in Berlin zu Hause, im Bezirk Friedrichshain. Dort, wo er einst als Jugendlicher die Blues-Messen unter Rainer Eppelmann in der Samariterkirche besuchte. Thomas Steinbacher predigt als Gemeindepastor in einer Holzkirche, die mit Spendengeldern amerikanischer Methodisten 1948 aus Schweden importiert wurde. Beide Kinder von Sonja Rachow leben in Berlin.

Mit der Mutter Leonore Plog entstand nie wieder ein näherer Kontakt. Sie enterbte die Tochter. Nach ihrem Tod setzte Hans-Jürgen Plog ein neues Testament auf, in dem der zweite Mann von Sonja und die sogenannte Zweittochter, sie war die Geliebte Hans-Jürgen Plogs, berücksichtigt wurden, Sonja erhielt den Pflichtteil. Zu ihrem Exmann, dem Vater ihrer Tochter, hat sie den Kontakt abgebrochen. Die Recherchen konnten Sonjas Misstrauen ihm gegenüber nicht ausräumen, ihr Verdachtsmoment gegen ihren damaligen Mann wurde nicht bestätigt.

Im Landgericht Rostock wurde am 6. Oktober 2004 beschlossen:

I. Die Entscheidung des Kreisgerichts Rostock-Stadt vom 27. März 1968 – Az. K I 596/67 –, durch die Heimerziehung der Betroffenen angeordnet wurde, wird für rechtsstaatswidrig erklärt und aufgehoben. Die Betroffene wird insoweit rehabilitiert. Sie hat in der Zeit vom 21. Mai 1968 bis zum 6. Februar 1970 zu Unrecht Freiheitsentziehung erlitten. […] Gründe:

I. Mit Urteil des Kreisgerichts Rostock-Stadt vom 29. November 1967 wurde die Betroffene wegen Diebstahls von Volkseigentum verwarnt und unter Schutzaufsicht gestellt. Am 27. März 1968 ordnete dasselbe Gericht die Heimerziehung der Betroffenen an. Über den zu der Verurteilung wegen Diebstahls führenden Sachverhalt ist nichts bekannt, da weder das Urteil noch andere Verfahrensunterlagen aufgefunden werden konnten. Auch die der Heimerziehung zugrunde liegende Entscheidung wurde nicht aufgefunden, so dass die Begründung, mit der das Gericht die Maßnahme anordnete, nicht bekannt ist. Die Betroffene selbst gab an, sie habe keinen Diebstahl begangen und auch erst kürzlich erfahren, dass sie überhaupt wegen Diebstahls verurteilt wurde. Tatsächlich habe sie damals einer Gruppe von Jugendlichen angehört, die der DDR gegenüber oppositionell eingestellt gewesen sei und bereits wegen Äußerlichkeiten, nämlich Kleidung, Haartracht und Musikvorlieben, die nicht den Vorstellungen der Staatsmacht entsprochen hätten, aufgefallen sei. Nach einem Besuch bei gleichgesinnten Jugendlichen in Berlin sei ihr auferlegt worden, sich wöchentlich bei der Abteilung Inneres der Stadt Rostock zu melden, außerdem sei ihr verboten worden, nach Berlin zu fahren. Sie habe dann eine Lehre, die sie gegen ihren Willen habe aufnehmen müssen, abgebrochen. Als sie im Frühjahr 1968 wieder nach Berlin gefahren sei, sei sie festgenommen und in den Jugendwerkhof verbracht worden. Dort sei sie in der Zeit vom 21. Mai 1968 bis zum 6. Februar 1970 untergebracht gewesen. Die Staatsanwaltschaft Rostock beantragt, die Betroffene in dem Tenor genannten Umfangs zu rehabilitieren und ihren darüber hinaus gehenden Rehabilitierungsantrag zurückzuweisen.

II. Der Rehabilitierungsantrag ist zulässig und in dem aus dem Tenor ersichtlichen Umfang begründet; im Übrigen war er zurückzuweisen. [...] Soweit die Betroffene am 29. November 1967 wegen Diebstahls verurteilt wurde, kommt eine Rehabilitierung jedoch nicht in Betracht. Der betreffende Straftatbestand gehört nicht zu den Vorschriften, bei denen grundsätzlich davon auszugehen ist, dass sie der politischen Verfolgung dienten. Ob die Betroffene die ihr zur Last gelegte Tat tatsächlich so wie bei der Verurteilung festgestellt begangen hat, kann im Rehabilitierungsverfahren nicht vollständig geprüft werden. [...] Auch Anhaltspunkte dafür, dass der Tatvorwurf des Diebstahls nur vorgeschoben wurde, um die Betroffene wegen ihrer oppositionellen Haltung zu sanktionieren, sind nicht ersichtlich. Dagegen spricht schon der Umstand, dass mit dem Urteil vom 29. November 1967 lediglich eine Verwarnung und keine Strafe gegen die Betroffene ausgesprochen wurde. Auch war der Tatvorwurf des Diebstahls offensichtlich gerade nicht Anlass für die Heimerziehung der Betroffenen, die erst später mit der gesonderten Entscheidung vom 27. März 1968 angeordnet wurde. Aufgrund der glaubhaften Darstellung der Betroffenen ist hingegen davon auszugehen, dass diese letztgenannte Entscheidung lediglich aufgrund ihrer aus der Sicht der Machthaber der DDR „negativ-dekadenten" Einstellung und unangepassten Lebensweise und damit aus grob rechtsstaatswidrigen Gründen erfolgte. Insoweit war die Betroffene daher zu rehabilitieren.[98]

Am 6. Dezember 1989 sprach Willy Brandt vor etwa 8000 Menschen in der Rostocker Marienkirche, etwa 20 000 Menschen hörten seine Worte draußen vor der Kirche am Neuen Markt: „Jetzt wächst zusammen, was zusammengehört. [...] Und vergesst nicht jene, denen es schlechter als uns Deutsche geht. [...] Eine Wiedervereinigung kann ich mir schwer vorstellen. Es wird nichts mehr so sein, wie es war. Sondern es ist etwas Neues, was wir schaffen müssen, und das müssen wir in Respekt voreinander schaffen."

Abkürzungsverzeichnis

ABV	Abschnittsbevollmächtigter
ADN	Allgemeiner Deutscher Nachrichtendienst
AEK	Arbeitserziehungskommando
AfNS	Amt für Nationale Sicherheit
BA	Bundesarchiv
BD	Bezirksdirektion
BGL	Betriebsgewerkschaftsleitung
BStU	Behörde des Bundesbeauftragten für die Unterlagen des Staatssicherheitsdienstes der ehemaligen Deutschen Demokratischen Republik („Gauck-Behörde")
DFD	Demokratischer Frauenbund Deutschlands
D-Heim	Durchgangsheim
DHfK	Deutsche Hochschule für Körperkultur
DIZ	Dokumentations- und Informationszentrum
DSF	Gesellschaft für Deutsch-Sowjetische Freundschaft
DVP	Deutsche Volkspolizei
FDGB	Freier Deutscher Gewerkschaftsbund
FDJ	Freie Deutsche Jugend
GI	Geheimer Informator
GST	Gesellschaft für Sport und Technik

GT	Grenztruppen der DDR
HO	Handelsorganisation
HV A	Hauptverwaltung Aufklärung
IM	Inoffizieller Mitarbeiter
JWH	Jugendwerkhof
K I	Arbeitsrichtung I der Kriminalpolizei
KD	Kreisdienststelle
KP	Kontaktperson
KW	konspirative Wohnung
MDN	Mark der Deutschen Notenbank
MfS	Ministerium für Staatssicherheit
ND	*Neues Deutschland*
NVA	Nationale Volksarmee
PA	Personalausweis
PM 12	Passersatz- und Meldebescheinigung
SED	Sozialistische Einheitspartei Deutschlands
StGB	Strafgesetzbuch
Trapo	Transportpolizei
VEB	Volkseigener Betrieb
Vopo	Volkspolizist
VP	Volkspolizei
ZK	Zentralkomitee

Anmerkungen

1   Motto der Chemiekonferenz von 1958, die vom ZK der SED und der Staatlichen Plankommission der DDR ausgerichtet wurde.

2   Helmut Maier, Forschung als Waffe, Rüstungsforschung in der Kaiser-Wilhelm-Gesellschaft und das Kaiser-Wilhelm-Institut für Metallforschung 1900–1945/48, Göttingen 2007, S. 770.

3   BStU MfS BV Rostock AGI 1868/64, 0016.

4   Die Buchstaben XX kennzeichnen hier und im Folgenden in den Akten geschwärzte Namen.

5   BStU MfS BV Rostock AGI 1868/64, 0016.

6   Ebd. 0066.

7   BStU MfS BV Rostock AGI 1868/64, 0058.

8   Ernst Wollweber: Schlusswort auf der Dienstkonferenz in der Bezirksverwaltung Halle am 15. 5. 1957; BStU, MfS, SdM 1921, Bl. 364–378, hier 367, zitiert in: Helmut Müller-Enbergs (Hg.): Die inoffiziellen Mitarbeiter (MfS-Handbuch), Berlin 2008, S. 5.

9   BStU MfS BV Rostock AGI 1868/64, 0056.

10   Karl Wockenfuß, Streng vertraulich, Dannenberg 2002, S. 246.

11   BA DY 30, IV 2/904/96, Blatt 278, in: Marianne Zumschlinge: Geschichte der Historiographie der DDR, Pullach 1994, S. 187.

12   BStU MfS BV Rostock AGI 1868/64, 0062.

13   BStU MfS BV Rostock AGI 1868/64, 0016.

14 Plan der politischen Massenarbeit an der Universität Rostock in der Vorbereitung des Studienjahres 1961/62 und zu den Volkswahlen. (Beschluss der Parteileitung der Universität vom 23. 08. 1961), in: UAR (UPL 58), Sitzungen der Parteileitung der Universität Juli–Dezember 1961.

15 Informationsbericht des Anglistischen Instituts vom 3. 10. 1961. In: UAR: Institut für Anglistik. Informationsberichte 1961–66 (PHF 364).

16 ND, 20. 10. 1961.

17 Kopie aus dem Aufnahmebuch, DIZ Torgau.

18 BA DR 203/71.

19 Präambel des Familiengesetzbuches der DDR vom 20. Dezember 1965.

20 Siegfried Schmidt, Wie Ernst Thälmann – treu und kühn. Handbuch für Freundschaftspionierleiter, Berlin: Der Kinderbuchverlag, 1973, S. 255.

21 BStU Mfs BV Rostock AGI 1868/64, 0070.

22 BStU MfS BdL/Dok. 001081, S. 1–5.

23 BStU MfS BV Rostock AOG 2636/67, 12.

24 BA DY 30/IV A2/16/171, S. 7, SED ZK Jugend.

25 BStU MfS BV Rostock AOG 2636/67, 5.

26 Ebd. 6.

27 Ebd. 8.

28 Universitätszeitung, Organ der SED-Kreisleitung, Karl-Marx-Universität Leipzig, Jahrgang 1967.

29 BStU Archiv der Außenstelle Rostock, Nr. 202, 0114.

30 Ebd. 0119.

31 Ebd. 0273.

32 BStU MfS BV Rostock AOG 2636/67, 30.

33 BA DY 30/IV A2/16/169, S. 21.

34 *Eulenspiegel*, Oktober 1965.

35 Armin Mitter/Stefan Wolle, Untergang auf Raten. Unbekannte Kapitel der DDR-Geschichte, München 1993, S. 397f.

36 BA DR 2/K997, Anordnung über die Durchgangseinrichtungen der Jugendhilfe vom 8. 8. 1961 mit Anlage „Maßnahmen zur Gewährleistung der Sicherheit in Durchgangsheimen und -stationen der Jugendhilfe und während des Transports von Kindern und Jugendlichen".

37 BA DR 2/K 997, Protokoll der Arbeitstagung der Durchgangsheime in Halle, 19./20. 6. 1963.

38 Vgl. Wladimir K. Wolkow, Sowjetische Parteiherrschaft und Prager Frühling 1968, in: Aus Politik und Zeitgeschichte B. 36/92, S. 14.

39 LA Greifswald, Rep. 210, Akte 163, Die Ostseewoche 1968 in den Kreisen, Abschlussbericht über die Ostseewoche 1968, S. 4, in: Inszenierte Einigkeit. Herrschaftsrepräsentationen in DDR-Städten, hg. von Adelheid von Saldern, Alice von Plato, Elfie Rembold, Lu Seegers, Stuttgart 2003.

40 Armin Mitter/Stefan Wolle, Untergang auf Raten. Unbekannte Kapitel der DDR-Geschichte, München 1993, S. 427.

41 Monika Tantzscher, Maßnahme „Donau" und Einsatz „Genesung". Zerschlagung des Prager Frühlings 1968/69 im Spiegel der MfS-Akten, Berlin: BStU, S. 19.

42 Ebd. S. 15f.

43 Wolf Biermann, Mit Marx- und Engelszungen. Gedichte, Balladen, Lieder. (West-)Berlin 1968, S. 70.

44 BA DR 203/3075, Bl. 4ff.

45 BA DR 203/3070, Bl. 12–14.

46 BA DR 203/3075, Bl. 78.

47 BA DR 203/2993, Bl. 85.

48 *Neues Deutschland*, 23. Jhrg. Nr. 201, Montag, 22. Juli.

49 BA DR 2/A2295.

50 Ebd.

51 BA DR 203/3072, Bl. 65.

52 Die Krankenakten des geschlossenen Jugendwerkhofs wurden vom Johann-Kentmann-Krankenhaus „fristgerecht und datenschutzgerecht entsorgt".

53   Ilko-Sascha Kowalczuk, „Wer sich nicht in Gefahr begibt". Protest-
      aktionen gegen die Intervention in Prag und die Folgen von 1968
      für die DDR-Opposition, in: Klaus-Dietmar Henke (Hg.):
      Widerstand und Opposition in der DDR, Köln u. a. 1999, S. 261.

54   *Neues Deutschland*, Jhrg. 23, Nr. 231.

55   Archiv der Hansestadt Rostock, Verfügungsregister Nr. 279/68.

56   BA DR 203/3083.

57   MfS BV Rostock Leiter 19, S. 267.

58   Stefan Wolle, DDR, Frankfurt a. M. 2004, S. 61.

59   *Der Spiegel* 41/1969, 6. 10. 1969.

60   Archiv der Hansestadt Rostock Verf.-Reg. Nr. 266/69, Rat der Stadt
      Rostock, Abteilung Volksbildung, Referat Jugendhilfe.

61   BStU, MfS, BdL-Dok. 1083 – Original, 26 S. – MfS-DSt-Nr. 100483.
      Dokumentenkopf/Vermerke: Ministerrat der DDR, Ministerium
      für Staatssicherheit, Der Minister.

62   § 249, Abs. 1 StGB vom 12. 1. 1968.

63   Annette Kaminsky (Hg.), Orte des Erinnerns. Gedenkzeichen, Gedenk-
      stätten und Museen zur Diktatur in SBZ und DDR, Leipzig 2004, S. 375.

64   Politische Strafjustiz in der Ära Ulbricht – Vom bekennenden Terror
      zur verdeckten Repression, Berlin 1997, S. 408; in Finn/Fricke,
      Politischer Strafvollzug, Köln 1981, S. 122.

65   Ludwig A. Rehlinger, Freikauf. Die Geschäfte der DDR mit politisch
      Verfolgten, Halle 2011, S. 247.

66   § 47 Abs. 2, Nr. 1 StGB vom 12. 1. 1968.

67   § 47 Abs. 2, Nr. 3 StGB vom 12. 1. 1968.

68   Joachim Windmüller, Ohne Zwang kann der Humanismus nicht
      existieren … – „Asoziale" in der DDR, Frankfurt a. M. 2006.

69   *Neues Deutschland*, 5. Juni 1989.

70   *Neues Deutschland*, 21. September 1989, 44. Jahrgang/Nr. 223.
      Privatarchiv Thomas Steinbacher.

71   Interview mit Reinhard Schult, Mitbegründer des Neuen Forums,
      in der ersten Informationszeitschrift des Neuen Forums 1/89.

72   MfS BV Rostock KD Bad Doberan 128, BStU, S. 47.

73   Gespräch mit Axel Peters in seinem Atelier in Berlin, 12. 11. 2013.

74   Interview mit Axel Peters, Mecklenburgische Volks-Zeitung, März 1990. Privatarchiv Thomas Steinbacher.

75   Erste am Computer layoutete Informationszeitschrift des Neuen Forums, 1/89 S. 4.

76   MfS BV Rostock KD Bad Doberan 126, BStU, S. 44, 45.

77   Michael Heinz, „Der Kampf um die Hirne und Herzen der Menschen tobt" … Friedliche Revolution und demokratischer Übergang in den Kreisen Bad Doberan und Rostock-Land, Bad Doberan 2009, S. 26.

78   MfS BV Rostock KD Bad Doberan 72 BStU, S. 46, 47.

79   Christa Wolf, Im Dialog („Das haben wir nicht gelernt"), Frankfurt a. M. 1990, S. 93.

80   MfS BV Rostock KD Bad Doberan 128 BStU, S. 53.

81   MfS BV Rostock KD Bad Doberan Nr. 146, S. 92, 93.

82   Volker Höffer, „Der Gegner hat Kraft". MfS und SED im Bezirk Rostock, Teil 4 (BF informiert 20/1997), S. 11. Vgl. anonym, Mitschrift von RLB Abt. XX vom 9. 10. 1989; BStU, ASt Rostock, 268.

83   Ebd.

84   Michael Heinz, „Der Kampf um die Hirne und Herzen der Menschen tobt" … Friedliche Revolution und demokratischer Übergang in den Kreisen Bad Doberan und Rostock-Land, Bad Doberan 2009, S. 26, 27.

85   Siegfried Wittenburg, Die friedliche, freiheitliche und demokratische Revolution Rostock '89, [Selbstverlag] 2009.

86   Gezeichnet von Andreas Schönfelder für die Initiativgruppe Neues Forum, Großhennersdorf, 3. 11. 1989.

87   Privatarchiv Sonja Rachow, Robert-Havemann-Gesellschaft Berlin RHG/RS 01.

88   MfS BV Rostock KD Bad Doberan 179.

89   MfS BV Rostock KD Bad Doberan 238, S. 16.

90   MfS BV Rostock KD Bad Doberan 201, S. 2–10.

91   Privatarchiv Sonja Rachow, Robert-Havemann-Gesellschaft Berlin.

92   Michael Heinz, „Der Kampf um die Hirne und Herzen der Menschen tobt" ... Friedliche Revolution und demokratischer Übergang in den Kreisen Bad Doberan und Rostock-Land, Bad Doberan 2009.

93   Privatarchiv Thomas Steinbacher.

94   DR 203 2864, Bl. 68–84.

95   BA DR 2/7798, Blatt 112.

96   Michael Heinz, „Der Kampf um die Hirne und Herzen der Menschen tobt" ... Friedliche Revolution und demokratischer Übergang in den Kreisen Bad Doberan und Rostock-Land, Bad Doberan 2009, S. 154, KA Bad Doberan, RT Kreis Bad Doberan, 1.2812, Blatt 1/4.

97   Ebd., S. 71.

98   Landgericht Rostock – IRRO 133/01, 383 RHS 105/01 StA Rostock.

Abbildungsnachweis

Archiv GJWH Torgau   45, 61, 145

Architekturbüro Winfried Brenne   110

BStU   240

Christiane Eisler   170, 173

Privatarchiv Sonja Rachow   16, 22, 58, 59, 66, 196, 199, 206, 209, 275

Privatarchiv Stefan Appelius   99

Privatarchiv Thomas Steinbacher   234, 250, 251

Siegfried Wittenburg   252, 253

Literaturverzeichnis

Ammer, Thomas/Memmler, Hans-Joachim (Hg.), Staatssicherheit in Rostock. Zielgruppen, Methoden, Auflösung. Köln: Edition Deutschland Archiv, 1991.

Bastian, Uwe/Neubert, Hildigund, Schamlos ausgebeutet. Das System der Haftzwangsarbeit politischer Gefangener des SED-Staates. Bürgerbüro e. V., Verein zur Aufarbeitung von Folgeschäden der SED-Diktatur, 2003.

Beer, Kornelia, u. a., GJWH, DVD, Material zum Geschlossenen Jugendwerkhof, Torgau/DDR. Initiativgruppe Geschlossener Jugendwerkhof Torgau e. V., 2006.

Beleites, Johannes, Der Untersuchungshaftvollzug des Ministeriums für Staatssicherheit der DDR, in: Engelmann, Roger/Vollnhals, Clemens (Hg.): Justiz im Dienste der Parteiherrschaft. Rechtspraxis und Staatssicherheit in der DDR. Berlin: Ch. Links Verlag, 1999, S. 433–465.

Beleites, Johannes, Abteilung XIV: Haftvollzug. (= MfS-Handbuch, Teil III/9, hg. von der BStU.) Berlin 2004.

Bollinger, Stefan, Dritter Weg zwischen den Blöcken? Prager Frühling 1968: Hoffnung ohne Chance. Berlin: Trafo-Verlag, 1995.

Bürgel, Tanja, Prager Frühlingserwartung in Ostberlin, in: Bünz, Enno (Hg.): Der Tag X in der Geschichte. Erwartungen und Enttäuschungen seit tausend Jahren. Stuttgart: DVA, 1997, S. 287–308.

Eisler, Christiane/Lasch, Gundula, Die Jugend der anderen. Fotografien aus dem Jugendwerkhof Crimmitschau 1982/83 und Gespräche mit ehemaligen Insassinnen 30 Jahre später. Initiativgruppe Geschlossener Jugendwerkhof Torgau e. V. mit Unterstützung des Sächsischen Staatsministeriums der Justiz und für Europa.

Engelmann, Roger/Vollnhals, Clemens (Hg.), Justiz im Dienste der Parteiherrschaft. Rechtspraxis und Staatssicherheit in der DDR. Berlin: Ch. Links
Verlag, 1999.

Eppelmann, Rainer/Faulenbach, Bernd/Mählert, Ulrich (Hg.), Bilanz und
Perspektiven der DDR-Forschung. Paderborn u. a. 2003.

Falck, Uta, VEB Bordell. Geschichte der Prostitution in der DDR. Berlin:
Ch. Links Verlag, 1998.

Finn, Gerhard, Politischer Strafvollzug in der DDR. Unter Mitarb. von
Karl Wilhelm Fricke. Köln: Verlag Wissenschaft u. Politik, 1981.

Flechtheim, Ossip K., Der Prager Frühling und die Zukunft des Menschen,
in: Technischer Fortschritt und industrielle Gesellschaft, Frankfurt a. M.:
Makol-Verlag, 1972, S. 9–31.

Florath, Bernd (Hg.), Das Revolutionsjahr 1989. Die demokratische Revolution
in Osteuropa als transnationale Zäsur. Analysen und Dokumente – Wissenschaftliche Reihe des Bundesbeauftragten, Band 34. 1. Auflage, Göttingen:
Vandenhoeck & Ruprecht, 2011.

Foucault, Michel, Überwachen und Strafen. Die Geburt des Gefängnisses,
Frankfurt a. M. 1976 (zuerst Paris 1975).

Frank, Rahel, „Vom Norden lernen?", in Frank, Rahel (Hg.), Die Auflösung.
Das Ende der Staatssicherheit in den drei Nordbezirken. Schwerin 2010.

Freyberger, Harald J./Frommer, Jörg/Maercker, Andreas/Steil, Regina, Gesund-
heitliche Folgen politischer Haft in der DDR. Hg. von der Konferenz der Landesbeauftragten für die Unterlagen des Staatssicherheitsdienstes der ehemaligen
DDR, Expertengutachten. Dresden 2003.

Fricke, Karl Wilhelm/Steinbach, Peter/Tuchel, Johannes (Hg.), Opposition
und Widerstand in der DDR. Politische Lebensbilder. München 2002.

Fricke, Karl Wilhelm, Akten Einsicht. Rekonstruktion einer politischen Ver-
folgung. Mit einem Vorwort von Joachim Gauck. Analysen und Dokumente –
Wissenschaftliche Reihe des Bundesbeauftragten, Band 2. Berlin: Ch. Links
Verlag, 1996.

Fuchs, Jürgen, Der Schnürsenkel von Torgau oder Der Verlust der humanen
Orientierung, in: Hardtwig, Wolfgang/Winkler, Heinrich August (Hg.),
Deutsche Entfremdung. Zum Befinden in Ost und West. München 1994,
S. 31–67.

Fuchs, Jürgen, Magdalena. MfS, Memfisblues, Stasi, die Firma, VEB Horch & Gauck. Ein Roman. Berlin: Rowohlt, 1998.

Gatzemann, Andreas, Der Jugendwerkhof Torgau. Das Ende der Erziehung. Münster 2009.

Gauck, Joachim, Die Rolle der Staatssicherheit im Unterdrückungsapparat der DDR, Rede anlässlich der Einrichtung eines Dokumentationszentrums für die Opfer deutscher Diktaturen des Landes Mecklenburg-Vorpommern am 16. 09. 1998 in Rostock. Berlin 1998.

Gieseke, Jens, Die Stasi 1945–1990. München: Pantheon Verlag, 2011.

Gieseke, Jens, Das Ministerium für Staatssicherheit (1950–1990), in: Diedrich, Torsten/Ehlert, Hans/Wenzke, Rüdiger (Hg.): Im Dienste der Partei. Handbuch der bewaffneten Organe der DDR. Berlin 1998, S. 371–422.

Gieseke, Jens, Der Mielke-Konzern. Die Geschichte der Stasi 1945–1990. München 2006.

Gieseke, Jens/Hubert, Doris (Bearb.), Die DDR-Staatssicherheit. Schild und Schwert der Partei. BpB in Zusammenarbeit mit der BStU, 2. Auflage, Bonn 2001.

Gill, David/Schröter, Ulrich, Das Ministerium für Staatssicherheit. Anatomie des Mielke-Imperiums. Berlin 1991.

Gottberg, Joachim von/Wiedemann, Dieter/Mikos, Lothar (Hg.), Mattscheibe oder Bildschirm. Ästhetik des Fernsehens. Berlin 1999.

Großbölting, Thomas, Die Niederschlagung des „Prager Frühlings" und das Ministerium für Staatssicherheit der DDR, in Karner, Stefan (Hg.): Prager Frühling. Das internationale Krisenjahr 1968. Köln/Weimar/Wien: Böhlau, 2008.

Großbölting, Thomas (Hg.), Friedensstaat, Leseland, Sportnation? DDR-Legenden auf dem Prüfstand. Berlin 2009.

Gutzeit, Martin/Heidemeyer, Helge/Tüffers, Bettina (Hg.), Opposition und SED in der Friedlichen Revolution. Organisationsgeschichte der alten und neuen politischen Gruppen 1989/90, Düsseldorf: Droste Verlag, 2011.

Handschuk, Martin, „Die Strafgefangenen erziehen wir nicht zum sozialistischen Bewusstsein sondern zur Arbeit und zur Disziplin." Strafvollzug in Bützow in den Jahren 1945 bis 1989, in: Politische Memoriale e. V. Mecklenburg-Vorpommern (Hg.): Beiträge zur Geschichte des Strafvollzuges und der politischen Strafjustiz in Mecklenburg-Vorpommern. Rostock 2006, S. 123–134.

Heinz, Michael, „Der Kampf um die Hirne und Herzen der Menschen tobt" …
Friedliche Revolution und demokratischer Übergang in den Kreisen
Bad Doberan und Rostock-Land. Hg. i. A. des Kreistages Bad Doberan.
Bad Doberan 2009.

Heitmeyer, Wilhelm (Hg.), Deutsche Zustände, Folge 7. Der Theologe und
Bürgerrechtler Friedrich Schorlemmer im Gespräch mit Gunter Hofmann
und Wilhelm Heitmeyer, S. 3.

Henke, Klaus-Dietmar, Wann bricht schon mal ein Staat zusammen! Die Debatte über die Stasi-Akten auf dem 39. Historikertag 1992. München: dtv, 1993.

Henke, Klaus-Dietmar (Hg.), Widerstand und Opposition in der DDR.
Köln/Weimar/Wien: Böhlau, 1999.

Heym, Stefan, Der Winter unsers Missvergnügens. Aus den Aufzeichnungen
des OV Diversant. München: Goldmann, 1996.

Höser, Susanne, Wir hatten Hoffnung auf eine Demokratie. Rostocker Protestanten im Herbst 1989. Mössingen-Talheim: Thalheimer Verlag, 2000.

Jörns, Gerhard, Der Jugendwerkhof im Jugendhilfesystem der DDR.
Göttingen 1995.

Kaminsky, Annette (Hg.), Orte des Erinnerns. Gedenkzeichen, Gedenkstätten und Museen zur Diktatur in SBZ und DDR. Leipzig: Forum Verlag, 2004.

Kaufmann, Bernd, Machterhalt und Entspannungspolitik. Der Prager
Frühling und das MfS, in: Geheime Dienste, Potsdam, 2006, S. 97–109.

Kausch, Dietmar, … sie wollten sich nicht verbiegen lassen. Repressalien,
Widerstand, Verfolgung an den Oberschulen in Bad Doberan, Bützow,
Grevesmühlen, Ludwigslust und Rostock. Rostock: Verband ehemaliger
Rostocker Studenten, VERS, 2006.

Keil, Lars-Broder/Kellerhoff, Sven Felix, „NVA-Truppen in böhmischen
Wäldern?" Die Niederschlagung des Prager Frühlings 1968, in: Deutsche
Legenden. Vom „Dolchstoß" und anderen Mythen der Geschichte. Berlin:
Ch. Links Verlag, 2002, S. 189–209.

Klähn, Martin, Bürgerkomitee oder Opposition?, in: Frank, Rahel (Hg.):
Die Auflösung. Das Ende der Staatssicherheit in den drei Nordbezirken,
Schwerin 2010, S. 53 f.

Klein, Bettina/Rösner, Hagen, „I HASS you Torgau". Der einzige geschlossene Jugendwerkhof der DDR in Torgau, in: Haase, Norbert/Oleschinski, Brigitte (Hg.): Das Torgau-Tabu. Wehrmachtstrafsystem-NKWD-Speziallager-DDR-Strafvollzug, hg. im Auftrag des DIZ Torgau. Leipzig 1993.

Knabe, Hubertus, Die Täter sind unter uns. Über das Schönreden der SED-Diktatur. Berlin 2007.

König, Ingelore/Wiedemann, Dieter/Wolf, Lothar (Hg.), Zwischen Marx und Muck: DEFA-Filme für Kinder. Berlin 1995.

König, Ingelore/Wiedemann, Dieter/Wolf, Lothar (Hg.), Zwischen Bluejeans und Blauhemden: Jugendfilm in Ost und West. Berlin 1995.

Korzilius, Sven, Gesellschaftliche Ausgrenzung „Asozialer" in der Honecker-DDR, in: „Das Land ist still – noch". Herrschaftswandel und politische Gegnerschaft in der DDR (1971–1989), Zeithistorische Studien, hg. vom Zentrum für Zeithistorische Forschung Potsdam, Band 40. Köln/Weimar/Wien: Böhlau, 2009.

Korzilius, Sven, „Asoziale" und „Parasiten" im Recht der SBZ/DDR. Randgruppen im Sozialismus zwischen Repression und Ausgrenzung. Köln/Weimar/Wien: Böhlau, 2005.

Korzilius, Sven, Asozialität mit Tradition. Die Entstehung und Entwicklung des § 249 StGB der DDR, in: Horch und Guck 17, 2/2008.

Koschorke, Martin, Die Liebe in den Zeiten der Wende. Aufzeichnungen aus der Eheberatung Martin Koschorke. Göttingen/Zürich: Vandenhoeck und Ruprecht, 1995.

Koudelka, Josef, Invasion Prag 68. München: Schirmer & Mosel, 2008.

Kowalczuk, Ilko-Sascha, Geist im Dienste der Macht. Hochschulpolitik in der SBZ/DDR 1945 bis 1961. Berlin: Ch. Links Verlag, 2003. [Potsdam, Univ., Diss., 2002.]

Kowalczuk, Ilko-Sascha, Die Zurückhaltung ist ein Megaphon. Der Prager Frühing in der DDR 1969–1989. Ein Essay, in: Horch und Guck, 58, 2/2007, S. 6f.

Kowalczuk, Ilko-Sascha, Rezension zu: Gatzemann, Andreas: Der Jugendwerkhof Torgau. Das Ende der Erziehung. Münster 2009, in: H-Soz-u-Kult, 11. 12. 2009 (http://hsozkult.geschichte.hu-berlin.de/rezensionen/2009-4-218).

Kowalczuk, Ilko-Sascha, Endspiel. Die Revolution von 1989 in der DDR. München: Ch. Beck, 2009.

Kowalczuk, Ilko-Sascha, Stasi konkret: Überwachung und Repression in der DDR. München: Ch. Beck, 2013.

Lübke, Katharina, Die Bedeutung des Prager Frühlings und der Ausbürgerung des Liedermachers Wolf Biermann für das oppositionelle Verhalten der Bevölkerung in den drei Nordbezirken der DDR. Greifswald 2010.

Maaz, Hans-Joachim, Der Gefühlsstau. Ein Psychogramm der DDR. Berlin: Argon, 1990.

Maier Helmut, Forschung als Waffe, Rüstungsforschung in der Kaiser-Wilhelm-Gesellschaft und das Kaiser-Wilhelm-Institut für Metallforschung 1900–1945/48. Göttingen: Wallstein, 2007.

Ministerium für Bildung, Jugend, Sport des Landes Brandenburg, Einweisung nach Torgau. Texte und Dokumente zur autoritären Jugendfürsorge in der DDR. Berlin: Basisdruck-Verlag, 1997.

Mitter, Armin (Hg.), Ich liebe euch doch alle! Befehle und Lageberichte des MfS, Januar–November 1989. Berlin: Basisdruck-Verlag, 1990.

Mitter, Armin/Wolle, Stefan, Untergang auf Raten. Unbekannte Kapitel der DDR-Geschichte. München: C. Bertelsmann, 1993.

Mlynar, Zdenek, Nachtfrost. Das Ende des Prager Frühlings. Frankfurt a. M.: Athenäum, 1988.

Moldt, Dirk, Nein, das mache ich nicht. Selbstbestimmte Arbeitsbiographien in der DDR. Berlin: Ch. Links Verlag, 2010.

Mothes, Jörg (Hg.), Beschädigte Seelen. DDR-Jugend und Staatssicherheit. Rostock 1996.

Müller-Enbergs, Helmut (Hg.), Die inoffiziellen Mitarbeiter. BStU. Berlin: Ch. Links Verlag, 2008.

Neubert, Ehrhart, Geschichte der Opposition in der DDR 1949–1989. Bundeszentrale für politische Bildung (Bd. 346). Bonn 1997.

Pelikan, Jiri, Ein Frühling, der nie zu Ende geht. Erinnerungen eines Prager Kommunisten. Frankfurt a. M.: Fischer, 1975.

Pflugbeil, Sebastian (Hg.), Aufrecht im Gegenwind. Kinder von 89ern erinnern sich. Der Sächsische Landesbeauftragte für die Unterlagen des Staatssicherheitsdienstes der ehemaligen DDR. Leipzig: Evangelische Verlags-Anstalt, 2010.

Poppe, Grit, Abgehauen. Hamburg: Dressler, 2012.

Poppe, Grit, Weggesperrt. Hamburg: Dressler, 2009.

Probst, Lothar, Der Norden wacht auf. Zur Geschichte des politischen Umbruchs in Rostock im Herbst 1989. Bremen: Ed. Temmen, 1993.

Rehlinger, Ludwig A., Freikauf. Die Geschäfte der DDR mit politisch Verfolgten. Halle: Mitteldeutscher Verlag, 2011, S. 247.

Richter, Michael, Die Staatssicherheit im letzten Jahr der DDR, Schriften des Hannah-Arendt-Instituts für Totalitarismusforschung, Band 4. Köln/Weimar/Wien: Böhlau, 1996.

Rosbach, Jens P., Das Land. Die Zeit. Der Mensch. Gespräche in Mecklenburg und Vorpommern. Biographische Interviews. Rostock: Norddeutscher Hochschulschriften Verlag, 1995.

Sachse, Christian, Der letzte Schliff. Jugendhilfe in der DDR im Dienst der Disziplinierung von Kindern und Jugendlichen (1945–1989). Hg.: Die Landesbeauftragte für Mecklenburg-Vorpommern für die Unterlagen des Staatssicherheitsdienstes der ehemaligen DDR, 2011.

Sachse, Christian, Ziel: Umerziehung. Spezialheime der DDR-Jugendhilfe 1945–1989 in Sachsen. Leipzig: Leipziger Universitätsverlag, 2013.

Sachse, Christian, Spezialheime der DDR-Jugendhilfe im Land Brandenburg – Orte und Einrichtungen. Im Auftrag der Landesbeauftragten zur Aufarbeitung der Folgen der kommunistischen Diktatur in Brandenburg. Potsdam 2012.

Saldern, Adelheid von/Plato, Alice von/Rembold, Elfie/Seegers, Lu (Hg.), Inszenierte Einigkeit. Herrschaftsrepräsentationen in DDR-Städten. Stuttgart: Steiner, 2003.

Schekahn, Jenny/Wunschik, Tobias, Die Untersuchungshaftanstalt der Staatssicherheit in Rostock, Ermittlungsverfahren, Zelleninformatoren und Haftbedingungen in der Ära Honecker. BStU, 31/2012.

Schmidt, Heike, Frauenpolitik in der DDR, Gestaltungsspielräume und -grenzen in der Diktatur. Berlin: Wissenschaftlicher Verlag, 2007.

Schmidtbauer, Bernhard, Im Prinzip Hoffnung. Die ostdeutschen Bürgerbewegungen und ihr Beitrag zum Umbruch 1989/1990, das Beispiel Rostock. Frankfurt a. M.: Lang, 1996.

Skribanowitz, Gerd, „Feindlich eingestellt!" Vom Prager Frühling ins deutsche Zuchthaus. Sindelfingen: Tykve, 1991.

Sonntag, Marcus, Die Arbeitslager in der DDR. Essen, Klartext Verlag, 2011.

Spiritova, Marketa: Hexenjagd in der Tschechoslowakei. Intellektuelle zwischen Prager Frühling und dem Ende des Kommunismus. Köln/Weimar/Wien: Böhlau, 2010.

Steiner, Roland, DEFA-Studio für Dokumentarfilme, 1982, Jugendwerkhof. [Schwarz-weiß-Film, 30 Minuten, mit freundlicher Unterstützung von Progress Filmverleih.]

Suckut, Siegfried (Hg.), Wörterbuch der Staatssicherheit, Definitionen zur „politisch-operativen Arbeit", Analysen und Dokumente – Wissenschaftliche Reihe des Bundesbeauftragten, Band 5. Berlin: Ch. Links Verlag, 2001.

Süß, Walter, Das Verhältnis von SED und Staatssicherheit. Eine Skizze seiner Entwicklung. BStU, 2. Auflage, 17/98.

Süß, Walter, Entmachtung und Verfall der Staatssicherheit, Ein Kapitel aus dem Spätherbst 1989. BStU, 5/1994.

Tantzscher, Monika, „Maßnahme Donau und Einsatz Genesung". Die Niederschlagung des Prager Frühlings 1968/69 im Spiegel der MfS-Akten. Der Bundesbeauftragte für die Unterlagen der Staatssicherheit der ehemaligen DDR. Reihe B: Analysen und Berichte Nr. 1. Berlin 1994.

Tennert, Falk/König, Ingelore, Flimmerstunden. Daten zum Fernsehgebrauch ostdeutscher Kinder bis 1989. (MAZ – Materialien – Analysen – Zusammenhänge, Band 5.) Leipzig 2003.

Vanden Berghe, Yvan, Der Kalte Krieg 1917–1991. Leipzig: Leipziger Universitätsverlag, 2002.

Wenzke, Rüdiger, Die NVA und die Niederschlagung des Prager Frühlings, in: Militärgeschichte, Zeitschrift für historische Bildung, 3/2003, S. 4–9.

Wiedemann, Dieter, Medienkindheiten zwischen „Sandmännchen" und „Sesamstraße" – Aufwachsen in der DDR, in: Viehoff, Reinhold (Hg.): Unterhaltende Genres in „sozialistischen" Medien – und anderswo. SPIEL 20/1, S. 88–100. Frankfurt a. M. 2001.

Wiedemann, Dieter, Dokumentarfilme und ihre Nutzer, in: Jordan, Günther (Hg.): Erprobung eines Genres. DEFA-Dokumentarfilme für Kinder 1975–1990. Ein Nachlesebuch. Remscheid 1990, S. 159–167.

Wilke, Manfred, Interventionspolitik. Die SED und der Prager Frühling 1968 und die polnische Demokratiebewegung 1980/81, in: Timmermann, Heiner (Hg.): Diktaturen in Europa im 20. Jahrhundert – der Fall der DDR. Berlin: Duncker & Humblot, 1996.

Windmüller, Joachim: Ohne Zwang kann der Humanismus nicht existieren ... – „Asoziale" in der DDR. Frankfurt a. M.: Lang, 2006.

Wittenburg, Siegfried, Leben in der Utopie. Fotografien 1980–1996. Halle: Mitteldeutscher Verlag, 2012.

Wittenburg, Siegfried, Revolution Rostock, '89. Erlebnisberichte der Akteure und Photographien von Siegfried Wittenburg, Herausgeber, Fotograf. [Selbstverlag] 2009.

Wockenfuß, Karl, Streng Vertraulich. Die Berichte über die politische Lage und Stimmung an der Universität Rostock 1955 bis 1989. Dannenberg: Verband ehemaliger Studenten Rostock, 2002.

Wockenfuß, Karl, Die Universität Rostock im Visier der Stasi. Einblicke in Akten und Schicksale. Dannenberg: Verband ehemaliger Rostocker Studenten, VERS, 2004.

Wolle, Stefan: Die heile Welt der Diktatur. Alltag und Herrschaft in der DDR 1971–1989. (= Schriftenreihe der Bundeszentrale für politische Bildung Bd. 349.) Bonn 1989.

Wolle, Stefan, DDR. Frankfurt a. M.: Fischer Taschenbuch Verlag, 2004.

Wolle, Stefan, Der Traum von der Revolte. Die DDR 1968. Berlin: Ch. Links Verlag, 2008.

Wolle, Stefan, Aufbruch nach Utopia, Alltag und Herrschaft in der DDR 1961–1971. Berlin: Ch. Links Verlag, 2011.

Wunschik, Tobias, Die Strafvollzugspolitik des SED-Regimes und die Behandlung der Häftlinge in den Gefängnissen der DDR, in: Timmermann, Heiner (Hg.): Deutsche Fragen. Von der Teilung zur Einheit. Berlin 2001.

Wunschik, Tobias, Politischer Strafvollzug und Haftanstalten in der DDR, in: Kaminsky, Annette (Hg.): Orte des Erinnerns. Gedenkzeichen, Gedenkstätten und Museen zur Diktatur in SBZ und DDR. Leipzig: Forum Verlag, 2004, S. 494f.

Unabhängiger Verein zur historischen, politischen und juristischen Aufarbeitung der DDR-Vergangenheit, Abschlussbericht der ersten Arbeitsgruppe zur Aufarbeitung der SED-Archive. Rostock 1994.

Villain, Jean, Die Revolution verstößt ihre Väter. Aussagen und Gespräche zum Untergang der DDR. Bern: Zytglogge, 1990.

Wolf, Christa, Im Dialog. Aktuelle Texte. Frankfurt a. M.: Luchterhand, 1990.

Zimmermann, Verena, Den neuen Menschen schaffen. Die Umerziehung von schwererziehbaren und straffälligen Jugendlichen in der DDR (1945–1990). Köln/Weimar/Wien: Böhlau, 2004.

Zumschlinge, Marianne, Geschichte der Historiographie der DDR. Das Einwirken von Partei und Staat auf die Universitäten von 1945 bis 1971. Pullach 1994.

Zwahr, Die erfrorenen Flügel der Schwalbe. DDR und Prager Frühling. Tagebuch einer Krise 1968–1970. Bonn: Dietz, 2007.

Die Autorin Silke Kettelhake war langjährige Filmredakteurin im Auftrag der Bundeszentrale für politische Bildung. 2008 veröffentlichte sie unter dem Titel Erzähl allen, allen von mir! die erste Biografie zu Libertas Schulze-Boysen und ihrem Freundeskreis der „Roten Kapelle" im Droemer Verlag. 2010 erschien im Osburg Verlag Renée Sintenis. Berlin, Boheme und Ringelnatz. 2012 publizierte sie im Droemer Verlag Mutter Corsage, die Lebensgeschichte einer Berliner Miederwarenverkäuferin. Mit Sonja: negativ-dekadent erzählt Silke Kettelhake wiederum ein Frauenleben von beklemmender und zugleich befreiender Intensität.